아! 그렇구나

우리 역사

⑩

조선 2

* * *

이 책에 관해 궁금한 점이 있으면 염정섭 선생님께 이메일로 물어 보세요.
이메일 주소 : yeobul@empal.com

* * *

아! 그렇구나
우리 역사

⑩ 조선 2

2006년 10월 10일 1판 1쇄 펴냄
2012년 3월 27일 1판 4쇄 펴냄

글쓴이 · 염정섭
그린이 · 장선환
펴낸이 · 조영준

책임 편집 · 최영옥
표지 및 본문 디자인 · 김국훈

스캔 및 출력 · (주)한국커뮤니케이션 | 종이 · 대림지업 | 인쇄 · 대원인쇄 |
라미네이팅 · 상신 | 제책 · 대신제책

펴낸곳 · 여유당출판사 | 출판등록 · 395-2004-00068
주소 · 서울 마포구 서교동 451-48(2층)
전화 · 02-326-2345 | 팩스 · 02-326-2335
이메일 · yybooks@hanmail.net
블로그 · http//blog.naver.com/yeoyoubooks

ISBN 978-89-92351-01-1 44910
ISBN 978-89-955552-0-0 (전15권)

아! 그렇구나

우리 역사

10

조선 2

글 · 염정섭 | 그림 · 장선환

여유당

아! 그렇구나 우리 역사를 펴내며

많은 사람들의 관심과 함께 시작한 《아! 그렇구나 우리 역사》는 이 일 저 일 어려운 과정을 거친 끝에 여유당 출판사에서 첫 권부터 다시 출간하게 되었습니다. 이 시리즈를 손수 준비하고 책을 펴낸 기획 편집자 입장에서 완간 자체가 만만치 않다는 사실을 몰랐던 바 아니지만, 대대로 이어온 우리 역사가 수없이 많은 가시밭길을 걸어온 것처럼 한 권 한 권 책을 낼 때마다 극심한 긴장과 갈등의 덫을 피할 수는 없었습니다. 이 시리즈의 출간 준비에서부터 5권 신라·가야 편이 세상에 나오기까지 4년이 걸렸고, 이후 1년 반이 지나서야 6권, 7권, 8권이 뒤를 잇게 되었습니다. 그리고 또 그만큼의 세월이 흐른 지금, 조선 시대에 해당하는 9, 10, 11권을 연이어 내놓습니다. 독자들과의 약속대로라면 이미 완간했어야 하는데, 발길이 무척 더딥니다. 그러나 힘겨운 가운데서도 제대로 된 책을 내기 위해 최선을 다하고 있는 사정을 감히 이해해 주길 바라는 마음입니다. 가능한 한 빨리 완간하여 독자들께 미안한 마음을 조금이라도 덜 수 있도록 부지런히 가겠습니다.

여유당 출판사에서는 이 시리즈를 처음 계획했던 총 17권을 15권으로 다시 조정했습니다. 11권 조선 시대 이후 근현대사가 다소 많은 비중을 차지한다는 저자들의 생각을 모아, 12권 개항기와 13권 대한 제국기를 한 권으로 줄였고, 마찬가지로 14, 15권 일제 강점기를 한 권으로 모았습니다. 물론 집필진은 이전과 같습니다.

1권 원시 시대를 출간할 때만 해도 어린이·청소년층에 맞는 역사 관련 책들을 찾기가 쉽지 않더니 지금은 몇몇 출판사에서 이미 출간했거나 장르별 혹은 연령별로 준비하는 실정입니다. 더군다나 《아! 그렇구나 우리 역사》 시리즈가 독자들뿐만이 아닌 다양한 관계자들에게 소중한 자료로서 자리매김했다는 사실에 필자들이나 기획자로서 작은 보람을 느낍니다. 어린이·청소년 출판이 가야 할 길이 아직 멀고 멀지만 번역서나 창작 동화를 앞다투어 쏟아내던 이전의 풍경에 비하면 아주 반가운 현상이라 할 수 있겠습니다.

더불어 2004년은 중국의 동북 공정 문제로 우리 역사를 진지하게 바라볼 수 있는 한 해가 되었습니다. 우리 역사를 어설프게 이해하고 우리 역사에 당당한 자신감을 갖지 못할 때 고구려 역사도 발해 역사도, 그리고 동해 끝 섬 독도까지도 중국과 일본의 틈바구니에서 보대낄 것은 뻔한 사실입니다. 특히 21세기를 이끌어 갈 10대 청소년들에게 올바르게 인식하는 우리 역사는 민족의 운명을 가늠하는 발판임이 분명합니다.

학창 시절 대다수에게 그저 사건과 연대, 그리고 해당 시대의 영웅을 잘 외우면 그뿐이었던 잘못된 역사 인식을 꿈 많은 10대들에게 그대로 물려줄 수는 없습니다. 우리 역사는 한낱 조상들이 남긴 흔적만이 아니라 개인에게는 자신의 가치관을 여물게 하는 귀중한 텃밭이요, 우리에게는 세계 무대에서 한국인이라는 자신감으로 당당히 어깨를 나란히 할 수 있는 핏줄 같은 유산임을 잊지 않아야 합니다.

그런데 아직도 우리에게는 10대 청소년이 읽을 만한 역사책이 빈약합니다. 이제 전문가가 직접 쓴 책도 더러 눈에 띄지만 초·중학생 연령층을 대상으로 쉽게 접할 수 있는 책은 여전히 많지 않습니다. 그나마 고등학생 나잇대의 청소년이 읽을 만한 역사물도 사실은 성인을 주 대상으로 만들어졌을 뿐입니다. 그만큼 내용과 문장의 난이도가 높거나 압축·생략이 많아 청소년들이 당시 역사의 과정을 제대로 이해하면서 읽어 나가기 어려운 게 현실입니다.

따라서 10대의 눈높이에 맞춰 역사를 서술하고, 역사의 의미를 제대로 이해할 수 있게 관점을 제시하며, 역사 이해의 근거로서 봐야 할 풍부한 유적·유물 자료, 상상력을 도와주는 바람직한 삽화, 게다가 청소년이 읽기에 적절한 활자의 크기와 종이 질감 등을 고민한 책이 반드시 필요했습니다. 자신의 세계관과 올바른 역사관을 다질 수 있는 이 시리즈는 '전문 역사학자가 처음으로 쓴 10대 전반의 어린이·청소년용 한국 통사'라는 데 의미가 크다고 하겠습니다. 이 시리즈는 이렇게 만들었습니다.

첫째, 이 책은 전문 역사학자들이 소신 있게 들려 주는 우리 조상들의 삶 이야기입니다. 원시 시대부터 해방 후 1987년 6월 항쟁까지를 15권에 아우르는 《아! 그렇구나 우리 역사》는 한 권 한 권, 해당 시대의 역사를 연구해 온 선생님이 직접 쓰셨습니다. 고구려 역사를 오래 공부한 선생님이 고구려 편을 쓰셨고, 조선 시대 역사를 연구하는 선생님이 조선 시대 편을 쓰셨습니다.

둘째, 초등학교 고학년과 중학생 연령층의 10대 어린이·청소년을 위해 만들었습니다.

지금까지 초등학교 저학년 어린이를 위한 위인전이나 동화 형식의 역사물은 여럿 있었고, 또 고등학생을 대상으로 펴낸 생활사, 왕조사 책도 눈에 띕니다. 하지만 위인전이나 동화 수준에서는 벗어나고, 고등학생의 독서 수준에는 아직 미치지 못하는 단계에 필요한 징검다리 책은 찾아볼 수 없었습니다. 《아! 그렇구나 우리 역사》는 초등학교 5·6학년과 중학생 연령층의 청소년에게 바로 이러한 징검다리가 될 것입니다.

셋째, 각 시대를 살았던 일반 백성의 생활을 구체적으로 상세하게 묘사했습니다.

그 동안 어린이·청소년을 위한 역사책이 대부분 영웅이나 사건 중심으로 이야기했다면, 이 시리즈는 과거 조상들의 생활에 역사의 중심을 두고 시대에 따른 정치·경제·사회의 변화를 당시의 국제 정세와 함께 이해할 수 있도록 꾸몄습니다. 이 책을 읽으면서 독자 여러분은 당시 사람들의 생활 세계를 머리 속에 그려 나갈 수 있을 것입니다.

넷째, 최근 연구 성과에 따른 글쓴이의 목소리에도 힘을 주었습니다.

이미 교과서에 결론이 내려진 문제라 할지라도, 글쓴이의 견해에 따라 당시 상황의 발단과 과정에 확대경을 대고 결론을 달리 생각해 보거나 논쟁할 수 있도록 주제를 끌어냈습니다. 이는 곧 암기식 역사 교육의 틀을 깨고, 독자 한 사람 한 사람이 다양한 각도에서 역사의 비밀을 푸는 주인공이 되도록 유도하려 함입니다. 이는 역사적 사실과 인물을 통해 자신의 현재와 미래를 통합적인 시각으로 내다보게 하는 장치이며, 여기에 바로 이 시리즈를 출간하는 의도가 있습니다.

다섯째, 전문적인 내용일수록 이해하기 쉽게 풀어 쓰려고 노력했습니다.

주제마다 독자의 상상력만으로 해결되지 않는 부분은 권마다 200여 장에 이르는 유적·유물 자료 사진과 학계의 고증을 거친 그림을 통해 충분히 이해할 수 있도록 했습니다. 또한 중간중간 독자 여러분이 좀더 깊이 있게 알았으면 하는 주제는 네모 상자 안에 자세히 정리해 정보의 극대화를 꾀했습니다.

이 책을 위해 젊은 역사학자 9명이 힘을 합쳐 독자와 함께 호흡하는 한국사, 재미있는 한국사를 쓰려고 노력했습니다. 그러나 역사란 너무나 많은 것을 품고 있기에, 집필진 모두는 한국 역사를 쉽게 풀어서 새롭게 쓴다는 것 자체가 매우 어려운 일임을 절감했습니다. 더구나 청소년의 정서에 맞추어 우리 역사 전체를 꿰뚫는 책을 쓴다는 것은 박사 학위 논문을 작성하는 것 못지않게 힘든 과정이었습니다. 거기에 한 문장 한 단어마다 수없이 많은 편집진들의 교열 교정이 반복되었습니다.

이 시리즈는 단순히 10대 어린이·청소년만을 위한 책이 아닙니다. 우리 역사를 소홀히 지나쳐 버린 어른이 있다면 이 책을 함께 읽으면서 새로운 양식을 얻을 수 있으리라 생각합니다. 나아가 이 시리즈는 온 가족이 함께 읽는 데 큰 어려움이 없게 공을 들였습니다. 아직 미흡한 점이 많으나, 이 시리즈를 통해 여러분이 우리 역사를 올바로 이해하고 자신만의 세상을 더불어 열어 나가는 데 도움이 되기를 바랍니다.

집필진과 편집진

| 차 례 |

3. 경제가 달라지고 도시가 성장하다

경제 체제 변동과 도시화

4. 양반 중심으로 움직이는 조선

양반 지배 체제의 운영과 변동

5. 한층 무르익은 조선의 문화

조선 중기의 사상과 문화 예술

鴨綠江
平安道
清川江
平壤江
阿斯津
黃海道
德津
西海
松岳山
牛耳山
長山串
角山
白岳山
京都
京畿
喬桐
江華
木覓山
漢江
忠清道
熊津
全羅道
雞龍山
錦城山
群山島
南海
濟州
珍島
黑山島

八道總圖
白頭山
咸鏡道
豆滿江
長白山
沸流水
義館山
東海
江原道
于山島
鬱陵島
雉岳山
楊津
竹嶺
慶尚道
主屹山
智異山
伽耶津
亐弗山
對馬島
巨濟
南海

1

공존하며 경쟁하는 정치로

붕당 정치의 성립과 전개

사림, 정권을 장악하고 붕당을 형성하다

붕당 정치가 등장한 배경

16세기 후반에 들어선 조선 왕조에서는 붕당(朋黨)이라는 정치 세력이 나라를 움직이는 주요한 집단이 됩니다. 물론 국왕이 최고 권위를 지녔지만, 국왕 혼자 신하들을 마음대로 움직이는 방식으로 운영되지는 않았습니다. 적어도 국왕과 신하가 같이 나라를 다스리는 이른바 '군신 공치'의 이념이 힘을 발휘했지요.

조선 왕조의 붕당 정치는 갑자기 생겨난 게 아니라 나름대로 역사적 배경 속에서 등장합니다. 15세기 말 관료들 사이에 정파* 로서의

정파(政派)
정치적 이념이나 이해 관계를 같이하는 집단. 규모가 커지고 조직이 갖추어지면 정당이 된다.

붕당이 꾸려질 낌새가 보이지만 아주 작은 흐름에 불과했습니다. 그러다가 16세기 들어 정파로서 붕당과 비슷한 모습이 보입니다. 중종 때 개혁 정치를 추구한 조광조 중심의 사림을 '조광조 일파'라고 부르거나, 또는 후대에 붙여진 이름이지만 기묘 명현*이라고 부르는 것 자체가 일종의 정파, 붕당의 속성을 지녔음을 보여 줍니다.

하지만 이 무렵은 신하로서 붕당을 만들어서는 절대로 안 되는 때였습니다. 기묘 명현도 "임금 앞에서 붕당을 만들었다"는 이유로 비판을 받았습니다. 16세기 후반에 들어와서야 붕당이 등장하고 붕당 정치의 틀이 잡힙니다. 그렇다면 이렇게 붕당 정치가 등장하게 된 배경은 어디에 있을까요?

붕당 정치가 생겨난 가장 큰 배경으로 중앙 정치에 참여하는 정치 참여층이 넓어졌고, 이들이 중앙 정계에 진출했다는 점을 들 수 있습니다. 경제적으로 향촌 사회에 기반을 둔 이들은 사상적으로 성리학에 높은 식견을 갖추고 중앙 정계에 진출했습니다. 그리고 서로 관직과 정책, 학문에 대한 소신을 둘러싼 경쟁과 다툼을 벌여 나갔습니다. 이들 사이의 치열한 경쟁은 정치적 이념이나 이해 관계, 학문을 지향하는 관점에 따라 정치 집단인 붕당 결성을 자연스럽게 이끌었습니다.

둘째로 사림이 성장하고 학파가 만들어진 것도 붕당이 만들어진 배경입니다. 애초에 사림(士林)이라고 불렸던 지방 사회의 정치 참여층은 주자 성리학을 익히고 연구하여 사회에서 이를 실천하는 데 뜻을 둔 사람들입니다. 학문과 정치를 일치시키고자 하는 학자 관료(사대부)들이었지요. 따라서 이들은 조선 사회의 밑바탕이 되는 성리학

기묘 명현(己卯名賢)
1519년 기묘사화에서 큰 피해를 당한 조광조 일파를 가리키는 말. 이들을 높이 받드는 입장에서 나온 명칭이다.

연구에 힘을 실었습니다.

실제로 조선 초기의 성리학은 성종 이후 발전을 거듭하여 명종 무렵에는 조선 성리학의 틀이 잡히고 몇몇 학파가 등장했습니다. 《조선1》에서 살펴본 퇴계학파, 남명학파, 율곡학파 등이지요. 그런데 학파의 성립은 동인과 서인이라는 붕당으로 나뉘는 시기보다 약간 앞서 나타났습니다. 학파의 성립이 붕당을 결집하는 데 커다란 힘이 되었던 것이지요. 실제로 동인들은 주로 퇴계학파와 남명학파에 속하고, 서인들은 주로 율곡학파에 속했습니다. 그래서 붕당을 크게 학파에 따라 구분하지요.

정선이 그린 〈독서 여가〉
독서를 하다가 잠깐 생긴 시간에 툇마루에 앉아 마당에 놓인 화분을 물끄러미 바라보는 선비의 모습을 그린 그림. 그림 속의 인물을 오랫동안 바라보자. 향촌 사회와 중앙 정계에서 활동한 관료 학자인 사림의 이상적인 자화상이 이렇지 않았을까?

사림, 동인과 서인으로 갈라지다

명종 말년인 1565년, 문정 왕후의 친정 동생 윤원형 일파가 마지막 외척 세력으로 중앙 정계에서 권세를 잃었습니다. 그리고 2년 뒤인 1567년 선조가 즉위하면서 사림들이 중앙 정계와 지방 사회의 주도권을 장악합니다. 조정에서 쫓겨났던 사림들도 중앙 정계로 복귀하고 후배 사림도 속속 조정으로 진출했지요. 이 무렵은 지역과 향촌

선조의 무덤 목릉
선조와 그의 정비인 의인 왕후 박씨, 계비 인목 왕후 김씨의 능이다. 태조 이성계의 건원릉 오른쪽 산자락에 있다. 3기의 봉분이 동원이강(同原異岡)이라 하여 같은 산줄기이지만 각기 다른 언덕에 있는데, 이러한 양식은 조선 왕릉 가운데 유일한 양식이다. 경기도 구리시 동구릉에 있다.

을 중심으로 사림들이 성리학을 집중 연구하여 조선의 성리학 학파가 굳건히 자리 잡던 시기이기도 합니다.

이제 사림이라고 특별히 말하는 것이 어색할 정도로 조정 관직 대부분을 사림들이 차지했습니다. 조선 왕조에서 선조가 왕위에 있던 시기는 어느 왕 때보다도 많은 인재들이 중앙에서 활발히 활동한 시절이기도 합니다. 그래서 후세 사람들은 이 시기를 목릉성세(穆陵盛世)라고 표현하지요. '목릉'은 선조가 묻힌 무덤 이름이고, '성세'란 번성한 시기라는 뜻입니다.

목릉성세에 중앙 정계를 틀어쥔 사림들은 과거에 외척이 정권을 장악했던 시기의 흔적을 어떻게 없애야 할지 고민에 빠집니다. 어떻게 하면 정권을 장악하려 드는 척신을 막아 낼 수 있을까 머리를 맞대고 고민했지요. 그리하여 사림들 사이에 잘못된 점을 단칼에 고쳐야 한다고 주장하는 쪽과, 서서히 변화시켜도 된다고 주장하는 쪽이 나타났습니다.

사림들 사이에 왜 이런 의견 차이가 생겼을까요? 바로 당시의 정치 상황을 파악하는 인식이 서로 달랐기 때문이지요. 급진적 변혁을 주장하는 사람들은 척신 정치가 언제 부활할지 모른다는 눈으로 정국을 바라보았고, 반면에 점진적 개혁을 주장하는 사람들은 그보다는 훨씬 느긋한 시각으로 정치 상황을 평가한 것입니다. 여기에 연령 차이도 작용했습니다. 아무래도 젊은 사람들이 급진 성향을 띠게 마련인데, 정국을 인식하는 데서도 그러한 차이가 나타났지요.

이러한 정세 인식의 차이는 점차 붕당이 쪼개지는 결과를 낳았습니다. 그렇다면 사림이 동인과 서인으로 갈라진 시점인 1575년(선조 8년) 앞뒤로 무슨 일이 벌어졌던 것일까요?

사건의 시작은 이조 전랑이라는 관직 때문이었습니다. 사림은 중앙에 진출하면서 언관직을 주로 맡았습니다. 또한 하위 관직 가운데 이조 전랑이라는 자리를 주요 기반으로 삼았습니다. 이조 전랑은 이조 정랑과 좌랑을 한꺼번에 부르는 이름으로 품계는 정5품(정랑)과 정6품(좌랑)에 불과하지만, 중하위직 인사권을 관장하는 중요한 자리였지요. 여기에다가 이조 전랑 자리는 사림들의 여론, 곧 공의(公議)에 따라 전임자가 후임자를 추천하는 방식으로 운영되었습니다. 이를 자천제 또는 자대제라고 불렀지요. 고위직 관료가 관직이 높다는 이유로 하위직 관료를 함부로 쥐락펴락할 수 없게 하려는 뜻에서 나온 임명 방식입니다. 사림 세력이 중앙 정계에 진출하면서 이조 전랑 자리를 '막강한 하위직'으로 만들어 정치 기반을 잡아 나갔기 때문에, 특별히 이 자리에 그런 뜻을 심은 것이지요. 다시 말하면 처음 벼슬자리에 나서서 하위직으로 들어선 사림들이 고관을 상대로 대응할 만한 정치적 힘을 키우려는 의도가 있었던 것입니다.

바로 이 이조 전랑 자리 때문에 사림이 동인과 서인으로 나뉩니다. 사건의 발단은 이렇습니다. 1572년, 이조 정랑 오건이 자리에서 물러날 때 사림들은 당연히 당시 사림들의 촉망을 받던 김효원을 후임으로 추천할 줄 알았습니다. 문장으로 유명한 김효원은 경상도에 황장목* 경차관*으로 내려가 이황과 조식, 그리고 그들의 문인들과

황장목(黃腸木)
황장목이란 나무 속이 노란 소나무를 말한다. 소나무의 수령이 300년 이상 되면 나무 속이 노랗게 변하는데, 이것을 나무의 창자로 비유하여 '노란 창자 나무'라는 의미로 황장목이라 부른다. 황장목은 왕실이나 권세가의 관 재료 등에 이용되었고, 이를 확보하기 위해 경상도 봉화, 울진 등을 황장 봉산(封山)으로 지정하기도 했다.

경차관(敬差官)
조선 시대에 특별한 직무를 맡아 각 지역에 파견된 임시 관리를 말한다. 3품에서 5품 사이의 하급 관리 가운데 선임되었으며 구황(救荒), 옥사(獄事), 양전(量田) 등 특수한 임무를 담당했다. 황장목 경차관은 황장목을 살피고 때에 따라 관 재료로 활용하기 위해 베어 운반하는 임무를 맡았다.

교류하여 많은 칭찬을 받은 인물이지요. 그런데 심의겸은, 김효원이 외척 세력의 대표격이었던 윤원형 집에서 머문 적이 있다는 이야기를 퍼뜨려 김효원의 자격에 시비를 걸었습니다. 이러한 방해 때문에 김효원은 이조 전랑 자리를 이어받지 못했지요.

그 뒤 김효원은 더욱 몸가짐을 깨끗이 했고, 윤원형과 관련된 소문도 사실과 달라 1574년에 이조 전랑 자리에 올랐습니다. 이 과정에서 불만이 쌓인 김효원이 심의겸을 "기질이 조잡하고 마음이 어리석어 조정을 이끌 인물이 아니다"라고 비난하면서 두 사람의 갈등이 깊어집니다.

관리 동료들의 모임을 그린 〈송도용두회도〉
1612년(광해 4) 개성부의 동료 4인이 모두 장원 급제 출신임을 기념하여 연 연회를 그린 병풍 그림을 뒤에 본받아 그린 그림. 용두회(龍頭會)란 장원 급제자의 모임이라는 뜻이다. 작자 미상.

그러다가 1575년 심의겸의 아우 심충겸이 이조 전랑 후보에 오르자, 김효원은 "외척을 진출시키는 데 급하게 마음먹어서는 안 된다"며 단호히 막았습니다. 심의겸이 명종의 왕비인 인순 왕후의 동생으로 외척이었던 것입니다. 결국 심의겸과 김효원 두 사람의 갈등에 당시 사림의 선후배들이 끼어들게 됩니다. 관직 임명에 관련되었기 때문이지요. 이런 이유로 1575년부터 사림의 선후배가 서로 화합하지 못하고 당파를 나누는 조짐이 보입니다.

그런데 정동에 있는 심의겸 집은 건천동에 사는 김효원 집에 비해 서쪽에 위치해 있었습니다. 이 때문에 심의겸을 지지하는 선배 중심의 사림 일파를 서인(西人), 김효원을 중심으로 모인 후배 중심의 사림 일파를 동인(東人)이라 부르게 되었지요.

서인과 동인의 대립은 근본적으로 당시 정국을 바라보는 시각에서 비롯했습니다. 앞선 시기에 주요한 정치 세력이었던 외척 세력을 아예 싹을 잘라 인연을 맺어서는 안 된다고 보는 시각과, 이제는 외척의 존재를 크게 의식하지 않아도 된다고 보는 시각이 충돌한 것이지요. 후배 사림들은 첫 번째를, 오랜 세월 동안 조정에서 벼슬살이를 해 온 나이 지긋한 선배들은 두 번째를 주장했습니다.

선후배 사이의 대립은 점차 이조 전랑의 권한과 후배 관리들의 언론 활동에 대한 시비로 옮아갔습니다. 주로 선배들인 서인은 후배들인 동인의 권력 기반인 낭관권, 곧 이조 전랑의 권한을 공격하고, 특히 낭관권을 낳은 자천제 자체를 없애려고 했습니다. 후배 관료들이 낭관, 언관으로 활동하면서 조정에서 영향력을 끼치고 있었기 때문이지요. 그리하여 서인은 동인의 주요 권력인 언론권도 공격했고, 특히 언론의 이념인 공론의 부당성을 공격했습니다. 심지어 서인은 공론을 '허튼소리'라고까지 비난하면서 당시 삼사 언론의 편파성을 소리 높여 공격했습니다.

하지만 낭관권이나 언론 활동은 동인, 서인을 떠나 사림 전체가 권력을 쌓는 중요한 배경이었으므로 완전히 없앨 수는 없었습니다. 그리하여 서인 내부에서도 낭관권과 공론을 인정하면서 동인과 공존을 찾는 방향으로 움직여야 했습니다.

동인과 서인의 대립과 반목이 오르락내리락하던 1581년, 서인과 동인 사이의 화합을 위해 애쓰던 이이가 스스로 서인임을 내세우면서

왕실 무덤의 위계

조선 왕실에서 왕과 왕비, 왕자와 공주는 죽어서도 호강을 누렸다. 아니 죽은 자는 호강을 누릴 수 없으니 살아남은 자손들의 권위를 높이기 위해서 무덤을 호사스럽게 꾸몄다고 해야 올바른 표현이다. 여하튼 왕실 무덤은 그냥 아무개의 무덤이라고 부르지 않고 이름을 따로 붙였다. 태조의 무덤을 건원릉, 세종의 무덤을 영릉, 선조의 무덤을 목릉, 영조의 무덤을 원릉이라고 이름 붙였다.

이처럼 왕과 왕비의 무덤에는 능(陵)이라는 칭호를 붙였다. 그리고 세자와 왕의 친어머니 무덤은 원(園)이라는 칭호를 주었다. 숙종의 후궁이자 영조의 친어머니인 숙빈 최씨 무덤을 소령원이라 하고, 정조의 후궁으로 순조를 낳은 수빈 박씨의 무덤을 휘경원이라 했다. 묘(墓)는 그 다음 등급의 왕실 인물을 모신 무덤에 붙인 위호(位號)로 후궁, 공주와 왕자 들의 무덤에 해당된다.

왕실 무덤의 위계를 한눈에 보여 주는 것이 지금의 수원 남쪽에 있는 융릉이다. 융릉은 정조의 아버지 사도 세자의 무덤인데 이름이 여러 차례 바뀌었다. 사도 세자가 처음 세상을 떠났을 때에는 무덤을 수은묘라 불렀고, 배봉산 기슭(지금 서울 시립대 부근)에 있었다. 그러다가 정조가 즉위하면서 장헌 세자로 이름을 바꾸고 무덤도 수원 남쪽으로 옮겨 현륭원이라는 칭호를 내렸다. 또 고종에 와서는 장조(莊祖)로 존호를 올리면서 무덤 명칭도 융릉으로 바꾸었다.

소령원
조선 19대 숙종(재위 1674~1720)의 후궁이며 21대 영조(재위 1724~1776)의 어머니인 숙빈 최씨의 무덤이다. 숙빈 최씨는 최효원의 딸이며 숙종 44년(1718)에 49세로 죽었다. 경기도 파주시 광탄면 영장리 소재, 문화재청 관리.

장헌 세자를 모신 융릉
영조의 아들이자 혜경궁 홍씨의 남편. 태어난 지 1년 만에 왕세자로 책봉되었으나, 노론의 모략으로 영조의 미움을 받아 결국 뒤주에 갇힌 지 8일 만에 목숨을 잃었다. 아들 정조가 즉위하여 장헌(莊獻)으로 추존했다. 경기도 화성군 태안면.

서인이 학파이자 정파로서의 붕당 모습을 처음 갖춥니다. 이이가 그동안 보여 준 중립 자세를 버리고 스스로를 서인이라고 내세운 것은, 결국 하나의 붕당만으로 이상적인 정치 체제를 이끌어 가려던 입장을 포기했다는 의미와 같습니다. 곧 하나의 붕당 체제를 포기하고 서로 비판할 수 있는 여러 붕당 체제를 받아들이겠다는 표시였지요.

중국과 조선의 붕당론

16세기 말에 시작된 붕당 정치는 조선 왕조 정치의 커다란 특색 가운데 하나입니다. 당시 중국이나 조선 역사를 더듬어 볼 때 붕당이란 있을 수 없는 금기 사항이었습니다. 한나라와 당나라 때를 보면 임금 앞에서 신하들이 붕당을 만들어서는 절대 안 되었습니다. 한나라 때 당고의 화*나, 당나라 때의 우이당쟁* 같은 사건은 그 때마다 수많은 관련 인물들을 죽음의 길로 내몰았습니다. 임금 앞에서 붕당을 만드는 일 자체가 커다란 불충(不忠)이었지요.

붕당이라는 정치 집단이 만들어지면 신하들의 권력 다툼을 피할 수 없는데, 이를 국왕 중심의 왕조 정치에서 받아들일 수 있었겠어요? 그런데 송나라 때가 되면 구양수와 주희가 붕당에 대한 새로운 생각을 제기합니다. 두 사람은 붕당 자체를 무조건 배척하지 않고 학문과 덕이 높고 행실이 바른 군자의 붕당은 용인되어야 하지만, 너그럽지 못하고 간사한 소인의 붕당은 비판받아야 마땅하다고 주장했습니다. 새로운 붕당론을 제시한 것이지요.

《조선 1》에서 살펴보았듯이 사림이 정계에 등장하면서 일어난 사

당고(黨錮)의 화(禍)
중국 후한 말기에 환관(내시)들의 횡포에 반대하던 관료들의 관직을 빼앗고 벼슬길을 막아 버린 일(금고 : 禁錮)을 가리킨다. 166년 이후 172년에 걸쳐 환관의 권력 행사에 대항한 관인 2000여 명을 당인(黨人)이라는 명목으로 체포하고, 이들의 친척이 벼슬에 나아가지 못하게 막았다.

우이당쟁(牛李黨爭)
중국 당나라 후반기인 9세기 전반에 우승유·이종민 등을 영수로 하는 우당(牛黨)과, 이덕유·정담 등을 영수로 하는 이당(李黨) 사이에 벌어진 수십 년에 걸친 당쟁을 말한다. 양당 사이의 다툼을 전통적으로 과거 급제자 선발 다툼으로 설명했지만, 출신 배경의 차이, 변방에 대한 정책의 차이 등에서도 당쟁의 원인을 찾아야 한다는 연구가 진행되고 있다.

화는 본질상 신구 세력, 곧 훈구와 사림 사이의 대립이었습니다. 당시 훈구파와 사림파는 상대방에 대해서 '붕당'을 만들었다고 비난하곤 했지요. 그런데 훈구파와 사림파는 '붕당'이라는 말을 서로 다른 의미로 사용했습니다. 훈구파들은 중국 한나라와 당나라 때의 붕당관에 근거하여 사림을 '있어서는 안 되는 붕당'이라고 몰아세웠습니다. 반면 사림파는 구양수의 붕당론에 근거하여 사림파 자신을 '군자의 붕당'이라고 내세우며 훈구 세력을 '소인의 붕당'이라고 몰아세웠습니다. 같은 단어지만 쓰는 사람에 따라 뜻이 달랐지요.

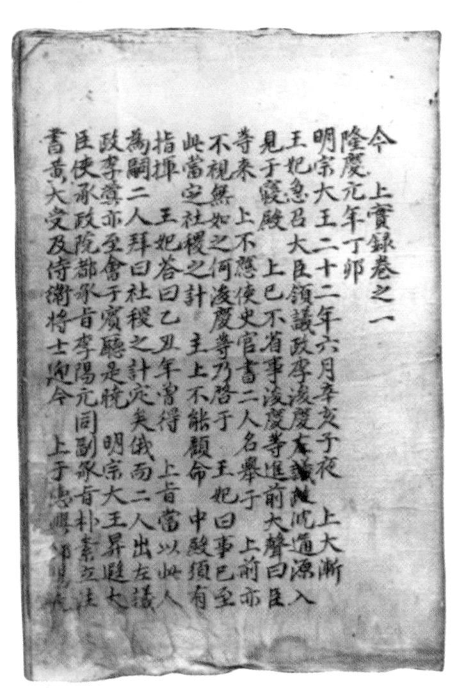

이이가 기록한 《경연일기》
《경연일기(經筵日記)》의 첫 부분. 명종이 죽자 영의정 이준경 등이 왕비의 명으로 하성군을 맞이하여 왕위를 잇게 한 기록이 보인다. 이준경은 뒤에 세상을 떠나기 전 붕당 형성을 경계하는 상소를 선조에게 올렸다. 충북 제천군 한수면 한수리 권익상 소장.

무오사화 또한 붕당을 만들었다는 이유로 일어난 사건이었던 만큼 연산군 때까지도 붕당은 있어서는 안 되는 것이었습니다. 그러다가 중종 때 와서야 붕당에 대한 인식이 조금 나아졌습니다. 신하들의 정치 결속을 인정하는 바탕에서 긍정적 집단인 붕(朋)과 부정적 집단인 당(黨)을 나누어 구별하려 했지만, 특히 임금이 붕당 자체를 대단히 싫어해서 실제로 별다른 힘을 얻지는 못했습니다. 이러한 붕당에 대한 부정적 인식은 사림의 결속을 긍정적으로 받아들이는 데 걸림돌이 되었고, 결국 기묘사화를 불러왔다고 할 수 있습니다.

사림이 정계를 장악한 선조 초가 되면 붕당에 대한 새로운 생각이 퍼집니다. 구양수와 주희의 붕당관을 조선의 현실에 맞춰 받아들였지요. 구양수는 붕당을 소인의 당과 군자의 당으로 나누었습니다.

강릉 오죽헌
붕당 사이의 조제 보합을 위해 애쓴 율곡 이이가 태어난 곳이 강릉 오죽헌이다. 그의 어머니 신사임당도 이 곳에서 태어났다. 강원도 강릉시 죽헌동 소재.

그리고 소인당은 사사로운 이익을 좇는 사람들의 무리로 거짓된 붕당이고, 군자당은 공도(公道) 실현을 추구하는 무리로 진실된 붕당이라 했지요. 당연히 군자당은 권장하고, 소인당은 물리쳐야 하는 대상이었습니다. 이러한 붕당론은 국왕 앞에 군자의 당이 존재할 수 있음을 정당화하는 근거가 되었습니다.

한편 주희는 구양수의 붕당론을 더욱 발전시켜 이른바 인군위당설(引君爲黨說)을 제기했습니다. 군자당을 인정하는 데에서 나아가 임금도 군자의 당에 들어가도록 정승이 이끌어야 한다는 주장입니다. 16세기 사림들은 이러한 송나라 성리학자들의 붕당관을 그대로 받아들였습니다.

주희의 붕당관이 표현된 〈답유정지서〉가 실린 《주자대전》이 중종 말기에 간행되고, 명종 때 붕당에 대한 새로운 이해가 널리 퍼집니다. 이러한 인식은 사림이 주도권을 잡은 선조 초에 이르러 일반화되고, 임금의 태도까지 변화시킵니다. 1572년(선조 5) 이조 좌랑 김홍민이 이이를 비난하는 상소를 올리자, 선조는 "나도 주희의 설을 본받아 이혼(珥渾)의 당에 들어가기를 원한다"고 말한 것을 보면 확실히 그랬습니다. '이혼'이란 이이와 성혼을 가리키지요.

동인과 서인을 중재하기 위해 노력한 이이는 붕당 사이의 대립을 '조제 보합(調劑補合)' 방식으로 풀려고 했습니다. 그런데 붕당 사이에 조제와 보합이 가능하려면, 먼저 그 붕당들이 소인당이 아니어야 한다는 조건이 충족되어야 합니다. 만일 소인당이라면 군자당과 서로 섞는 조제 자체가 불가능하기 때문입니다. 이이는 동인과 서인이 같은 사림으로서 공도 실현을 추구하는 군자당이라는 점을 인정했습니다. 이이의 조제 보합론은 현실 정치에 여러 군자당이 동시에 존재할 수 있음을 인정하는 논리였지요. 이리하여 조선의 정치는 스스로 군자당임을 내세우는 붕당끼리 서로 견제하고 경쟁하는 붕당 정치로 나아갑니다.

정여립 사건과 붕당 안의 분열

1589년 기축년, 정여립 역모 사건이 일어났습니다. 일어난 해의 간지를 따서 '기축옥사'라고도 부르지요. 정여립 사건은 정치적으로 매우 큰 의미를 지닙니다. 동인과 서인 사이의 대립이 더욱 심해지고, 그 결과 동인 안에서 또 다른 분열이 생겼기 때문입니다. 어떤 사건이 일어나면 그 사건을 둘러싸고 많은 의견이 나오고 의견 대립이 나타나게 마련입니다. 정여립 사건이 일어났을 때에도 중앙 정계의 사대부들이 서로 맞서 여러 정치 변동이 나타났습니다. 그러면 정여립 사건을 한번 살펴볼까요?

지금도 그렇지만 유언비어와 그럴듯한 예언은 사람들 마음을 움직이는 데 큰 힘을 발휘합니다. 정여립 사건은 유언비어와 예언의 힘을 잘 보여 주는 사건입니다. 이씨가 국왕 자리를 이어 가는 왕조 국가에서 갑자기 정씨가 국왕이 될 거라는 예언이 세상을 떠돌아다닌다면, 이씨 국왕은 이러한 소문을 어떻게 받아들일까요?

조선 왕조가 들어선 지 얼마 되지 않아 벌써 '목자망(木子亡) 전읍흥(奠邑興)'이라는 참언이 세상을 떠돌아다녔습니다. 이 참언은 이씨 왕조가 멸망하고 정씨 왕조가 새로 들어설 거라는 뜻으로 풀이되었지요. 목자(木子) 두 글자를 합하면 이(李)가 되고, 전읍(奠邑) 두 글자를 합하면 정(鄭)이 되니까요.

정여립과 같은 패로 몰린 사람 가운데 승려 의연이라는 사람이 있었습니다. 그는 스스로 랴오둥에서 조선으로 들어왔다고 주장했는데, 본디 전라도 운봉 사람이었다고 합니다. 의연이 랴오둥에서 조선을 바라보니 왕기(王氣)가 있었는데, 그 곳이 바로 전주 동문 바깥이었다는 설을 퍼뜨렸고, 이 소문이 사방으로 펴져 나갔다고 합니다. 예나 지금이나 참언이나 유언비어는 발 없이도 천 리 만 리까지 바람처럼 퍼지고, 근거가 없는데도 사람들의 믿음이나 호응을 쉽게 얻곤 합니다. 역모를 꾀하는 무리들이 참언이나 유언비어를 퍼뜨려 백성의 호응을 얻으려 한 까닭은 무엇일까요? 그것은 왕조와 국왕에 대한 백성들의 인격적 친근감이나 국왕의 당연한 존재감을 깨뜨리지 않고서는 백성들을 반란에 참여시키는 것이 불가능했기 때문입니다.

이와 같이 정여립 역모 사건은 이씨 왕조의 명운이 다했으니 새로운 세력이 등장하는 것은 하늘의 뜻이라는 명분을 내걸고 벌인 사건이었습니다. 반란을 일으켜 정씨 왕조를 세우고자 한 정여립은 이를 위해 대동계를 만들었습니다. 이웃 고을의 무사들과 노비들 가운데 기골이 장대한 사람을 모아 매달 한 차례씩 활쏘기 연습을 시켰다고 전합니다. 사병 조직을 만들어 군사 훈련을 시킨 것으로 볼 수 있는 대목입니다.

대동계는 말 그대로 대동(大同), 곧 모두가 하나 됨을 지향하는 조직이라는 의미입니다. 대동이란 유학에서 말하는 가장 이상적인 사회이지요. 대동(大同)이란 사람들 사이의 평등이 더욱 완전하게 이루어지고, 정치·사회적 가치가 가장 잘 성취된 상태를 가리킵니다. 대동 사회야말로 유학자들이 지향해야 할 이상 사회였던 셈이지요.

정여립은 재주가 있지만 성격이 경박하다는 평을 받던 동인 쪽 인물이었습니다. 그는 경연에서 이이, 정철, 박순을 공격하기도 했습니다. 학문이 뛰어나 경서 강론* 분야에서 이름이 높다는 평가를 받기도 했지요. 《선조실록》에는 그가 오만하고, 무엇인가 믿음직스럽지 못한, 그러면서 재주 있는 인물이라는 정도로 적혀 있습니다.

《선조수정실록》*에 따르면, 정여립 역모 사건은 1589년 10월 황해도 관찰사 등의 보고에 의해서 세상에 드러났습니다. 황해도에서 적발된 역모 사건과 연결된 전라도 쪽 괴수가 정여립이라는 보고였지요. 정여립을 조사하기 위해 의금부 도사 등이 전라도 전주로 파견되었는데, 정여립은 집을 떠나 도망간 상태였습니다. 황해 감사의

강론(講論)
어떤 문제를 강의하고 서로 토론함.

《선조수정실록》
광해군 때 편찬한 《선조실록》의 내용을 수정하여 인조 때 편찬한 책. 인조 반정을 성공시킨 서인 중심의 공신 세력이 북인 입장이 많이 반영된 《선조실록》의 내용에 불만을 품고 《선조수정실록》을 편찬했다.

첫 보고가 올라온 지 보름 뒤인 10월 17일, 아들과 함께 전주에서 도망쳐 진안에 들어가 있던 정여립이 스스로 목숨을 끊었다는 보고가 올라옵니다. 군관들이 은신처를 포위하고 체포하려 하자 스스로 칼로 목을 찔렀다는 보고였지요. 사실 정여립 사건은 정여립의 자살을 계기로 더 큰 파장을 몰고 왔습니다. 스스로 자살한 것은 자신이 잘못했음을 자백한 것이나 다름 없었기 때문입니다.

황해도 관찰사의 보고에 따르면, 정여립은 "전주에 왕기가 있다", "자기 아들인 옥남(玉男)의 등에 왕(王) 자 무늬가 새겨져 있는데 이를 감추기 위해 옥남이라고 이름지었다"는 식으로 유언비어를 퍼뜨리고 다녔습니다. 그리고 정여립은 앞으로 임진년에 왜변이 일어날 것을 알고 그 때를 대비하여 거사할 준비를 했다고 합니다. 이 보고는 정여립 역모 사건을 당연한 사실로 만들기 위해 그 근거들을 자세히 기록했습니다. 방금 앞에서 살핀 예언이나 유언비어, 대동계 같은 조직 활동과 관련된 부분입니다. 문제는 당사자가

독서당 계회도

1570년(선조 3) 무렵에 제작된 그림이다. 나중에 정여립 사건 처리를 주도한 정철을 비롯하여 이이, 유성룡 등 9인이 참석한 모임을 그린 것으로 산수 배경과 독서당의 모습을 강조했다. 산과 독서당 건물을 왼쪽에 치우치게 묘사했고, 배들이 강가에 줄지어 떠 있으며, 건물 왼쪽에는 선비들이 앉아 있고, 산을 넘는 인물들도 볼 수 있다. 보물 867호.

자살해서 이를 아무도 입증할 수 없었다는 점입니다. 따라서 정여립 역모 사건을 조사하는 과정에서 근거 없이 피해를 당하는 사람이 있을 수 있었습니다.

역모 사건의 관련자를 색출하여 조사하고, 공모자를 처벌하는 과정에서 주된 역할을 담당한 사람은 서인인 정철이었습니다. 정철은 관련자를 가혹하게 고문하면서 사건을 처리해 나갔습니다. 조금이라도 의심스러운 사람은 모두 조사해서 처벌하려고 했지요. 조정의 여론은 정여립을 관직에 추천한 사람, 정여립과 사귀면서 편지를 왕래한 사람들까지 모두 처벌해야 할지를 놓고 갑론을박을 펼쳤습니다. 여기에 지방 유생들도 가담하여 누구 누구가 정여립과 친하게 지냈으니 역적의 무리가 분명하다는 식으로 상소를 하기도 했습니다. 결국 정철은 최영경을 비롯한 동인 쪽 여러 인물을 정여립과 뜻을 같이했다고 하여 처벌했습니다.

그러나 관련자를 가혹하게 처리한 정철의 조치는 많은 사람들에게 반감을 불러일으켰습니다. 특히 많은 피해를 입은 동인들은 더욱 원한이 깊었습니다. 그런데 동인들 사이에 정여립의 역모를 인정히지 않을 수 없지만 정철의 처리가 너무 가혹했다는 쪽과, 역모가 확실하지도 않은데 죄 없는 사람들을 함부로 죽인 정철 그리고 서인과는 자리를 절대 같이할 수 없다는 쪽으로 크게 나뉘었습니다.

그러다가 1591년 정철 일파가 세자를 정하는 문제로 조정에서 쫓겨나 유배를 당하게 되었을 때, 동인들은 서인과 서로 통용할 수 있다는 남인(南人) 입장과, 서인을 극도로 배척하는 북인(北人) 입장으로 분명하게 나뉩니다. 동인이 남인과 북인으로 갈라서게 된 것이지요. 이 때 유성룡을 비롯한 이황의 문인들이 남인이 되고, 서경덕과 조식의 문인은 북인이 되었습니다.

결국 1589년에서 1591년에 이르는 시기에 동인과 서인은 갈등의 골이 깊어지고, 나아가 동인이 남인과 북인으로 나뉘면서 붕당 정치 시대가 본격적으로 열립니다. 서인과 남인, 북인은 선조의 마음을 잡기 위해서, 의리와 명분을 차지하기 위해서, 그리하여 자신들의 정책을 실현하기 위해서 서로 경쟁하고 대립하면서 조선의 정치를 이끌고 나갑니다. 또한 중앙 정계에 진출할 예비 관료 성격을 지닌 지방 유생들도 학연에 따라 이러한 붕당 정치의 흐름에 더욱 깊게 발을 담급니다.

붕당 정치의 특징

붕당 정치는 선조 때에 이르러 학연과 정책에 따라 사림이 동인과 서인으로 나뉘면서 본격적으로 시작되었다고 했습니다. 그리고 붕당의 분열은 성리학 연구가 깊어짐에 따라 학파가 나뉘고 학문에 대한 입장이 서로 달라지면서 시작되었다고 설명했습니다. 하지만 더 중요한 이유는 현실적인 정치 권력을 둘러싸고 양반 관료 안에서 대립이 생겼기 때문입니다.

선조 때 자리 잡은 붕당 정치에는 여러 가지 특징이 있습니다. 먼저 정치에 참여하는 관료들은 서로 붕당이 다르다고 해도 이를 차이로 생각할 뿐 차별로 받아들이지 않았습니다. 서로 간에 먼저 상대방의 존재를 인정해 주었지요. 그런 다음 서로 다른 점을 명확히 구별하거나 같은 점을 공유하는 방향으로 관계를 맺었고요. 이 지점에 이르면 정책이나 학문 성향의 차이가 명백히 밝혀집니다. 하지만 여전히 차이 또는 다름일 뿐 차별이나 배제를 뜻하지는 않았습니다. 한 마디로 크게 비슷하고 조금 다른 존재로 서로를 인식한 것이지요. 그러나 세월이 흘러가면 붕당 사이에 상대방의 존재를 인정하지 않고 무시하면서 배제하려는 움직임이 생겨납니다.

둘째, 붕당끼리 서로의 존재를 인정하고 정치 권력을 놓고 경쟁할 때에도 당연하게 지켜야 할 규칙을 암묵적으로 합의하고 있었습니다. 그 규칙이란 붕당이 성리학적 공도 실현을 추구한다는 점, 정책

관리들의 회식 장면

을 세우고 시행할 때 사림의 공론을 중시한다는 점이었습니다. 그런데 이러한 정치 경쟁의 기본 규칙은 어디에서 왔을까요? 붕당의 특징 가운데 하나가 학파에 기반한다는 점이었지요? 학파가 정파, 곧 붕당이었던 것이지요. 그렇다 보니 아무래도 논리적이고 합리적인 학문 탐구 정신이 권력 다툼의 현장에서도 어지간히 통용되었던 모양입니다.

셋째, 현실 정치에서 붕당 정치는 특히 주요 관직에서 성격이 뚜렷하게 드러났습니다. 먼저 언론 삼사라고 불린 사헌부, 사간원, 홍문관은 왕과 관리들의 잘못을 거리낌없이 비판했습니다. 그리하여 왕과 관리들은 스스로를 단속해야 했고, 붕당 또한 흠 잡히지 않도록 조심해야 했습니다. 붕당 정치의 윤리가 자연스럽게 마련된 경우이지요.

마지막으로 앞에서 살펴본 것처럼 이조 전랑이라고 부르는 관직이 지닌 특징을 지적할 수 있습니다. 이조 전랑은 중하위 요직의 인사를 담당하는 막중한 권한을 누렸습니다. 물론 그 권한과 영향력이 너무 커서 정치판을 쥐락펴락하는 일이 많아 문제가 되기도 했습니다. 하지만 하위직 신진 관리가 스스로의 이름을 걸고 인사 정책에 대한 고위직 관료들의 횡포를 막아 내는 데 충분한 구실을 했습니다. 이러한 현실 정치의 여러 요소들은 붕당 정치가 잘 운영되는 데 크게 기여했고, 이것이 붕당 정치의 특징이라고 할 수 있습니다.

결국 붕당 정치는 성리학을 배운 관료들 사이에 이루어진 정치 운영이나 정치 변동을 가리킵니다. 붕당 중심으로 정책을 토의하고 결정하는 움직임이 활발해지면서 향촌 지식인이 정치에 훨씬 쉽게 참여할 수 있었지요. 그리고 붕당끼리의 비판과 견제를 의식하여 청렴한 관리, 곧 청백리에 대한 숭상, 책임 정치 수행, 언론 활동 보장, 여론을 의식하는 정치 들이 실현되어 국가 운영에 많은 보탬이 되었습니다.

하지만 붕당이 중요하게 여긴 여론이란 백성들 전체의 생각이기보다는 사림 혹은 사대부 중심의 생각이었고, 후대로 가면 일부 가문이나 개인 입장이 마치 여론인 것처럼 변질되기도 합니다. 그리고 여러 붕당이 서로 비판하고 견제하기보다 힘 있는 붕당의 횡포가 심해지면서 붕당 정치의 문제점이 커집니다. 백성들의 안위보다 정권 장악 자체가 목표가 되면서 붕당 사이의 다툼도 격렬해집니다. 그럼에도 임금과 신하가 여론에 따라 정치를 수행한다는 약속은 허물어지지 않았습니다.

따라서 조선 왕조의 지배층(사족, 양반)이 정치에 지속적으로 폭넓게 참여하는 한 붕당 정치가 유지될 수 있었지요. 그러나 향촌의 사족이 중앙 정치에 참여하는 길이 막혀 버리는 시점에 이르면 붕당 정치는 크게 변질되고 맙니다.

유희춘과 《미암일기》

을사사화가 있고 2년 뒤인 1547년 양재역 벽서 사건으로 화를 당한 사람 가운데 유희춘이라는 사람이 있다. 지금의 한강 남쪽 양재동에 있던 양재역 담벽에 붉은 글씨로 "여주(女主)가 위에서 정권을 잡고 간신 이기 일당이 아래에서 권세를 농간하고 있으니 나라가 장차 망해 가는 꼴을 서서 기다리는 신세가 되었다. 어찌 한심하지 않은가"라고 씌어진 벽보가 붙으면서 벌어진 사건이 양재역 벽서 사건이다.

여주는 문정 왕후를 가리키며, 당시의 권세가들을 비판하는 내용이었다. 조정의 권세를 장악하고 있던 윤원형, 이량 일파는 이러한 불길한 내용의 벽서가 나붙은 것은 조정에 아직도 흉악한 무리들이 있기 때문이라고 입을 모았다. 이에 윤원형 일파는 을사사화를 비켜 나간 유희춘, 김난상을 유배시켰다.

전라도 해남에서 태어난 유희춘은 경학에 능통하여 경연에서 활약을 펼쳤다. 그는 양재역 벽서 사건에 연루되어 처음 제주도에 유배되었다가 다시 함경도 종성에서 18년 동안 유배 생활을 했다. 1565년에 다시 충청도 은진으로 옮겨졌다가 1567년 선조가 즉위하면서 풀려났다. 그는 다시 조정에 등용되어 여러 관직을 거쳤고, 특히 선조 초기에 경연관으로 활약했다. 만년에는 경서 언해 사업에 참여하여 《대학언해》를 완성했다.

유희춘이 우리 역사에 남긴 공로는 무엇보다 《미암일기》라는 일기이다. 유희춘은 평소 매일 일기를 썼는데 병이 났을 때에도 그치지 않았다고 한다. 그리고 죽기 며칠 전에도 일기를 쓴 것으로 보아, 현재 전하는 것 말고도 유배 시기나 관직 초기에 해당하는 명종 재위 시기의 일기도 있을 것으로 보인다.

《미암일기》는 책은 1567년 10월 1일부터 1577년 5월 13일까지 약 10년이라는 오랜 세월 동안 쓴 일기이다. 유희춘 개인의 일상사뿐만 아니라 나랏일까지 일기에 기록했다.

이 일기에는 왕실 소식, 정치적 사건, 유희춘 집안의 수입과 지출, 부인과 자식의 생활, 노비와 의녀 등의 생활에 이르기까지 낱낱이 기록되어 있다. 마치 읽는 이가 그 때 그 곳에 가서 살고 있는 듯한 착각을 불러일으킬 정도이다. 이처럼 《미암일기》는 정치, 경제, 사회, 풍속 등 모든 분야에 걸친 당시의 모습을 전해 준다. 그래서 임진왜란으로 《승정원일기》 등 나라의 공공 기록이 거의 불타 버린 상황에서 《선조실록》을 편찬할 때 주된 사료로 이용되기도 했다.

유희춘의 《미암일기》
미암 유희춘의 일기. 본래 14책이었지만 지금은 11책만 남아 있다. 전라 남도 담양군 종가, 보물 260호.

붕당 정치와 식민사학의 당파성론

붕당 정치에 대한 올바른 이해

붕당 정치란 16세기 후반 이후 조선 왕조의 정치사를 설명하기 위한 개념이다. 붕당이라는 정치 세력이 등장하여 정치 권력을 놓고 여러 붕당끼리 치열하게 경쟁하고 다투던 시기의 정치를 '붕당 정치'라고 부르자는 것이다. 조선 왕조에서 붕당은 하나가 아니라 여럿이었다. 그리고 여러 붕당 사이에서 더 강력한 정치 권력을 차지하기 위해 치열한 경쟁을 벌였다.

붕당이 정치 권력을 장악하려면 몇몇 조건이 필요했다. 국왕이 주권을 차지하는 왕조 국가였기 때문에, 먼저 붕당은 국왕의 신임을 얻기 위해 경쟁해야 했고, 정치·사회·경제 정책을 잘 세우고 실천하는 것도 붕당의 경쟁력을 높이는 좋은 방안이었다. 하지만 무엇보다도 중요한 원칙이 있었으니 그것은 '의리와 명분'이다.

의리와 명분은 이익이나 실리 같은 현실적 이해 관계와는 달리 지켜야 할 신념이나 믿음 같은 정신적 지향점이라고도 할 수 있다. 그렇다고 의리나 명분이 현실적인 이해 관계와 전혀 관련 없지는 않다. 중요한 것은 붕당들이 의리와 명분이라는 정신적인 면을 통해서 현실의 정치 권력을 장악하려고 했다는 점이다.

정치 권력을 서로 차지하려는 것이 당쟁(黨爭, 붕당의 다툼)을 불러온 가장 커다란 이유로 볼 수 있다. 이것 말고 또 당쟁이 벌어진 이유가 존재하는지 좀더 살펴보자. 조선 시대의 정치가와 학자들을 비롯하여 많은 사람들이 당쟁을 분석하고 그 발생 원인을 여러 가지로 설명했다.

첫째로 17세기 실학자 이익은 〈붕당론〉에서 붕당 다툼이 관직의 자릿수와 관직 예비군(과거 급제자) 숫자 사이의 차이에서 비롯한다고 설명했다. 향촌 사회에서 벼슬을 통해 특권을 보장받을 수 있는 과거 급제자가 크게 늘어난 반면에 관직 자리는 제한되어 있어서 경쟁이 치열했고, 이러한 경쟁이 붕당 결성, 붕당 다툼으로 이어졌다는 설명이다.

다음으로 19세기 후반에 활약한 이건창은 《당의통략》에서 붕당의 유래가 오래 되어 설명하기 어렵다고 하면서 붕당 발생의 원인으로 먼저 도학(道學)을 지나치게 중시한 점, 곧 철저한 이념 지향을 지적했다. 또한 명분과 의리를 필요 이상으로 엄격하게 지켜 나갔다는 점, 유력한 가문이 너무 번성한 점 등을 지적했다. 풀어서 설명하면 도덕과 명분을 지나치게 중시했기 때문에, 조그만 입장 차이에도 서로 비판하고 공격하는 일이 잦았다는 것이다.

이 둘의 입장은 사회·정치적 배경과 사상적 지향 면에서 붕당과 당쟁의 배경을 객관적으로 설명했다고 하겠다.

일제가 심어 놓은 인식, 당파 싸움이다

그런데 조선을 멸망시키고 식민지로 삼아 이를 영구히 유지하기 위해 한국사를 왜곡한 일본 식민주의 사학에서는 조선 왕조의 붕당과 당쟁을 어떻게 설명했을까? 조선의 '당파 싸움'이 우리 민족의 민족성 때문에 반드시 나타날 수밖에 없었던 일이며, 당쟁이야말로 우리 역사에서 지워야 할 치욕이라고 지목했다.

일본은 조선을 식민지로 만들면서 정치, 경제, 사회, 문화 각 방면에서 두고두고 식민지 체제를 굳건히 다지려는 갖가지 야심을 내보였다. 역사학 분야에서도 조선의 역사를 깔아뭉개고, 일본의 식민지가 된 것이 필연적 결과라고 설명하면서, 식민 지배가 조선 인민에게는 오히려 좋은 기회라는 논리를 퍼뜨렸다. 이를 식민주의 사학, 식민사관이라고 부른다.

식민사관의 여러 가지 주요한 논리 가운데 정치사의 흐름을 설명하는 논리가 바로 당파성론이다. 조선 왕조의 정치를 사화와 당쟁의 연속으로 단정하고, 이로 인해 사회 발전이 진행되지 않은 채 일본의 침략을 받았다는 설명이다. 식민지 시기에는 일본 학자들뿐만 아니라 조선 사람 가운데서도 당파성론에 동조하는 사람이 나타나 민족성을 개조해야 한다는 주장을 펴기도 했다.

식민사관을 극복하려면

조선 왕조의 정치 운영 방식을 설명할 때 붕당 사이의 다툼은 빼놓을 수 없는 사실이다. 하지만 어느 나라나 왕조 국가의 운영에 참여하는 관리들 사이에 다툼이 생겨나는 것은 아주 자연스러운 현상이다. 그렇기 때문에 붕당 사이의 다툼을 뜻하는 당쟁이 조선 왕조의 역사 흐름에 어떠한 의미를 갖고 있는지 살피는 것이 중요하지, 당쟁 자체가 있어서는 안 될 일이었다는 식으로 평가하는 것은 잘못이다.

다툼은 가치관의 차이, 생각의 다름에서 생겨나는 것이지만, 그것 때문에 차별을 정당화해서는 안 되고, 다툼 자체가 사라져야 한다는 주장은 옳지 않다. 더욱 중요한 것은 다툼의 규칙을 마련하는 것이다.

또한 조선 왕조의 정치가 당쟁으로만 일관된 것도 아니다. 16세기 후반 이후 사림 세력이 정권을 장악하고 붕당이 나뉘면서 나타난 정치 양상을 살펴보면 그 내막을 이해할 수 있다.

조선 왕조 정치사에서 중요한 역사적 흐름이 나타난 앞뒤 사정을 종합적으로 살펴보고 이해하는 것은 매우 중요한 일이다. 전체적이고 종합적인 이해를 거치면 하나의 역사적 사건으로만 여겨졌던 일들이 한데 엮여 이해하기 쉽게 되는 법이다.

붕당 정치의 한가운데서

광해군에 대한 엇갈리는 평가

조선 시대 역대 왕들 가운데 광해군만큼 평가가 크게 갈라지는 왕도 없을 것입니다. 한편으로는 계모인 인목 대비를 폐위시켜서 서궁*에 유폐하고 동생 영창 대군을 죽인 폐모 살제를 저지른 국왕, 궁궐을 다시 짓는 등 무리한 토목 공사를 감행한 국왕, 그리고 잘못된 정치를 일삼은 폭군으로 일컬어졌습니다. 그러나 다른 한편 중국 땅에서 명나라가 망하고 청나라가 들어서는 왕조 교체기의 어려운 상황에서 '중립 외교' 또는 '실리 외교'를 펼친 혜안을 가진 국왕으로 높이 평가되는 인물이기도 합니다.

왕위에 오르기까지 숱한 우여곡절을 겪었고, 오랜 기간 왕위에 있었으면서도 종묘에 들어갈 정당한 신주와 묘호를 받지 못하고 유배지에서 남은 목숨을 이어 나가야 했던 광해군. 이 비운의 국왕 광해군에게 도대체 무슨 일이 있었을까요?

선조의 첫째 왕비는 의인 왕후 박씨입니다. 그런데 선조와 의인 왕후 사이에는 자식이 생기지 않았습니다. 한편 선조는 총애하던 후궁 공빈 김씨에게서 아들 둘을 얻었는데, 이들이 임해군과 광해군입니다. 왕후의 자식이라야 어엿하게 세자로 책봉되어 다음 왕이 될 수 있을 텐데, 임해군과 광해군은 후궁의 소생이었기 때문에 왕위 계승자로 적합하지 않았습니다.

광해군은 세자가 되기 전, 선조의 여러 후궁한테서 태어난, 같은

서궁(西宮)
경운궁. 본래 성종의 형인 월산 대군이 살던 집인데 선조가 행궁으로 삼았다. 광해군 때인 1611년 경운궁이라고 이름을 붙였다. 20세기에 들어서 퇴위한 고종이 머물면서 '덕수궁'이라고 부르게 되었다.

처지의 배다른 형제들과 항상 경쟁을 벌여야 했습니다. 선조는 정비인 의인 왕후에게서는 아들을 얻지 못했지만, 여러 후궁 가운데 인빈 김씨가 의안군·신성군·정원군(나중에 원종으로 추촌됨)을, 순빈 김씨가 순화군을, 정빈 민씨가 인성군·인흥군을 낳았습니다. 이 가운데 정원군의 아들이 나중에 광해군을 몰아내고 왕이 된 인조입니다. 물론 선조 말년인 1606년 인목 왕후에게서 영창 대군을 늦둥이로 얻었지요.

세자 책봉 문제는 선조에게 크나큰 고민거리였습니다. 신하들은 후궁의 자식이라도 세자로 책봉해야 한다고 건의했지만, 선조는 이를 받아들이지 않았습니다. 임해군이나 광해군에게 세자 자리는 너무나 먼 곳에 있었습니다.

그런데 1592년 4월 임진왜란이 일어나면서 사정이 달라졌습니다. 선조는 서울이 함락될 위기에 몰리고 자신이 국왕 자리에 있는 동안 왕조가 멸망할 위기에 빠지자, 후계자를 정해 놓을 필요성을 절감했습니다. 선조는 신하들에게 세자 책봉 의지를 밝히고 적임자를 추천하라고 지시하지만, 신하들은 선조의 뜻을 먼저 밝히라고 요청합니다. 신하들의 이런 대응은 아주 당연한 것이었지요. 최고 권력자인 국왕만이 자신의 후계자를 선택할 수 있었으니까요. 다만 국왕이 최고의 절대 권력자가 아닐 경우에는 달랐지만요.

여하튼 선조는 평소에 보아 둔 바가 있었다는 듯 "광해군이 총명하고 학문을 좋아한다"고 설명하면서 형인 임해군 대신 아우인 광해군을 세자로 결정합니다. 이 날이 4월 28일이고, 다음 날 광해군이 세자 자리에 오릅니다. 왜군이 부산에 침입했다는 소식이 서울에 전해진 4월 17일에서 불과 10여 일 뒤입니다.

광해군이 세자에 오르고 이틀 뒤인 4월 30일 새벽, 선조와 그 일행은 서울을 빠져나가 북쪽으로 피란길에 올랐습니다. 피란을 가면서 선조는 조정을 둘로 나누는 이른바 분조(分朝)를 실행했습니다. 신하들 가운데 일부는 자신을 따라 의주 쪽으로 나아가고, 세자인 광해군과 그를 따르는 신하들은 함경도, 강원도 등지로 나아가 왜적을 막도록 조처한 것입니다. 이 때 광해군은 여러 지역을 찾아다니면서 군대와 군량을 모아 전투를 수행하는 데 큰 공을 세웠습니다. 이러한 분조 활동이 광해군에게는 세자로서 입지를 굳힐 수 있는 기반이 되었지요.

임진왜란이 끝난 뒤 광해군이 왕위를 물려받는 과정에서 가장 큰 고비가 생겼습니다. 선조가 새 장가를 든 것입니다. 1600년 의인 왕후가 죽은 뒤 1602년(선조 35) 50세인 선조가 김제남의 딸을 새 왕비로 맞이했습니다. 당시 김제남의 딸은 19세에 불과했고, 새 왕비는 선조가 죽은 뒤 인목 대비로 불렸습니다. 선조는 새 왕비에게서 열다섯 번째 왕자인 영창 대군을 얻었습니다. 선조가 인목 대비를 맞이할 당시 광해군이 28세였으니, 인목 대비는 광해군보다 나이가 훨씬 어린 계모였습니다.

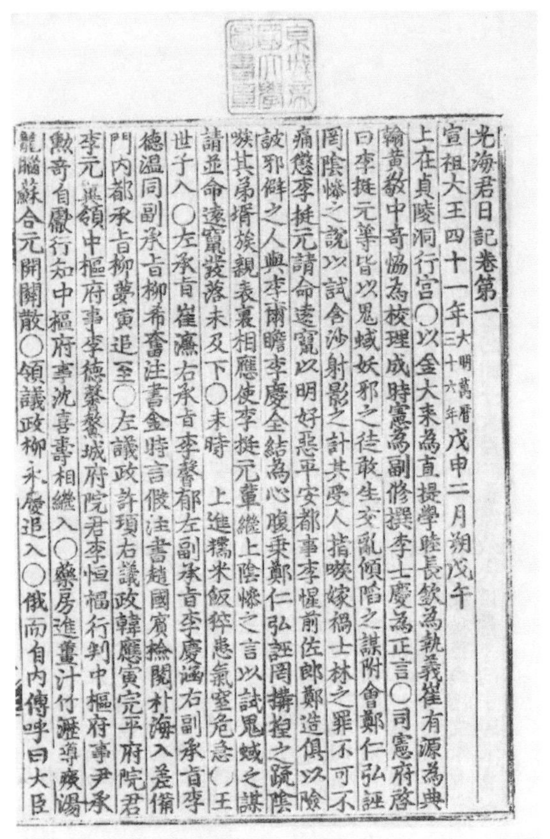
光海君日記卷第一
宣祖大王四十一年(大明萬曆三十六年)戊申二月朔戊午
上在貞陵洞行宮○以金大來爲直提學睦長欽爲執義崔有源爲典
翰黃敬中奇協爲校理成時憲爲副修撰李士慶爲正言○司憲府啓
曰李挺元等皆以鬼蜮妖邪之徒敢生交亂傾陷之謀附會鄭仁弘誣
罔陰慘之說以試含沙射影之計共受人指嗾嫁禍士林之罪不可不
痛懲李挺元請命遠竄以明好惡平安都事李惺前佐郎鄭造俱以險
詖邪僻之人與李爾瞻李慶全結爲心腹乘鄭仁弘誣罔搆捏之疏陰
嗾其弟壻族親表裏相應使李挺元輩繼上陰慘之言以試鬼蜮之謀
請並命遠竄發落未及下○未時 上進糯米飯猝患氣窒危急○王
世子入○左承旨崔濂右承旨李馨郁左副承旨李慶涵右副承旨李
德溫同副承旨柳希奮注書金時言假注書趙國賓檢閱朴海入差備
門內都承旨柳夢寅追至○左議政許頊右議政韓應寅完平府院君
李元翼領中樞府事李德馨鰲城府院君李恒福行判中樞府事尹承
勳奇自獻行知中樞府事沈喜壽相繼入○藥房進蘆汁竹瀝導痰湯
龍腦蘇合元開關散○領議政柳永慶追入○俄而自內傳呼曰大臣

광해군일기
선조가 죽은 뒤 왕세자(광해군)가 즉위하는 과정을 적은 《광해군일기》의 첫 부분.

영창 대군은 선조가 왕비에게서 얻은 유일한 왕자였지요. 그 때문인지 선조는 인목 왕후가 낳은 영창 대군으로 세자를 교체하려는 뜻을 노골적으로 내비쳤습니다. 그리하여 광해군을 박대하고 영의정 유영경과 함께 영창 대군을 세자에 앉히기 위해 애썼습니다. 그러나 정인홍, 이이첨 등의 반대로 세자를 바꾸지 못한 채 1608년 선조가 세상을 떠났고, 광해군은 어렵사리 왕위에 올랐습니다. 이처럼 광해군은 처음부터 우여곡절 끝에 왕위에 올랐기 때문에, 자신이 앉아 있는 왕위에 도전하는 자그마한 일에도 아주 민감했습니다.

광해군은 왕이 된 다음에도 계속 국왕 자리를 위협당하는 처지였습니다. 명에게 왕위 계승을 정식으로 확인받지 못한 점도 커다란 골칫거리였습니다. 그리고 형 임해군과 인목 대비의 아들 영창 대군은 계속 왕위를 위협하는 존재로 여겨졌습니다. 선조 말년부터 세를 불린 북인은 선조의 후사 문제로 대북(大北)과 소북(小北)으로 갈라져 대립했지만, 광해군 즉위와 더불어 대북파가 정권을 장악했습니다.

대북 정권의 무리수 – 폐모 살제와 대외 정책

광해군은 처음에 이원익, 이항복, 이덕형 같은 명망 높은 인사를 조정의 요직에 앉혔습니다. 하지만 그 무렵 조정에서는 이이첨, 정인홍을 대표로 한 대북파가 강력한 힘을 발휘했지요. 대북파는 임진왜란 당시 전쟁을 제대로 대비하지 못한 책임에서 벗어나 있었고, 전쟁 중에 왜적을 막아 내는 데 상당한 공로를 세웠기 때문에 정권을 장악할 수 있었지요. 광해군도 이러한 기반을 지닌 대북파와 친근한 관계를 유지했습니다.

광해군은 임진왜란 이후 국내외 질서의 혼란 속에서도 나라 안 정치와 나라 밖 외교를 잘 이끌었습니다. 왕위에 올라 대동법을 경기도에서 처음으로 실시하여 국가 재정을 확보하는 활동을 벌여 나갔습니다. 그리고 전쟁으로 황폐화된 토지 대부분을 복구하여 경작지로 되돌리고, 토지의 실상을 조사하는 양전(量田) 사업을 펼쳐 나갔습니다. 또한 왕실의 권위를 높이고 나랏일을 제자리에서 치르기 위해 임진왜란 때 불타 버린 궁궐을 새로 지었습니다. 궁궐 복구와 같은 토목 공사는 불필요한 일이라는 비판도 제기되었지만, 나라의 면모를 갖추려면 필요한 일이었다고 볼 수 있습니다.

광해군은 즉위한 뒤 자신을 적극 후원한 북인(특히 대북파)을 중심으로 나라를 이끌어 갔습니다. 무엇보다도 조선 사회를 전쟁 이전의 모습으로 되돌리기 위해 여러 정책을 추진했지요. 전쟁 피해를 복구하고, 성곽을 쌓았으며, 무기를 수리하고, 군사 훈련을 강화했습니다. 임진왜란 중에 설치된 훈련도감을 비롯하여 여러 군영이 만들어지면서 이제 농민인 동시에 병사가 되던 시절은 지나고, 상비군 체제가 마련되었습니다. 또한 뒤에서 자세히 살펴보겠지만, 비변사의 기능이 강화되면서 비변사가 국방 문제뿐만 아니라 외교와 내정까지 관할하는 정치 운영 구조가 자리를 잡았습니다. 그리고 지방군으로 속오군이 설치되었는데, 여기에는 양인뿐 아니라 노비까지 포함시켰습니다. 노비에게 양인처럼 군역을 짊어지게 한 것은 겉으로 보면 부담을 더 주는 것이었지만, 실제로는 노비를 양인과 비슷한 백성으로 여기는 것이어서 노비의 지위가 상승된 사정을 보여 줍니다.

그리고 문화를 발전시키기 위해 파괴된 문화재를 복구하고 많은 서적을 다시 간행했습니다. 허준의 《동의보감》도 이 때 간행되었지요.

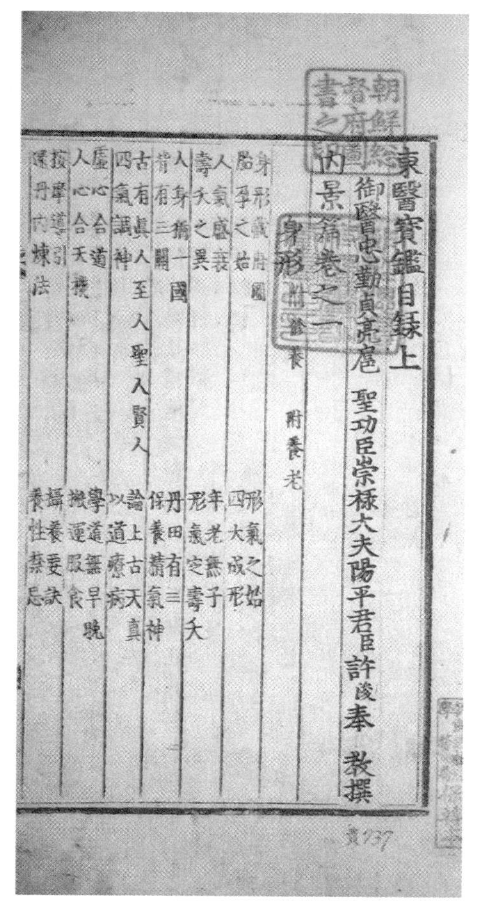

東醫寶鑑目錄上

御醫忠勤貞亮扈聖功臣崇祿大夫陽平君臣許浚奉 教撰

內景篇卷之一

身形

동의보감
허준이 우리 나라와 중국의 의서를 모아 25권으로 집대성한 의서.

광해군이 조선의 국왕으로 나랏일을 도맡은 기간은 15년이었습니다. 1623년(광해군 15), 광해군이 즉위할 때부터 정치 권력을 잃은 서인 세력은 이귀, 김류, 김자점, 이괄 등이 중심이 되어 남인 세력과 연합하여 인조 반정을 일으키고 광해군을 왕위에서 끌어내립니다. 명분과 의리를 따지는 조선 왕조 사회에서 정당한 절차를 거쳐 왕위를 이은 국왕이요 많은 치적을 남긴 광해군을 신하들이 몰아낸 배경은 어디에 있을까요? 군사력을 동원하여 강제로 쫓아냈지만, 의리와 명분 측면에서 그들은 크게 두 가지를 내세웠습니다. 하나는 대북파와 광해군이 선택했던 '폐모 살제'입니다. 또 하나는 광해군이 명나라에 지켜야 하는 도리를 저버리고 청나라와 명나라 사이에서 입장을 분명히 나타내지 않았다는 점입니다.

먼저 폐모 살제부터 살펴보겠습니다. 폐모란 계모인 인목 대비를 대비에서 일반 백성으로 신분을 낮추고 서궁에 유폐시킨 일이고, 살제란 배다른 동생인 영창 대군을 죽인 일입니다. 왜 이런 끔찍한 일이 생겼을까요? 폐모 살제는 1613년에 일어난 이른바 '칠서지옥(七庶之獄)'이라는 사건에서 시작되었습니다. 칠서지옥이란 서양갑을

덕수궁 함녕전
조선 시대 궁궐로 경운궁으로 불리다가, 광해군이 인목 대비를 유폐시키면서 서궁이라고 낮추어 불렀다. 뒤에 고종이 1907년 왕위를 순종에게 물려준 뒤에 이 곳에서 계속 머물게 되면서 고종의 장수를 빈다는 뜻에서 덕수궁으로 고쳐 불렀다. 서울 중구 정동.

중심으로 한 명문 가문의 서자 일곱 명이 연루된 사건입니다. 사건의 발단은 경상도로 넘어가는 고갯길 조령에서 일어난 강도 사건이었습니다. 강도를 저지른 도적의 우두머리로 포도청에 붙잡힌 박응서를 문초한 결과, 서양갑 등 서자들이 무리를 만들어 반역을 일으킬 군자금을 모으기 위해 강도짓을 벌인 것으로 드러났습니다. 서양갑, 심우영, 이경준 등 관련자를 문초하여 사건의 전모를 조사하는 과정에서 서양갑이 영창 대군과 김제남 세력이 연루되었다고 자백했습니다. 이러한 연루자 자백은 대북파의 이이첨 세력이 시킨 것으로 보는 견해도 있습니다.

조령에서 벌어진 강도 사건이 광해군을 몰아내려 한 역모 사건으로 번져 결국 김제남과 그 일가족이 역모 혐의로 처형당합니다. 이 사건으로 인목 대비의 아버지이자 영창 대군의 외할아버지 김제남이 죽임을 당했고, 강화도로 유배되었던 영창 대군도 다음 해인

1614년 9세의 어린 나이로 세상을 등집니다.

그러나 이 사건은 여기에서 끝나지 않았습니다. 이후 조정 안에서 역적의 딸 인목 대비를 궁궐에서 내쫓아야 한다는 논란이 크게 일어났습니다. 그리하여 인목 대비는 결국 서궁에 유폐되었습니다. 게다가 광해군의 조카 능창군, 이복 동생 의창군도 처형되었지요. 이것이 서인들이 말하는 폐모 살제의 내용입니다.

이제 대외 정책, 특히 명나라와 청나라에 대한 외교 정책에서 광해군이 저버린 의리가 무엇인지 인조 반정 세력의 주장을 알아봅시다. 광해군은 만주 지역에서 일어나 중원으로 야금야금 힘을 뻗쳐 나가던 후금* 세력과 가능하면 충돌하지 않으려는 정책을 펼쳤습니다. 누르하치가 이끄는 건주 여진이 조선에 위협 세력으로 다가온 시점은 1607년 무렵입니다. 이 때부터 광해군은 후금과 관련한 정보를 수집하기 위해 간첩을 활용했습니다. 그리고 곡물, 면포 등으로 후금을 달래는 한편 혹시 모를 후금의 침략을 막기 위한 대책 마련을 강조했습니다.

그런데 1618년, 임진왜란 때 조선에 군사를 보내 준 명나라가 후금을 정벌하려 하니 군대를 보내 달라고 요청합니다. 대북파를 비롯한 신하 대부분이 출병을 찬성했지만, 광해군과 몇몇 측근들은 이를 반대하거나 소극적 입장을 보였습니다. 하지만 어쩔 수 없이 1만 3000명 규모의 조선군을 파병합니다. 명나라에 대한 의리와 대의명분상 출병 요청을 뿌리칠 수 없었지요. 강홍립을 대장으로 삼은 조선 파병군은 원정길에 오릅니다. 하지만 명나라 군대의 전략 전술의 실패로 명과 조선의 연합군은 사르흐 전투에서 패하고, 강홍립이

후금
건주 여진을 이끌던 여진족의 족장 누르하치가 1616년 만주에 세운 나라. 나중에 이름을 청으로 바꾸었다.

이끄는 조선군은 후금에 항복합니다. 후금은 강홍립 등 장수 10여 명만 잡아 두고 조선군을 모두 돌려보냈지요.

인조 반정을 이끈 서인 세력은 당시 강홍립의 항복이 어쩔 수 없는 선택이 아니었고, 광해군이 강홍립에게 "시기를 보아 향배를 잘 택하라"는 비밀 명령을 내린 결과였다고 주장합니다. 광해군이 처음부터 후금과 전투할 의지가 없었다고 단정한 것이지요. 이렇게 해서 광해군이 명나라에 대한 의리를 저버렸다는 비판이 광해군을 몰아낸 두 번째 명분입니다.

여러분은 광해군의 외교 활동을 어떻게 생각하나요? 명나라에 의리를 지키지 않은 광해군을 왕위에서 끌어내린 서인의 반정은 정당한가요? 그리고 당시 후금 세력이 크게 일어날 것이라는 국제 정세를 읽고 중립과 실리 외교 정책을 취한 광해군의 정책은 과연 잘못된 선택이었을까요?

인조 반정과 공신 세력

1623년 광해군과 대북파에게 눌려 지내던 서인들이 남인들을 규합하여 일으킨 인조 반정. 이것은 조선 왕조 역사에서 중종 반정 이후 두 번째로 신하들이 임금을 몰아낸 사건입니다.

인조 반정을 주도한 것은 이귀, 김자점, 김류, 이괄, 신경진, 최명길, 장유, 심기원 등 서인 일파입니다. 반정(反正)이란 본디 거짓에서 바름(正 : 정)으로 돌아간다(反 : 반)는 뜻입니다. 그들은 성리학적 정치 질서를 되찾자는 명분을 앞세워 반정을 일으켰습니다. 1623년 3

월, 이서는 장단에서, 이중로는 이천에서 군사를 일으켜 홍제원에서 김류 군대와 합류합니다. 이 군대를 능양군*이 손수 거느리고 이괄을 대장으로 하여 12일 밤 창의문(도성 서북쪽에 자리한 성문)으로 진군하니, 훈련 대장 이흥립이 여기에 동조하여 반정군은 무난히 궁궐을 점령합니다. 그런 다음 인목 대비의 윤허를 얻어 광해군을 폐위시키고 능양군이 왕위에 올랐습니다. 광해군은 반정 세력을 피해 의관 안국신의 집에 피신했다가 잡혀 강화도로 유배됩니다. 그 뒤 여러 유배지로 옮겨다니며 18년 동안이나 울타리에 갇힌 삶을 살다가, 67세(1641년)로 제주도에서 삶을 마칩니다.

인조가 왕위에 오르자 조정은 서인의 손에 들어가고, 이이첨, 정인홍 등 대북파 수십 명이 처형당하고 수백 명이 유배되었습니다. 반정에 공을 세운 이귀, 김류 등 33명은 3등급으로 나뉘어 정사 공신(靖社功臣)의 호를 받고 중요한 자리를 차지합니다. 이들이 바로 공신 세력이지요. 반정에 따른 공을 논하고 상을 내림이 공평하지 못하다는 이유로 1년 뒤 이괄이 난을 일으켜 소란을 피우기도 했지만 이내 평정되었습니다.

서인은 집권하자마자 남인이 인조 반정에 협력한 대가로 남인 이원익을 정승 자리에 올렸습니다. 이제 서인과 남인이라는 두 개의 붕당이 인조 때부터 숙종 때까지 100여 년 동안 공존하며 경쟁과 대립을 이어 나갑니다.

인조와 공신 세력은 명나라에 지켜야 할 의리를 저버렸다는 명분을 내세워 광해군을 왕위에서 끌어내렸습니다. 2장에서 자세히 다루겠지만, 이들은 명나라가 군대를 보내 위기에 빠진 조선을 구해 줬

능양군(陵陽君)
선조의 후궁 인빈 김씨의 아들인 정원군(추존 원종)의 아들. 나중에 인조가 된다.

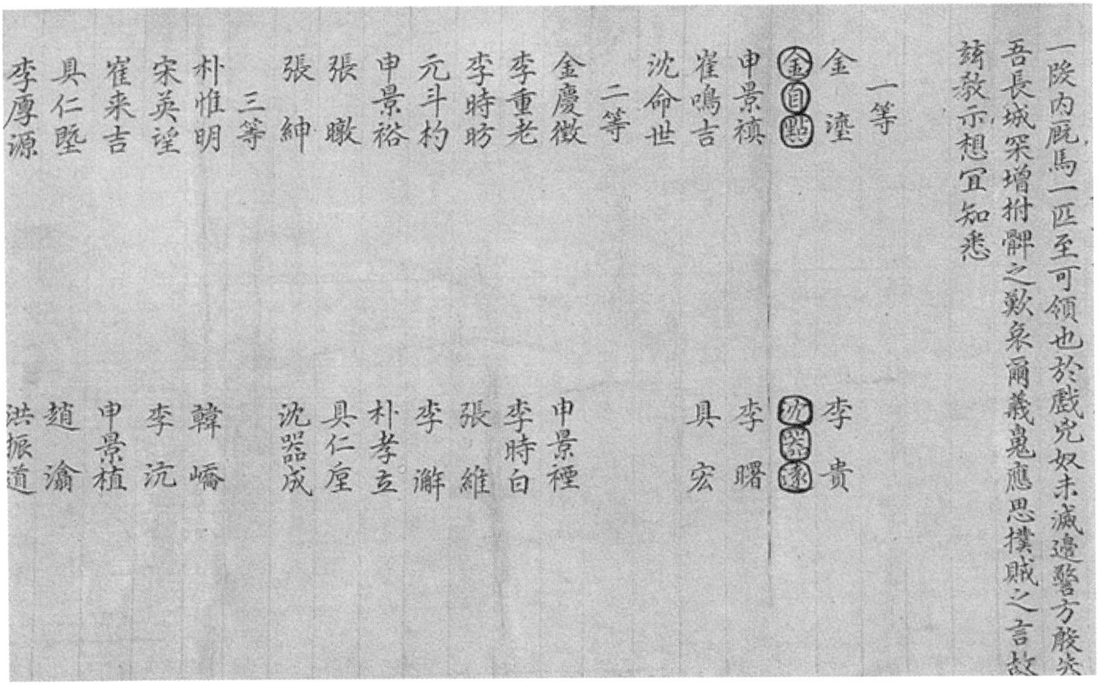

이중로 정사 공신 교서
인조 반정에 공을 세운 이중로에게 1625년(인조 3)에 정사 공신 2등으로 추증하는 교서이다. 오른쪽부터 교서를 둘둘 말아 보관할 수 있게 한 권축, 정사 공신 교서 내용, 정사 공신 명단 등을 볼 수 있다. 공신 명단 가운데 나중에 반역 죄인으로 처형된 김자점, 심기원의 이름에 동그라미를 쳐서 공신에서 삭제되었음을 표시해 놓은 점이 눈에 띈다.

다는 이른바 '재조지은(再造之恩)'을 저버릴 수 없는 은혜로 여겼습니다. 다시 말해 '나라를 다시 세워 준 은혜'를 내팽개치는 배은망덕을 저질러서는 안 된다는 입장이었지요. 명나라는 조선을 위해서 철저히 자기 희생을 한 것이 아니라 자기네 나라를 지키기 위해 군대를 파견한 것인데 말입니다. 서인들은 광해군이 은혜의 나라를 배반하고 명나라를 침략하는 후금과 화친 정책을 편 사실을 빈정의 명분으로 삼았습니다.

이런 사정이었으니 광해군을 밀어내고 왕이 된 인조는 명나라에 훨씬 기운 외교 정책을 펴 나갔지요. 나라와 나라 사이의 일과 같이 이해 관계가 복잡한 문제를 다룰 때에도 의리와 명분을 바탕으로 정책을 결정하는 것이 당연한 시절이었습니다. 병자호란 뒤 삼학사 일원으로 청나라에 인질로 끌려갔던 오달제는 "우리가 말하고자 하는 것은 오로지 대의(大義)일 뿐 승패와 존망은 말할 바가 아니다"라고

말했습니다. 청나라가 침입하여 나라가 망할 지경에 이르러서도 현실적 이해 관계보다 의리와 명분에 충실한 것을 올바른 삶으로 여긴 오달제의 생각이 잘 나타난 말입니다.

어떤 사람을 움직여서 실천하게 만드는 근본적인 힘이 실리인지 아니면 의리인지를 판단하기란 쉽지 않습니다. 의리와 실리가 서로 충돌할 때 실리 또는 의리 가운데 하나를 선택해야 하는 문제가 생기기도 합니다. 그렇기 때문에 누구에게 강요하기도 어렵지요. 하지만 실리를 선택했다고 해도 그 선택이 선한 것인지 악한 것인지 따져 봐야 하고, 의리를 선택했을 때도 정당한지 부당한지 다시 한 번 따져 보고 판단하는 과정을 거쳐야 합니다. 우리가 역사를 공부하는 것은 살아가면서 그때 그때 올바르고 적절한 판단을 하기 위해서가 아닐까요.

허균, 그는 누구인가

조선 사상계에서 17세기는 다양한 사상들이 제각기 자기 존재를 내세운 시기이기도 하다. 이 시기의 사상가들은 특히 성리학이 더욱 성숙해지면서 여러 사상을 접하고 또 그것들을 자기 몫으로 발전시켜 나갔다. 이들 수많은 사상가 가운데 허균(許筠)은 정말 눈에 띄는 인물이다. 그는 1569년(선조 2)에 태어나서 1618년(광해군 10)에 세상을 떠났다. 이 때 조선의 사상계는 임진왜란을 거친 뒤 다양한 사상을 백가쟁명식으로 표출하고 있었다. 허균은 그 한복판에서 활동했고, 또한 현실 정치판에서 무엇인가를 도모하다가 결국은 모반 사건에 관련되어 참수되었다.

지금까지 허균은 최초의 한글 소설 《홍길동전》의 지은이로 많이 알려져 왔다. 그리하여 국문학 분야에서 그에 대한 연구가 활발히 진행되었다. 이 밖에도 그는 많은 한시를 지었고, 여러 작자의 한시를 논평한 시론도 남겨 놓았다. 그러면서 그는 파란만장한 관직 생활을 보냈고, 서얼들과 밀접하게 교류했으며, 불교와 도교 등 다양한 사상을 두루 공부했다.

허균은 공주 목사 자리에 있을 때 여러 서얼 출신들과 친근한 관계를 맺었다. 그리고 전라도 함열에 귀양 갔을 때 서양갑, 이경준 등 나중에 '칠서지옥'에서 주동 인물로 활동한 서얼들과 돈독하게 사귀었다. 또한 정철의 문인으로서 뛰어난 문장가로 알려진 권필과 친분이 두터웠다. 이 밖에도 권필과 함께 '전오자(前五子)'라고 불린 이안눌·조위한·허체·이재영, '후오자(後五子)'라고 불린 정응운·조찬한·기윤헌·임숙영(한 사람은 알 수 없음)과도 막역한 사이였다.

이렇게 서얼들과 친밀히 지내면서 활발히 교류한 사실은 그가 남긴 서찰과 시문들에서 잘 알 수 있다. 그는 아마도 자신이 재취후처(아버지가 두 번째로 얻은 부인)의 소생이라는 점에서 서얼과 상당한 동류 의식을 느꼈을 것이다. 이러한 동류 의식을 바탕으로 서얼 홍길동이 주인공으로 활약하는 《홍길동전》을 지을 수 있었던 것이다.

허균은 경상 감사를 지낸 허엽의 3남 2녀 중 막내이다. 허엽은 서경덕의 문인이었다. 허균의 형제 가운데 임진왜란 직전 일본 통신사의 서장관으로 일본에 다녀온 성(筬)은 이복 형이며, 봉(篈)과 난설헌(蘭雪軒)이 같은 어머니에게서 난 형제이다. 허균은 유성룡에게 학문을 배우고, 당시 삼당 시인(三唐詩人, 조선 선조 때 활약한 최경창, 백광훈, 이달)의 한 사람인 이달에게 시를 배웠다.

허균은 굉장한 천재로 이름이 높았지만 성품이 경박하다는 평가를 받았다. 시문에 관한 그의 암기력은 어느 누구도 따를 수 없었고, 당시 앞뒤 시기로도 버금 갈 사람을 찾지 못할 것이라는 평가를 받았다. 누나인 여류 시인 난설헌이 젊은 나이에 요절하여 그녀의 시문을 제대로 정리하지 못한 것을 해결한 사람도 동생 허균이었다. 그는 자신이 암기하고 있던 난설헌의 시문 수백 수를 모아서 《난설헌집》을 편집했고, 나중에 명나라에 사신으로 가는 길에 《난설헌집》을 들고 가 중국의 시 평론가에게서 좋은 평가를 받아 오기도 했다.

시문에 대한 허균의 심미안은 당대부터 오늘날까지 대단한 평가를 받았다. 25세에 쓴 시 평론집 《학산초담》과 《성수시화》는 시 비평가로서의 면모를 제대로 볼 수 있는 저술이다. 반대파도 그의 시에 대한 심미안을 인정했다고 한다. 또한 그의 시선집 《국조시산》은 오늘날까지도 좋은 평가를 받고 있다.

허균의 생각과 행적은 상당히 복잡하다. 그의 행적에서는 서로 상충되는 부

신선을 꿈꾸며
1776년 김홍도가 그린 〈군선도(群仙圖)〉. 도교에 대한 민간의 믿음은 신선에 대한 열망으로 표현되기도 했다. 허균은 유교, 불교, 도교의 사상을 다양하게 섭렵했다.

분이 많다. 당시 사회 체제에서 벗어나는 일로 그는 서얼 출신의 불우한 지식인과 교류하는 한편, 대북파의 대표 인물로 당시의 정권 담당자라고 할 수 있는 이이첨과도 가깝게 지냈다. 조선 사회에서 차별 대우를 받던 서얼층과 친한 인물이 권력 핵심층과도 가깝게 지냈다는 사실이 허균을 평가할 때 당황하게 만드는 점이다.

허균의 생각을 보여 주는 《성소부부고》라는 문집에는 광해군 때의 집권 세력과 가까이 지낸 인물의 글이라고는 볼 수 없는 글이 보인다. '호민론'이 그것이다. 허균은 백성 가운데 세상을 변화시킬 주체 세력으로 호민(豪民)을 설정했다. 허균이 생각한 호민이란 사회를 개혁하고 불합리한 점을 개선하려는 의지를 지닌 무리이다. 이들은 우둔한 수탈 대상도 아니고 불만만 품고 있는 부류도 아니다. 일반적으로 유학에서 민(民)은 가르침의 대상, 은혜를 내려줘야 하는 대상으로 보았다. 그런데 허균은 호민을 두려워해야 한다고 주장하면서 민을 정치의 주체가 아닌 대상으로 설정하는 입장을 뒤집어엎고 있다. 역모 혐의로 처형받았기에 그의 저술이 지금까지 온전히 전해진다고 볼 수는 없

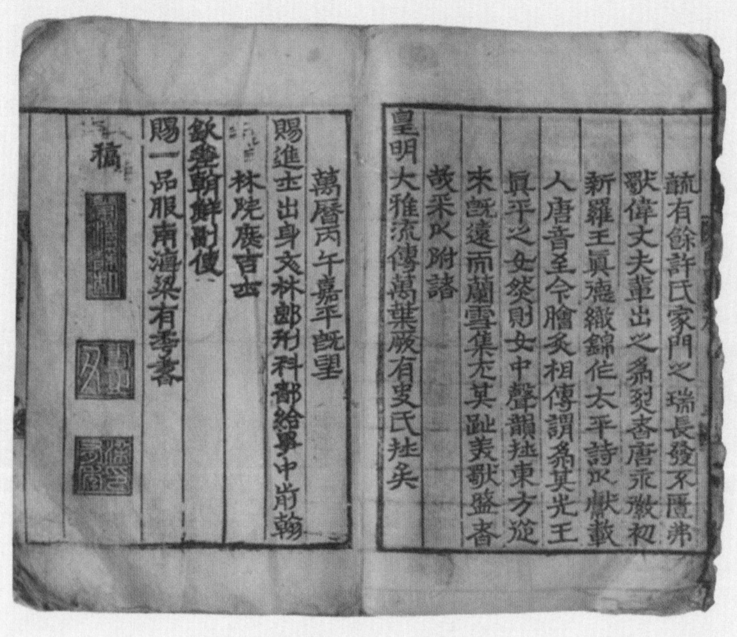
毓有餘許氏家門之瑞長發不匱弗
歟偉丈夫輩出之爲烈者唐亦微初
新羅王眞德織錦作太平詩以獻載
人唐音至今膾炙相傳謂爲其先王
眞平之女然則女中聲韻振東方從
來旣遠而蘭雪集尤其趾美歟盛者
故采以附諸
皇明大雅流傳萬葉庶有史氏採矣

萬曆丙午嘉平旣望
賜進士出身文林郎刑科都給事中前翰
林院庶吉士
欽差朝鮮副使
賜一品服南海梁有年書
稿

난설헌집
조선 시대 대표 여류 시인 허난설헌(1563~1589)이 남긴 210여 수의 작품을 모은 시문집. 동생 허균이 목판으로 펴냈다. 강릉시 오죽헌 시립박물관 소장.

다. 하지만 '호민론'을 보면 그는 분명 현실 정치를 변혁시켜야 한다고 생각한 듯하다.

허균이 죽음에 이르는 과정은 굉장히 극적이었다. 1617년 좌참찬으로 있을 때 허균은 폐모론을 주장했다. 이 때 폐모를 반대하던 영의정 기자헌은 함경도 길주로 유배되었다. 기자헌의 아들 기준격이 아버지를 구하기 위해 허균의 죄상을 폭로하는 상소를 올리자, 허균도 상소를 올려 변명했다. 이후 1618년 8월, 남대문에 "하남대장군이 (국왕의) 죄를 벌하기 위해 올 것이다"라는 내용의 격문이 붙은 사건이 일어났다. 역모에 해당하는 이러한 내용을 허균의 심복 현응민이 붙였다는 사실이 탄로나면서 허균과 기준격 등을 대질 심문한 끝에 역적 모의가 밝혀졌고, 허균과 그 밖의 연루자들이 저잣거리에서 능지처참 당했다.

허균은 이렇게 세상을 떠났다. 그래서 그의 생각과 행적은 상당 부분 제대로 드러나지 못하고 말았다. 하지만 당대의 다양한 사상을 두루 섭렵하고, 조선 사회의 기존 질서에 저항한 인물로 허균을 평가하는 것은 무리가 아닐 것이다.

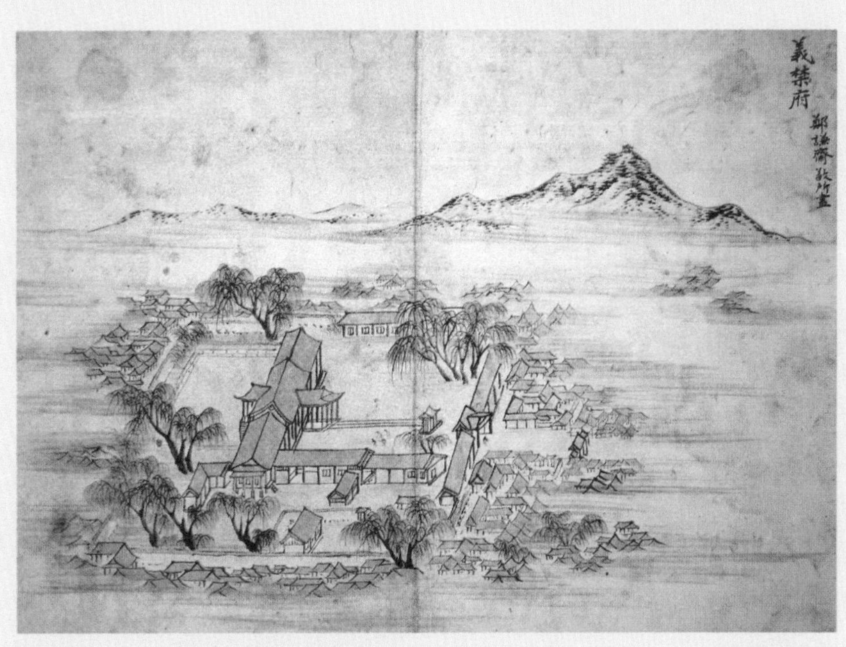

의금부 모습
지금의 종로 2가 제일은행 본점 자리에 있었던 의금부의 전경. 여기에는 조정 관원 중 경범 죄인이나, 역모와 관련된 중죄인을 가두었다. 1729년 정선이 그린 〈의금부 전도〉이다.

2

전쟁이 일어나다

왜란·호란의 충격과 극복

조선과 일본의 7년 전쟁, 임진왜란

임진왜란이 일어난 까닭

1592년 4월부터 수년 동안 조선 땅은 전쟁터가 되었습니다. 임진왜란이 발생한 것입니다. 일본 군대가 조선 땅에 쳐들어오자, 조선의 백성들은 의병과 관군이 되어 원군으로 참전한 명나라 군대와 함께 싸워 왜군을 몰아냈습니다. 전쟁이 오랫동안 계속되면서 백성들의 살림살이는 크게 금이 가고, 나라의 재정 상태도 무척 어려워졌습니다.

일본의 선제 공격으로 시작된 임진왜란은 왜 일어났을까요? 대륙으로 진출하려던 도요토미 히데요시(豊臣秀吉 : 풍신수길)의 욕심 때문이라고요? 그건 아닙니다. 전쟁의 원인을 한 개인의 욕심으로만 설명하는 데에는 많은 무리가 따릅니다. 역사학계에서는 먼저 일본 내부의 정치적 모순을 나라 밖에서 해결하려는 의도에서 일으킨 전쟁으로 평가합니다. 도요토미 히데요시가 일본 전국을 통일했지만 아직도 힘이 충분한 전국의 다이묘(大名 : 대명)와 갈등이 있었고, 이러한 내부의 정치적 갈등을 해소하기 위해서 눈을 나라 밖으로 돌린 결과가 임진왜란이라는 것입니다.

경제적 측면에서도 임진왜란의 원인을 찾아볼 수 있습니다. 조선, 중국, 일본 3국 사이의 교역 관계에서 일본에게 크게 불리한 구조를 한꺼번에 뒤바꾸려는 의도에서 일으킨 경제 체제 변혁 전쟁이 임진왜란이라는 주장입니다. 일본은 1555년 조선에서 일으킨 삼포왜란과 1547년 명나라에서 일으킨 영파의 난을 계기로 조선, 명나라와 거래하던 전통적 무역 행태에 커다란 제약을 받았습니다. 조선, 명과 거래할 수 있는 무역량이 크게 줄어들었지요. 명은 무역 전체 규모를 제한하는 감합 무역 방식마저 폐지해 버렸습니다. 그리고 조선은 해마다 일본과 교역하는 물량을 이전보다 아주 많이 제한했고요. 그리하여 일본은 공식적인 무역 대신 약탈 무역으로 필요한 물품을 훔쳐서 조달하는 처지가 되었지요.

다이묘들은 전국 시대를 거치면서 전쟁에 쓰일 재원을 마련하기 위해 상공업을 장려하고 광산을 크게 개발했습니다. 게다가 조총이라는 신무기를 서양 상인한테서 도입했습니다. 조선에서 목면 재배 기술, 연은(鉛銀) 분리법 등을 도입했지만, 무기에 필요한 화약은 중국에서 들여와야 하는 형편이었지요. 따라서 무역길이 막히자 이를 해결할 방편으로 전쟁을 선택했다고 할 수 있습니다. 특히 전쟁이 끝난 다음 도쿠가와 막부가 서둘러 조선과 국교를 다시 연 것은, 전쟁 이전 동아시아 3국의 무역 구도를 그대로 받아들이고 맞춰 나가려는 의지 때문이었습니다. 결국 일본이 벌인 경제 체제 변혁 전쟁은 일본의 참패로 마무리되었다고 할 수 있습니다.

그렇다면 임진왜란이 일어나기 직전, 조선 사회는 어떤 분위기였을까요? 이 무렵 조선은 군국기무(軍國機務)를 장악하는 기관인 비변사를 설치했지만, 일본의 침략이 일어났을 때를 대비한 꼼꼼한 준비는 부족했습니다. 일본의 실제 상황과 도요토미 히데요시의 속뜻을 파악하기 위해 사신을 파견하는 정도였지요. 1590년 3월, 조정에서는 유성룡, 이덕형의 건의에 따라 오랜 공백을 깨고 서인 황윤길을 정사로, 동인 김성일을 부사로 삼은 통신사를 일본에 파견했습니다.

황윤길과 김성일은 일본에 들어가면서부터 관백*에게 예를 표하는 절차를 놓고 심한 의견 대립을 보였습니다. 김성일은 도요토미 히데요시가 일본의 국왕이 아니므로 왕에게 취하는 예를 갖출 수 없다고 주장하여 이를 관철시켰습니다. 그런데 두 사람은 출발한 지 거의 1년이 지난 1591년 2월 부산에 돌아와 각기 조정에 상소를 올리면서 전혀 다른 내용을 보고합니다. 황윤길은 일본이 많은 병선을 준비하고 있어 전쟁이 곧 일어날 태세라고 보고한 반면, 김성일은 일본이 쳐들어올 만한 움직임을 보지 못했다고 보고했지요. 김성일은 나중에 왜란을 대비하지 못하게 한 장본인으로 몰려 전쟁 초기에 파직당합니다.

관백(關伯 : 간파쿠)
일본에서 성인이 된 천황의 최고 보좌관. 천황을 대행해서 형식상 나랏일을 봐 왔으니 가끔 실세로 등장하기도 했다. 헤이안 시대에 생긴 이 직책은 후지와라 씨 가문에서 관례상 맡아 왔지만 당시는 도요토미 히데요시가 맡고 있었다.

일본군의 침략과 초기 전황

1592년 4월에 시작되어 7년에 걸쳐 이어진 임진왜란은 전투 형편 등에 따라 크게 세 단계로 구분할 수 있습니다. 일본이 파죽지세로 몰아쳐 평양성을 함락시킨 개전 초기, 명나라 군사가 참전하여 평양을 되찾고 일본군이 물러난 다음 전투가 뜸했던 강화 회담 시기, 1597년 일본군이 다시 침략한 전쟁 재개 시기로 나눌 수 있습니다.

조선 군사 복장

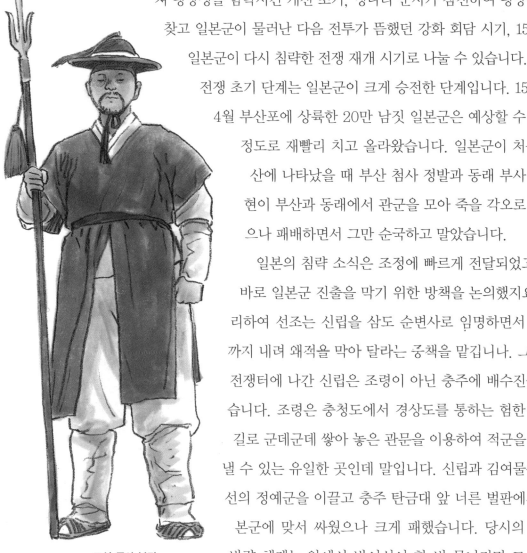

전쟁 초기 단계는 일본군이 크게 승전한 단계입니다. 1592년 4월 부산포에 상륙한 20만 남짓 일본군은 예상할 수 없을 정도로 재빨리 치고 올라왔습니다. 일본군이 처음 부산에 나타났을 때 부산 첨사 정발과 동래 부사 송상현이 부산과 동래에서 관군을 모아 죽을 각오로 싸웠으나 패배하면서 그만 순국하고 말았습니다.

일본의 침략 소식은 조정에 빠르게 전달되었고, 곧바로 일본군 진출을 막기 위한 방책을 논의했지요. 그리하여 선조는 신립을 삼도 순변사로 임명하면서 보검까지 내려 왜적을 막아 달라는 중책을 맡깁니다. 그런데 전쟁터에 나간 신립은 조령이 아닌 충주에 배수진을 쳤습니다. 조령은 충청도에서 경상도를 통하는 험한 고갯길로 군데군데 쌓아 놓은 관문을 이용하여 적군을 막아낼 수 있는 유일한 곳인데 말입니다. 신립과 김여물은 조선의 정예군을 이끌고 충주 탄금대 앞 너른 벌판에서 일본군에 맞서 싸웠으나 크게 패했습니다. 당시의 제승방략 체제는 앞에서 방어선이 한 번 무너지면 그 후방은 여지 없이 뚫리고 만다는 약점이 있었습니다. 이 때문에 관군은 일본군의 신속한 행군을 저지하지 못했고, 적군은 한성부를 향해 물밀듯이 치고 올라왔습니다.

충주에서 신립이 패했다는 보고가 4월 29일 밤 조정에 이르자, 다음 날 새벽 선조는 평양으로 피란길에 오릅니다. 그리고 임해군과 순화군을 함경도와 강원도로 보내 근왕병(勤王兵, 임금을 모시며 충성을 다하는 병사)을 모집하게 합니다. 신립의 패전 이후 확실한 대안을 마련하지 못한 채 선조와 신하들은 평양으로 피란했지만, 결국 의주에 국왕의 임시 거처를 마련합니다.

일본군은 조선군의 한강 방어선을 쉽게 무너뜨린 뒤 아무런 저항도 받지 않고 한성부에 다다릅니다. 바다 건너 부산에 상륙한 지 20일도 못 되는 시점인 5월 3일 한성부를 함락한 것이지요. 일본군은 한성부를 점령한 뒤 부대를 다시 정비하여 평안도, 함경도, 황해도 세 방향으로 계속 북상합니다. 5월 29일 개성이 함락되고, 6월 13일 평양성이 무너집니다. 그리고 일본군은 함경도에까지 진출하여 임해군, 순화군 두 왕자를 생포합니다.

일본군이 이렇게 쉽게 한성부까지 쳐들어올 수 있었던 것은 조총이라는 신식 무기, 조선군의 방어 전략 부재, 일본군 군수 물자의 탁월함 때문이었습니다. 제대로 준비하지 못한 조선은 조총으로 잘 훈련된 일본군을 막을 도리가 없었지요.

일본 군사 복장

부산진 순절도(釜山鎭殉節圖)
1592년(선조 25) 4월 13일과 14일 이틀 동안 부산진에서 벌어진 왜군과의 전투 장면을 그린 그림이다. 1709년(숙종 35)에 그려진 것을 1760년(영조 36)에 다시 그린 것이 전한다. 서울 노원구 공릉동 육군박물관(육군사관학교) 소장, 보물 391호.

동래부순절도(東萊府殉節圖)
동래 부사 송상헌 등 많은 조선 사람들이 일본군과 맞서 싸우다 순절한 전투 장면을 그린 그림.
육군박물관(육군사관학교) 소장, 보물 392호.

평양이 함락된 뒤 선조와 신하들은 다시 의주로 피란하고, 계속해서 이덕형을 명나라에 파견하여 원병을 요청합니다. 이미 충주에서 패했다는 보고가 들어온 직후 이항복 등은 명나라에 출병을 요청해야 한다는 의견을 내놓았지요. 조선이 망하지 않을까 하는 위기 의식이 깊어졌지만 신하들 대부분은 끝까지 국토를 지키자고 주장했습니다. 그리고 명나라가 참전했을 때의 폐단을 우려하기도 했습니다. 하지만 평양에 도착한 뒤 전세의 불리함을 뒤집을 방도가 없는 상황에서 명의 도움을 받을 수밖에 없다는 주장이 큰 흐름이 되었습니다.

명군의 참전과 영향

임진왜란은 한 마디로 조선과 일본, 명나라 사이에 벌어진 국제전이었습니다. 조선군과 명나라 군대가 연합하여 한 편이 되어서 일본군과 맞서 싸운 전쟁이지요. 조선의 원병 요청을 받은 명나라는 왜 임진왜란에 참전했을까요? 오직 바람 앞의 등불 같은 조선을 구원해 주려고요? 참전 이유는 몇 가지가 있겠지만, 가장 큰 이유는 명나라에게까지 다가온 일본의 위협을 앞서 막기 위해서였습니다. 명나라 땅 바깥에서 일본군을 막으려는 계산이었지요. 당시 명군이나 조선의 몇몇 신하들은 명나라의 파병을 지극한 은혜로 포장했지만, 조선은 명나라에게 순망치한*의 나라였습니다. 전쟁이 끝난 뒤 한 명나라 대신은 "조선을 구원한 것은 랴오둥을 지키려 함이고, 랴오둥을 지킨 것은 북경을 방어하기 위함이었다"라고 말한 바 있습니다.

명나라는 임진왜란 소식을 들은 뒤 조선과 일본이 협력하여 명으

순망치한(脣亡齒寒)
《춘추좌씨전(春秋左氏傳)》 희공 5년조에 나오는 말로, 입술이 없어지면 이가 시리다는 뜻이다. 강대국 진나라가 괵나라를 공격하기 위해 우나라에게 길을 빌려 달라고 했다. 그러자 우나라의 궁지기라는 사람이 우나라 임금에게 서로 이웃하고 있는 우나라와 괵나라는 입술과 이의 관계와 같아서, 괵나라를 공격하려는 진에게 길을 빌려 주면, 결국 정벌당할 것이라고 충고했다. 우나라 왕은 진나라가 우리와 뿌리가 같아서 해칠 리가 없을 것이라며 길을 빌려 주었는데, 진나라는 궁지기의 예측대로 괵나라를 정벌하고 돌아오는 길에 우나라도 정복했다. 이 옛날 일에서 나온 말이 바로 순망치한이라는 고사성어이다. 따라서 본문의 뜻은 명나라에게 조선은 입술과 같다는 말이다.

로 쳐들어오지 않을까 의심하기도 했습니다. 일본이 명나라를 정벌하고자 하니 길을 빌려 달라고 조선에 요구한 내용이 알려지자 혹시 조선이 일본과 내통하는 게 아닐까 의심했지요. 조선은 이러한 명의 의심을 풀어 주기 위해 노력해야 했습니다.

명나라는 조선 원병 문제로 논란을 벌이다가 결국 파병을 결정합니다. 그리하여 1592년 6월 최세신 일행을 파견하여 실상을 정탐하면서 진위를 확인한 뒤, 다음 달 7월 1차로 조승훈이 이끄는 명군 5000명을 보냈습니다. 이들은 평양성을 공격했지만 패배했지요. 그러자 1592년 12월 송응창을 총지휘관으로 하고 이여송 도독이 거느린 4만 5000명의 군사를 2차 원병으로 파견합니다.

명군이 조선 땅에 들어온 뒤 1593년 1월 조선과 명 연합군은 평양성을 공격하여 28일에 이를 되찾습니다. 일본군이 후퇴를 거듭하자 일본군을 얕본 명나라 군대는 바짝 추격했습니다. 그러나 명나라 군대는 개성을 거쳐 서울로 향하다가 서울 북쪽 벽제관에서 일본군의 기습을 받고 패배하고 맙니다. 이후 명나라 군대는 잇따른 공격 요청을 무시하고 평양으로 물러나 버립니다. 평양성 탈환과 벽제관 전투는 일본군이 우세하던 상황을 뒤집는 계기가 된 동시에 임진왜란을 장기간에 걸친 소강 상태로 이끈 사건이었습니다.

조선과 명의 연합군과 일본군의 전투가 잦아드는 시점에 벌어진 전투가 바로 행주 대첩입니다. 전라도 순찰사 권율을 대장으로 삼은 조선군이 한성부에 가까운 행주 산성에 주둔하면서 서울을 되찾기 위해 채비했습니다. 이에 일본군은 3만 군사를 동원하여 행주 산성을 공격했습니다. 이 때가 1593년 2월. 행주 산성 주위의 지형은 어

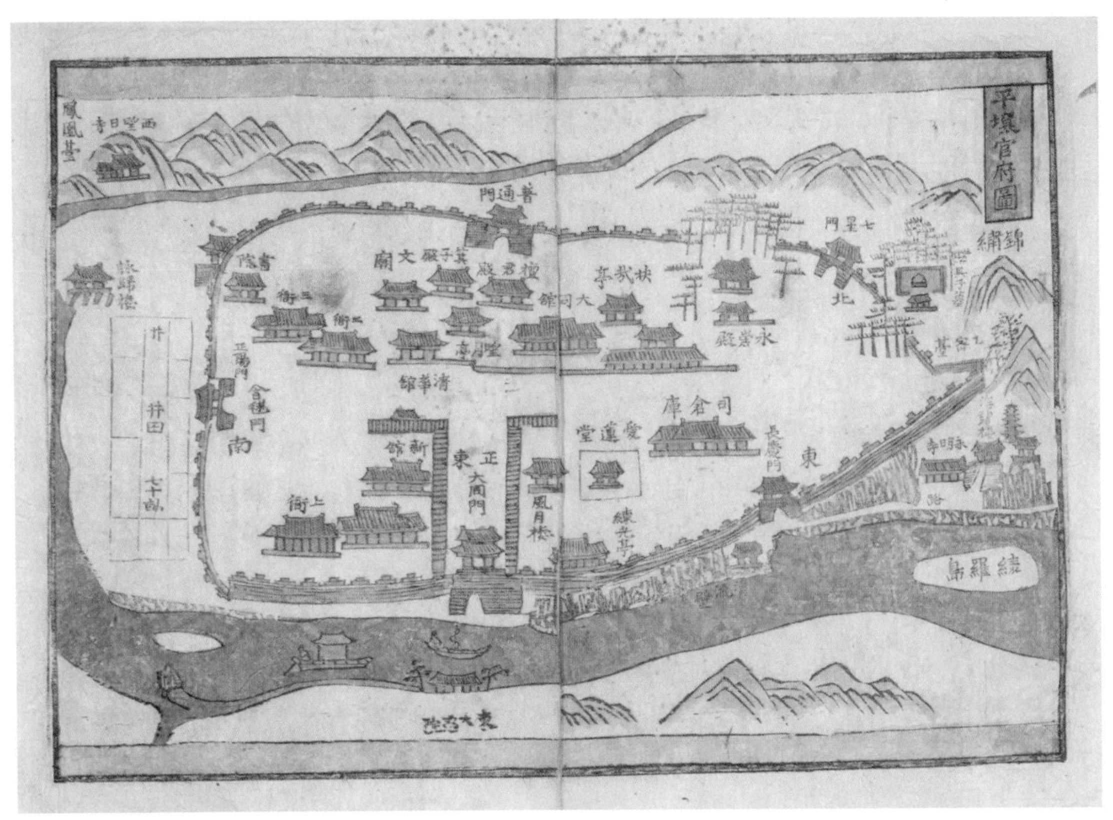

평양관부도(平壤官府圖)
평양의 성과 관아, 성문 등을 회화 기법으로 그린 지도. 평양의 남대문에 해당하는 대동문에서 이어지는 대동문로를 중심에 놓고, 성 안의 각종 건물, 능라도, 정전(井田) 유적 등을 그려 놓았다. 국보 249호, 허영환 소장.

귀가 좁고 남쪽은 한강으로 막혀 있어 일본군이 공격하기가 좀체 어려운 형편이었지요. 또한 성 안의 조선군은 백성들과 하나가 되어 치열하게 맞서 싸웠습니다. 승리를 이끌어 낸 이 전투를 우리는 '행주 대첩'이라 부릅니다. 행주 대첩은 진주 대첩, 한산도 대첩과 함께 임진왜란의 3대첩으로 꼽히지요.

명군이 조선에 건너와 전투에 참가하면서 의주까지 피란 갔던 선조와 신하들은 큰 안도의 숨을 쉬었습니다. 특히 명군을 중심으로 평양 전투에서 큰 승리를 거두자, 조선의 집권층은 랴오둥에 조선의 망명 정부를 세워야 할지도 모른다는 염려에서 벗어나 놀란 가슴을

쓸어 내렸습니다.

명의 참전은 조선 사회에 많은 영향을 끼쳤습니다. 그러나 명나라가 군대 지휘권을 차지하면서 조선의 정치적 자율성은 땅에 떨어졌습니다. 게다가 조선의 임금(선조)을 대하는 명나라 장수의 무례한 태도는 심각할 지경까지 이르렀고, 명나라 참전을 은혜로 생각하는 재조지은론은 오래도록 조선 역사에 영향을 끼쳤습니다. 명나라가 군대를 파견하고 전투를 벌여 조선을 멸망 위기에서 벗어나게 도와 주었다는 말이지요. 명이 군사를 보낸 가장 큰 동기이자 목표는 일본군이 압록강을 건너오지 못하게 막는 것, 다시 말해 명나라 자신을 지키기 위해 조선 땅에서 전투를 벌인 것인데 말입니다.

그렇다면 선조와 당시 지배층은 명나라의 참전 이유를 뻔히 알면서도 왜 은혜라고 내세웠을까요? 그것은 전쟁 초기에 조선군이 크게 패한 데 대한 책임에서 벗어나려는 의도와 깊은 관계가 있었습니다. 임진왜란을 설명할 때 명군이 참전한 뒤에야 승전을 거두었으므로 명의 은혜를 갚아야 한다고 자꾸 강조하여, 초기의 패전에 대한 책임을 피하려 한 것이지요.

명의 은혜를 강조하고 이를 갚아야 한다는 의식은 그 뒤로도 오래도록 조선 사람에게 영향을 끼쳤습니다. 명나라는 1644년(인조 22) 청나라에게 멸망합니

명나라 군사 복장

다. 이에 앞서 조선은 두 번씩이나 청의 침입을 받아 항복 의식을 치른 상황이었지요. 청과 새로운 관계를 세우는 데 힘써야 할 때 북쪽의 청나라를 정벌하자는 '북벌론'이 제기됩니다. 이 때에도 명에 대한 의리를 지켜야 한다는 재조지은이 주요한 근거가 되었습니다. 물론 두 번에 걸쳐 청나라에게 당한 호란의 치욕을 씻어야 한다는 주장이 가장 큰 명분이었지만 말입니다. 재조지은에 근거한 대명 의리론은 북벌론에서 특히 큰 힘을 발휘했고, 북벌론이 강조되면 될수록 재조지은도 강조될 수밖에 없었습니다.

지리하게 이어진 강화 회담

조선에 건너온 명군은 1593년 평양성 전투에서 승리한 뒤 1차 목표를 이루었다고 판단합니다. 일본의 공격권 안에 놓였던 랴오둥과 베이징 등 중국의 심장부를 보호한다는 목표를 일단 이루었다고 본 것이지요. 이후 명은 계속 전쟁을 하기보다는 강화 협상으로 전쟁을 끝내려 합니다. 강화 협상을 계속하면서 일본에 맞신 조선의 전투를 방해하고 일본군 추격을 막기까지 했지요. 명의 총사령관 송응창은 조선의 병권을 손에 넣고 이런 식으로 지리하게 전쟁을 이끌어 갔습니다.

일본측은 한양을 함락한 다음인 1592년 6월에 이미 고니시 유키나가를 통해 강화를 제안했습니다. 명나라도 이를 마다할 이유가 없어 심유경을 대표로 내세워 강화 교섭을 시작합니다. 8월에 평양에서 심유경과 고니시가 회담을 하고 서로 강화 조건을 제시합니다. 그 뒤 교섭이 계속 이어졌지만 명나라 안에서도 싸워야 한다는 주장

진주성 지도
18세기에 그려진 진주성 지도. 민가가 넘쳐나는 진주성과 인접 지역을 회화풍으로 그린 지도로 한 폭의 그림을 연상시킨다. 국립진주박물관 소장, 국보 249호.

과 강화해야 한다는 주장이 맞선 터라 강화에만 주력하지 못합니다. 그러다가 1592년 12월 이여송이 이끄는 대규모의 명군이 파병되고, 다음 해 1월 평양성 탈환으로 이어집니다. 더불어 조선의 의병과 관군은 1592년 10월 진주 대첩을 시작으로 일방적으로 밀리던 형세에서 벗어나 점차 승세를 이어 나가고 있었습니다.

그리하여 명과 일본 사이의 강화 회담은 전세가 수그러들기 시작한 1593년 4월 무렵부터 본격 진행됩니다. 하지만 쉽게 마무리되지 못했고, 조선은 전쟁 당사국이면서도 교섭 과정에서조차 제외되었습니다. 명의 대표 심유경이 중간에서 거짓 보고까지 해 가면서 강화 회담을 성사시키기 위해 노력했지만, 일본의 무리한 요구 때문에 강화 회담은 방향을 잃은 상태였습니다.

전쟁을 계속해야 한다는주전론이 협상의 걸림돌이라고 생각한 명은 조선군이 일본군과 전투를 벌이지 못하게 합니다. 송응창은 행주대첩을 이끈 권율을 꾸짖기도 하면서 강화 회담을 성사시키려 합니다. 이제 명군은 영남 지역에 주둔해 있던 일본군들에게 '심유경 표첩'이라는 통행 증서를 발급하기도 합니다. 그 바람에 이 증서를 지닌 일본군들이 마을에 들락거려도 공격할 수 없었으니, 조선 입장에서는 기가 찰 노릇이었지요.

명은 도요토미 히데요시를 일본 왕으로 삼고, 그의 명나라 입공*을 허락하는 선에서 강화 회담을 마무리하고자 합니다. 반면 일본은 명나라 황제의 딸을 일본에 후궁으로 보낼 것, 조선의 8도 가운데 4도를 할양*할 것, 일본과 명 사이의 무역 증명시인 감합인을 복구할 것, 조선의 왕자 및 대신 12명을 인질로 내줄 것 들을 요구했습니다. 조선 입장에서 도저히 받아들일 수 없는 요구 사항임에도, 심유경은 본국에 일본이 입공에 합의했다고 거짓으로 보고합니다. 이에 따라 1596년 도요토미를 일본 국왕에 봉한다는 칙서와 금으로 만든 도장을 보냈지만, 일본이 이를 순순히 받아들일 리가 없었지요. 결국 협상은 깨지고 1596년 12월 이후 일본군이 다시 부산포, 다대포 등지에 침입하면서 정유재란이 시작됩니다.

입공(入貢)
조공을 바치기 위해 들어가는 것.

할양(割讓)
어떤 물건이나 국토를 떼어 내어 남에게 주는 것.

조선의 훈련도감과 속오법

훈련도감은 명나라 말기의 장수 척계광이 남방의 왜구를 소탕하는 과정에서 창안한 비법을 담은 《기효신서》의 군대 편제에 따라 창설된 기구이다. 속오법은 바로 《기효신서》의 군대 편제법을 가리킨다. 속오법(束伍法)은 영장(營將)이 통솔하는 영을 최상위 부대 단위로 삼았다. 영에는 5개 사(司)를 두고, 1사에는 5개 초(哨), 1초는 3기(旗), 1기는 3대(隊), 1대는 11명의 병사로 조직되었다. 사에는 파총(把摠), 초에는 초관(哨官), 기에는 기총(旗摠), 대에는 대총(隊摠)을 각각 지휘관으로 두었다. 따라서 한 개의 영에는 영장 1명과 파총 5명, 초관 25명, 기총 75명, 대총 225명 및 2475명의 병사로 편성되었다.

그런데 훈련도감은 《기효신서》의 속오법을 도입할 때 이를 그대로 따르지 않고 포수(조총을 다루는 군사)가 많이 필요했던 조선의 실정에 맞게 변용했다. 본디 이 책에는 포수를 1사 안에 단지 1초만 두었을 뿐인데, 훈련도감은 1사의 대부분을 포수로 구성했고, 대 아래에 다시 오(伍)라는 조직을 두었다. 또 지휘관은 영장 대신 중군, 천총, 별장 들로 나누었다.

조선의 반대에도 불구하고 명과 일본군 사이에 계속된 강화 회담은 양측이 서로 승자라고 내세우며 무리한 요구만 제시하다가 깨지더니 급기야는 일본군이 다시 쳐들어오는 상황을 만들었습니다.

명과 일본군 사이에 강화 회담이 진행되는 동안 조선군은 전력을 크게 강화했습니다. 조총을 제작하여 무기의 약점을 보완하고, 훈련도감을 설치하여 중앙군의 편제와 훈련 방법을 바꾸었으며, 속오법에 따라 지방군 편제도 바꿨습니다. 그리하여 일본군이 다시 침략했을 때 남해안 일대를 점령하는 정도에서 저지되고, 마침 도요토미가 죽자 모든 일본군 병력은 철수합니다.

진주 대첩과 진주성 함락

경상 남도 진주시에 남아 있는 진주성(晉州城)은 그 유래만큼이나 오래 되고 묵직한 역사적 사실을 담고 있다. 바로 임진왜란 당시 조선군과 일본군 사이에 커다란 전투가 두 차례 벌어진 역사의 현장인 것이다.

진주 대첩

1592년 부산에 상륙한 뒤 일본군의 진격은 파죽지세였다. 일본 군대는 경상도에서 충청도, 전라도, 그리고 북쪽으로 성큼성큼 움직였다. 왜군이 침입한 전쟁 초기 1~2개월은 관군이 악전고투하며 연패를 거듭하다시피 하였다. 하지만 가을로 접어들면서 조선군의 전열이 정비되어 승전보를 보내기 시작했다. 여기저기에서 일어난 의병은 관군과 더불어 두드러진 활약을 보여 주었다. 대표적인 전투가 10월에 벌어진 진주성 싸움이다. 이 전투는 진주 대첩이라고 불린다.

진주 목사 김시민, 곤양 군수 이광악 등은 4000명도 안 되는 병사를 거느리고 있었다. 여기에 곽재우 휘하의 의병, 최경회 등이 이끄는 구원병이 가세했지만 일본군에 비하여 병력 면에서 크게 열세였다. 10월 6일부터 3만에 가까운 일본군이 진주성을 포위하고 8일부터 공격을 퍼부었다. 일본군은 사다리와 나뭇단을 성벽에 기대어 놓고 그것을 밟고 기어올라 성벽을 넘으려고 했다. 또한 바퀴가 달린 3층짜리 누각을 만들어 접근시켜 놓고 그 곳에서 성을 내려다보면서 조총 사격을 가하기도 했다.

성 안의 군민(軍民)들은 목사 김시민 등의 지휘 아래 한 마음 한 뜻으로 총통과 활을 쏘아 적병이 성벽으로 접근하는 것을 막고, 성벽을 기어오르는 적에게는 돌을 던지거나 뜨거운 물을 끼얹어 물리쳤다.

일본군은 여러 가지 공격 방식이 실패로 돌아가자 20일 새벽 동문과 북문으로 모든 병력을 투입하여 총공격을 실시했다. 이 공격으로 동문 방어를 지휘하던 목사 김시민이 적탄에 중상을 입고 쓰러져 끝내 숨을 거두었다. 이후 곤양 군수 이광악이 목사를 대신해 진주성 방어를 지휘했다. 그리하여 새벽녘에 일본군 진영에서 화재가 발생하자, 이것을 신호로 일본군은 비로소 물러나기 시작했다. 치열했던 진주성 전투는 조선군의 승리로 마감되었고, 진주 대첩이라는 이름을 얻게 되었다.

진주성 함락

일본군과 명군 사이에 강화 회담이 진행되던 시기인 1593년, 일본군과 조선군 사이에 진주성을 둘러싸고 두 번째 커다란 전투가 벌어졌다. 그런데 이 전투는 진주성 함락으로 막을 내렸다. 어떻게 된 것일까. 이 해에 일본군은 경상도 지역으로 철수하여 5월에 밀양 이남 지역으로 이동했다. 당시 일본군은 조선에 상륙한 직후인 1592년 7월부터 동해안의 울산부터 남해안의 거제도에 이르는 해안 및 도서 지역 10여 곳에 성을 쌓고 있었고, 이 무렵 공사가 거의 마무리 단계에 있었다. 왜성(倭城)이라는 이름으로 지금까지 전하는 곳곳에서 일본군이 주둔했다.

일본군은 경상 우도의 요지이며, 전라도로 진입하는 육상의 관문이기도 한 진주성을 공격하여 1592년 10월 1차 전투 때의 패배를 앙갚음하려는 계획을 세웠다. 일본군은 명나라 강화 회담 대표인 심유경에게 "조선군이 진주성에서 저항하지 말고 성을 비워 인명을 구하도록 하라"고 통보하면서 진주성 공격 계획을 알려 주었다. 일본군의 진주성 공격 계획이 알려지자, 조선군은 전투에 대비하여 준비를 서둘렀다. 진주 목사 서예원과 판관 성수경을 비롯하여 인근 고을의 부사, 현령, 현감 등이 진주성으로 집결했다. 그리고 의병장 김천일, 경상 우병사 최경회, 충청 병사 황진도 군사를 이끌고 성 안으로 들어왔다.

진주성에서는 3500여 명의 군사와 6만여 명의 주민들이 일본군의 공격에 맞서 진주성을 지키기 위한 태세를 갖추었다. 6월 22일 일본군 7만여 명이 진주성 남쪽을 제외한 세 방향으로 공격해 왔다. 이미 일본군의 진주성 공격 계획이 명군에게 알려졌지만, 명군은 구원병을 보내지 않았다. 진주성 안에 머물던 군민들은 일본군에게 완전히 포위당한 채 성 안으로 돌격하는 적병을 막아 내고 있었다.

일본군은 25일부터 동문 밖에 토산을 쌓아 망루에서 내려다보면서 성 안으로 조총 사격을 했다. 그리고 27일부터 귀갑차라는 새로운 기구를 동원하여 공격했다. 일본군의 공격을 막아 내던 진주성 군민의 기력이 떨어진 29일 일본군이 귀갑차를 앞세우고 다시 공격하여 성벽을 무너뜨리고 물밀듯이 성 안으로 돌입했다. 진주성 함락이 눈앞에 다가온 순간 진주성의 많은 군민들이 자결했고, 진주성 방어전을 총지휘하던 김천일도 아들과 함께 남강에 투신하여 장렬하게 세상을 떠났다. 진주성을 지키던 3000여 명의 군사와 6만여 명의 성민들은 진주성 함락과 함께 전멸되고 말았다.

진주성 싸움이 주는 교훈

두 차례에 걸친 진주성 싸움에는 한 번은 '대첩', 한 번은 '함락'이라는 전혀 다른 두 가지 이름이 붙어 있다. 하지만 두 번의 전투는 수많은 사람들의 희생이 뒤따랐다는 점에서 전쟁의 무서움을 똑같이 알려 준다. 나라를 다스리는 권력자의 시선이 머무는 곳에 사람이 아닌 명예나 다른 것이 있다면, 크든 작든 백성들에게 아픔을 줄 수밖에 없다는 점을 '전쟁의 기록'은 똑똑히 보여 준다.

조선 수군, 해전에서 잇따라 승리하다

1592년 7월에 벌어진 한산도 대첩은 '조선 침략의 원흉 도요토미 히데요시에게 내린 사형 선고'라고 평가할 만큼 커다란 의의를 지닌 해전의 승리였습니다. 이순신을 중심으로 한 조선 수군이 일본의 조선 침략 기도를 무너뜨린 싸움이라 해도 무리가 아니지요.

많은 해전에서 전라 좌수사 이순신, 경상 우수사 원균이 이끄는 조선 수군은 일본군보다 우수한 선박과 화기를 이용하여 큰 전과를 올렸습니다. 옥포, 당포, 당항포, 부산포 등지에서 벌어진 해전은 말 그대로 연전연승이었지요. 해전의 승리로 말미암아 수군은 남해의 제해권(바다를 지배하는 권력)을 장악하고, 육지와 바다에서 협공하려던 일본군의 작전을 봉쇄했습니다. 전라도 곡창 지대를 비롯하여 전라도 연안 지역에서 서해로 이어지는 해로를 지켜 낸 조선 수군의 승리는 임진왜란 전쟁사에서 빼놓을 수 없는 대목입니다.

조선 수군의 승리를 살필 때 빼놓을 수 없는 인물이 여러분도 잘 아는 이순신입니다. 시호로 '충무(忠武)'를 받아 충무공으로 불리는 그는 1545년 서울에서 태어났습니다. 32세에 무과에 합격한 뒤 여러 변경 지역 무장과 정읍 현감을 거쳐 유성룡의 추천으로 전라 좌수사에 임명됩니다. 전라 좌수사로 있을 때 임진왜란을 맞은 그는 수군을 이끌고 해전을 모두 승리로 이끌었습니다. 임진왜란 당시 이순신의 활약상은 곧 조선 수군의 해전 승리 모습과 일치합니다. 이순신은 해전에서 몇 차례 승리한 다음 1593년 9월 전라도, 경상도, 충청도 수군을 모두 지휘하는 삼도 수군 통제사가 됩니다.

일본군의 침입으로 부산포 등지가 함락된 뒤, 이순신이 이끄는 전라 좌도 수군은 경상 우도 수군을 구원하기 위해 1차 출동을 합니다. 그리고 1592년 5월 초에 벌어진 옥포 해전을 비롯한 몇몇 싸움을 승리로 이끕니다. 5월 말 다시 2차 출동한 이순신은 거북선이 처음 등장한 사천 해전도 승리로 이끌었고, 이 승리는 당포 해전, 당항포 해전으로 계속 이어졌습니다. 이순신은 1592년 7월 전라 우수사 이억기, 경상 우수사 원균이 합세한 3차 출동에 나섭니다. 조선 함대는 일본의 대규모 함대를 한산도 앞바다로 유인하여 학익진*이라는 전술을 펴서 크게 물리칩니다. 이 해전이 바로 한산도 대첩입니다. 조선 수군의 승리는 한산도 대첩 이후 부산포, 웅포에서도 계속 이어집니다.

1596년 9월 4년 동안의 강화 교섭이 완전히 깨지고, 1597년 1월 정유재란이 일어납니다. 그런데 그 해 2월, 삼도 수군 통제사였던 이순신이 모함으로 감옥에 갇히고 원균이 그 자리에 임명됩니다. 일본의 공작에 말려 조정을 속이고 적을 치지 않았다는 죄목으로 삼도 수군 통제사 자리에서 쫓겨난 이순신은 28일 동안 감옥살이를 해야 했습니다. 그러다가 판중추부사 정탁이 이순신을 구원하는 상소를 올렸고, 이후 이순신은 백의종군합니다.

이순신을 대신해서 원균이 이끈 수군은 4월에 벌어진 칠천량 해전에서 왜군의 기습을 받아 패합니다. 이 때 전라 수사 이억기, 충청 수사 최호의 수군이 전멸합니다. 일본군은 1597년 8월 전라도 남원을 함락하면서 잠시 기세를 올린 듯했습니다. 하지만 조선과 명 연합군은 9월 초 직산에서 일본군을 격퇴시켜 북방으로 진출하려던 계획을 완전히 막습니다.

학익진(鶴翼陣)
학 날개처럼 전선을 배치하여 적을 공격하는 방법.

일본의 침입에 맞선 조선 수군

조선 수군은 일본 수군의 공격에 학익진이라는 작전으로 맞서 승리를 거두었다. 그림은 앞쪽에서 조선 수군이 일본군을 압박해 오는 장면이다.

이순신은 다시 수군 통제사에 임명되어 겨우 13척만 남아 있던 판옥선*으로 전투를 준비합니다. 그런 다음 9월 전라도 진도의 명량대첩에서 적함 133척과 격전을 벌여 큰 승리를 거두고 다시 제해권을 되찾습니다.

별다른 진전이 없던 전쟁은 1598년 도요토미 히데요시가 사망하면서 사정이 바뀝니다. 일본군은 철수하기 시작했고, 명나라 장수에게 뇌물을 주고 안전하게 퇴각하려고 합니다. 그러나 이순신이 이끄는 수군은 퇴각하는 일본군을 격파하는 데 아무런 망설임이 없었습니다. 그리하여 1598년 11월, 노량에서 일본군 전함 300여 척과 최후의 해전을 펼칩니다. 조선 수군은 명의 수사제독 진린이 이끄는 명군과 합세하여 일본 전선 200여 척을 격파하여 임진왜란 최후의 해전에서 승리를 거두었습니다. 바로 이 노량 해전에서 이순신은 전사합니다. 당시 54세였지요. 아직까지도 이순신이 이 때 전사한 게 아니라 죽음을 가장하여 사기를 북돋웠다는 말이 돌지만 근거는 확실하지 않습니다.

일본군이 물러나면서 7년에 걸친 전쟁이 막을 내렸습니다. 조선은 명나라에게 쓰시마를 정벌하자고 제안했지만 받아들여지지 않았지요. 명나라 군대는 1599년 1월부터 자기 나라로 돌아가기 시작하여 9월에 마지막으로 철수했습니다.

판옥선(板屋船)
1555년(명종10)에 개발한 조선 시대 군선. 2층으로 되어 아래층에는 노 젓는 군사를 배치하고 위층에는 포와 활, 전투 인력을 배치했다. 100여 명이 탈 수 있는데, 임진왜란 때 주력선으로 활약했다.

임진왜란이 한창일 때 일어난 민란 – 이몽학의 난

임진왜란으로 조선 백성들은 커다란 고난에 빠져 있었다. 그런데 왜군의 침략이 한창이던 때에 나라에 불평하는 군중들을 선동하여 민란을 일으키는 일도 일어났다. 1596년 충청도 홍산에서 발생한 이몽학(李夢鶴)의 난이 대표적인 사례이다. 일본군의 침략에 맞서 싸워야 할 전쟁 중에 어찌 하여 민란이 일어난 것일까?

이몽학은 본디 충청도 홍산 사람으로 전주 이씨 일족의 서자였다. 그는 동갑 계원 700여 명과 더불어 조정에 불만은 품고 있던 굶주린 농민들을 선동해서 홍산에서 반란을 일으켜 현감을 가두고 이어 임천을 함락한다. "왜적의 재침을 막고 나라를 바로잡겠다"는 명분을 내세워 농민들을 모은 것이다.

그리하여 수천 명의 대열을 정비하여 정산, 청양, 대흥을 휩쓸고 서울로 향했다. 그러나 홍주(지금의 충남 홍성)에서 홍주 목사 홍가신이 이끄는 군대의 저항에 부딪쳤다. 당시 조정은 이몽학의 목에 현상금을 걸어 반란군의 분열을 꾀했다. 이몽학의 부하 김경창과 임억명은 전세가 불리함을 느끼고 이몽학의 목을 베어 항복했다. 이리하여 1개월이 못 되어 반란은 평정되었다.

이몽학이 반란을 일으킨 배경에는 전쟁이 놓여 있다. 조선 땅에서 전쟁이 일어나자 막대한 군량이 필요했다. 또 전쟁 동안 백성들은 강제로 징집되어 군졸이 되기도 하고, 군량과 군수 물자 운반에 동원되는 고통도 겪었다. 특히 명나라 군대의 군수품을 조달하는 일은 쉽지 않았다. 더구나 명군은 군기가 해이해져서 사람을 죽이고 약탈을 일삼는 등 민폐가 극심했다. 이 때문에 "왜군은 얼레빗, 명군은 참빗"이라는 말이 유행할 정도였다. 얼레빗은 빗살이 굵고 성긴 반면, 참빗은 가늘고 촘촘하다. 백성들 입장에서 왜군과 명군에게 받은 피해를 얼레빗과 참빗에 빗대어 표현한 것이다.

전쟁에 대응하는 지배층의 무능함과 무책임함도 백성들의 원망을 크게 자아냈다. 전쟁 초기에 선조가 피란길에 오르자 한양의 백성들은 형조와 장예원에 불을 지른 바 있다. 평양에서는 백성들을 버리고 북쪽으로 피란하려던 왕비 일행을 성난 백성들이 막아 서고 신하들을 구타하기도 했다. 이러한 지배층에 대한 반감과 분노가 이몽학의 난 같은 반란으로 이어진 것이다.

이것도 알아 두세요

수군의 자랑, 거북선

임진왜란 당시 이순신이 해상 전투에서 훌륭한 전과를 올릴 수 있게 한 전선이 바로 거북선이다. 일본 수군을 격퇴하기 위해 만든 거북선에 대해 궁금한 것을 하나하나 살펴보자.

먼저, 거북선은 조선의 전선(戰船) 전통 속에서 만들어졌음을 짚고 넘어가야 한다. 거북선의 구조 가운데 하부 부분은 명종 때부터 제작한 판옥선과 동일하고 상부 부분만 다르다. 이 점은 판옥선을 개량하여 거북선을 만들었다는 점을 분명히 보여 준다. 임진왜란 직전 이순신은 판옥선에 중요한 아이디어를 덧붙여 거북선을 만든 것이다.

둘째, 거북선의 모습과 구조를 살펴보자. 거북선에 관한 가장 중요한 정보는 1795년(정조 19)에 정조의 명으로 편찬된 《이충무공전서》에 담겨 있다. 바로 권수(卷首) 도설(圖說) 부분에 귀선(龜船), 즉 거북선 그림 두 점이 실려 있고 거북선에 대한 해설문도 들어 있다. 거북선을 움직이게 해 주는 노가 전라좌수영 거북선의 경우 한 편에 8개씩 16개 있고, 거북선의 경우 10개씩 20개 있다. 선체의 구조는 기본적으로 판옥선과 같은데, 거북 등딱지 같은 개판이 있고 개판 아래에 노를 젓는 격군과 포혈을 담당하는 포수가 같이 있다는 점이 다르다. 판옥선은 격군이 활동하는 공간과 포수가 활동하는 공간이 분리되어 있었다. 이러한 점에서 거북선은 접전(接

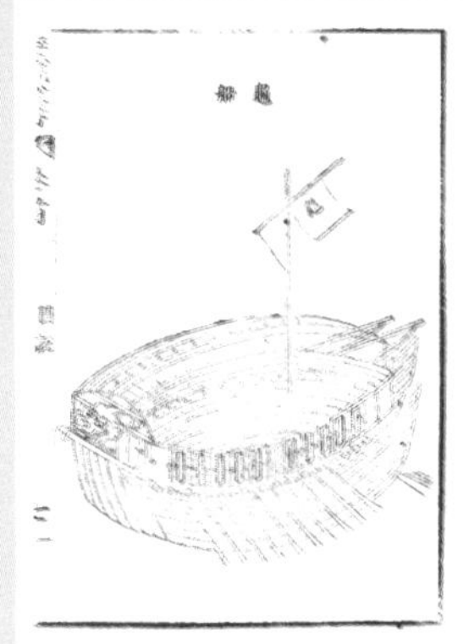

거북선
정조 때 펴낸 충무공 이순신의 문집인 《이충무공전서》 앞부분에 실린 거북선 그림. 18세기 후반 통제영에서 활용하던 거북선이다.

龜船之制底版聯十長六十四尺八寸頭廣十二尺腰廣十四尺五寸尾廣十尺六寸左右舷版各聯七高七尺五寸最下第一版長六十八尺以次加長至最上第七版長一百十三尺並厚四寸艣版聯四高四尺第二版左右穿玄字礮穴各一舳版聯七高七尺五寸上廣十四尺五寸下廣十尺六寸第六版正中穿穴經一尺二寸挿舵左右舷設欄欄頭架橫梁正當艫前著駕牛馬之朡沿欄鋪版周遭植牌牌上又設欄

거북선의 구조와 특징
《이충무공전서》에서 거북선의 구조와 특징을 설명하는 부분이다.

복원된 거북선
거북선을 복원하여 전쟁기념관에 전시해 두었다.

戰), 즉 돌격전 용도의 전선이었다. 또 거북선은 뱃머리에 용 머리와 더불어 도깨비 머리를 달고 있어 적군에게 공포심을 불러일으키는 효과도 있었다. 그리고 2개의 돛이 상부에 달려 있어 기동력을 높일 수 있었다.

셋째, 거북선과 관련하여 논란거리가 되고 있는 철갑(鐵甲)을 보자. 지금도 거북선이 상부의 개판을 철갑으로 덮고 수백 개의 철침을 박아 놓은 철갑선이었는지에 대해서 논란이 벌어지고 있다. 거북선이 철갑선이라는 말은 주로 일본측 기록에 많다. 그런데 《이충무공전서》나 이순신의 장계에서 거북선의 구조를 설명하는 부분을 보면, 개판에 송곳칼 또는 철침을 깔아 놓았다는 설명만 있고 철판으로 뒤덮었다는 설명은 보이지 않는다. 이 때문에 거북선이 철갑선이 아니라 특정한 부분만 철제 장식을 덮은 장갑선이라는 주장이 있다.

끝으로, 임진왜란에서 거북선이 빛나는 전과를 올릴 수 있게 한 가공할 만한 화력을 살펴보자. 거북선은 선체 자체가 충돌전을 벌였을 때 끄떡하지 않을 정도로 두툼한 재목으로 만들어졌고, 거북 등을 비롯하여 좌우 선체, 용머리 등 곳곳마다 총포를 쏠 수 있는 크고 작은 포혈(砲穴)을 만들어 놓았다. 대포, 총통 등을 포혈을 통해 발사하면서 거북선이 돌진하는 모습을 상상해 보면 당시 일본군이 거북선을 당해 내지 못한 사정을 짐작할 수 있다.

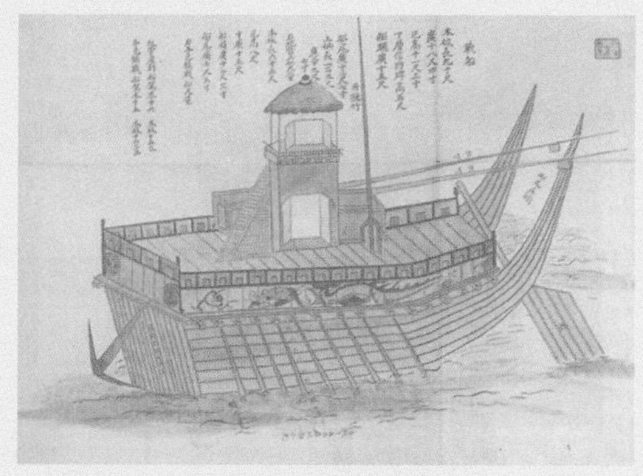

판옥선

명종 때 만들어진 군선(軍船). 판자로 옥(屋)을 한 층 더 올린 구조적 특징에서 판옥선이라는 이름이 나왔다. 이전의 군선에 비해 몸집이 크고 탑승 인원이 많다는 특징이 있다. 또한 화포를 발사하기가 쉬워 특히 검술에 능해 백병전에 익숙한 일본군과 맞서 전투를 벌이는 데 유리했다.

전쟁기념관에 전시된 판옥선

조선 시대의 판옥선을 복원하여 서울 용산의 전쟁기념관에 전시해 두었다.

임진왜란의 명칭과 성격

임진왜란은 분명히 살펴보고 넘어가야 할 우리 역사의 한 부분이다. 1592년부터 시작한 조선과 일본의 전쟁은 나중에 명이 참전하면서 국제전 성격을 띠었다. 그런데 우리 나라 역사 책은 그 동안 '임진왜란' 이라는 명칭만 써 왔다. 때에 따라 일본과의 7년 전쟁이라고 표현하기도 하고, 조일 전쟁이라는 용어를 적용하기도 했지만, 우리에게 가장 익숙한 명칭은 아무래도 임진왜란이다.

역사적 사건에 대한 명칭, 곧 이름 붙이기는 한편으로 역사적 평가를 동반한다. 그래서 명칭을 살펴보면 역사적 사건을 바라보는 입장과 시각이 어떻게 다른지 쉽게 알 수 있다. 마찬가지로 임진왜란을 자기 나름대로 달리 표현하는 중국과 일본의 명칭을 보면, 그들이 임진왜란을 어떤 시각으로 바라보는지 알 수 있다.

어떤 사건을 놓고 정확한 성격을 이름에 반영하는 것도 중요하지만, 그러한 역사적 사건에 부여하는 의의가 무엇인가 하는 점은 더욱 중요하다. 1980년에 있었던 광주 시민의 궐기에 대해 역사적 의의를 어떻게 부여하느냐에 따라 '광주 사태', '광주 민주화 운동', '광주 민중 항쟁', '광주 양민 학살'이라고 명칭을 달리 붙일 수 있듯이 말이다.

임진왜란과 같은 역사적 사건에 대해서 이름을 붙이는 것은 단순한 일이 아니다. '임진왜란' 이라는 명칭은 임진년에 발생한 왜놈의 난리라는 뜻을 지닌다. 왜놈의 난리라는 점을 이 사건의 핵심으로 보는 이름이다. 그렇다면 일본이나 중국에서도 임진왜란을 그대로 임진왜란이라고 할까?

임진왜란은 오직 우리 한국 역사에만 등장하는 용어이다. 북한도 임진왜란이라는 명칭 대신 '임진 조국 전쟁'이라는 명칭을 사용한다. '란'이라는 왕조 시대의 용어를 버리고 '전쟁'이라는 현대적 개념을 이용한 것이다. 한편 일본에서는 당시 사용하던 연호인 문록(文祿, 1592~1595)과 경장(慶長, 1596~1614)을 붙여서 그냥 '문록 경장의 전쟁'이라고 부른다. 이 명칭은 그냥 '1592년 전쟁'이라고 부르는 것과 같아서 역사적으로 어떠한 의미를 부여하는지 분명하지 않다.

그런데 중국에서는 '원조 항왜(援朝抗倭)' 또는 만력(萬曆)이라는 연호에 동원지역(東援之役)이라는 말을 합해서 '만력 동원지역'이라고 부른다. 이 명칭은 중국에서 한국 전쟁에 붙인 명칭인 '원조 항미(援朝抗美)'와 비교하면 금방 이해가 된다. 원조항미는 조선을 도와 미국과 전쟁을 벌였다는 뜻이다. 따라서 원조항왜는 조선을 도와 일본과 전투를 벌인 사건이라는 의미이고, 중국 자신의 입장을 고스란히 반영한 명칭이다. 실제로 자기 나라를 방어하기 위해 전쟁에 참여했으면서 명분상으로는 조선을 도와 주기 위해서라고 내세우는 태도이다.

지금까지 임진왜란 연구는 전황과 의병 활동을 중심으로 이루어져 왔고, 또한 승패 문제에 치중해 왔다. 게다가 국가적 관점에 치우친 나머지 국난 극복이라는 차원에서 순국, 영웅 등을 미화하는 시각을 보여 준다. 특히 거북선, 이순신 등의 활약을 강조하는 연구 경향을 보여 준다.

7년에 걸쳐 조선, 일본, 명나라가 참전한 임진왜란은 우리 입장에서 볼 때 일본의 침략, 명나라 참전이 결부된 방어전 성격을 띤다. 하지만 동아시아 역사를 중심에 놓고 볼 때 임진왜란은 동아시아 3국 사이에 벌어진 국제전이다. 따라서 임진왜란과 관련된 연구는 전투와 승패에 한정되어서는 안 되고, 당시 3국 사이의 대외 관계, 3국 사이의 사회 · 경제적 관련성, 무기와 병기 등 군사적 측면 이외의 여러 성격을 모두 살펴봐야 한다. 또한 전쟁이 벌어진 기간에 백성들이 살았던 모습에도 주의를 기울여야 할 것이다.

의병의 활약과 전쟁의 영향

백성들의 참혹한 피란살이

임진왜란이 일어나 군사들이 싸우면서 생사를 다툴 때 조선의 백성들이 생명을 지켜 나갈 방도는 피란뿐이었습니다. 오늘날 전쟁이 일어난다면 온 국토가 모두 전쟁터여서 피란이 아무런 의미가 없겠지만, 칼과 창, 조총이 무기였던 당시 전쟁에서는 전쟁터가 될 만한 곳 또는 적군이 쳐들어올 곳에서 멀리 벗어나면 몸 하나만큼은 지킬 수 있었습니다. 왜적이 조선 땅에 들어왔다는 소식이 조선 전역에 퍼지면서 백성들의 피란 행렬이 시작되었습니다.

신경이 지은 《재조번방지》라는 책을 보면, 전쟁의 참혹함을 "적병의 칼날이 미치는 곳에 천 리 사이가 쓸쓸하고 백성들은 밭 갈고 씨뿌리지 못하여 거의 다 굶어 죽었다. 서울 성 안에 남아 있던 백성들이 갖은 고생을 하며 우리 군 안으로 들어오는 행렬이 수를 헤아릴 수 없다"라고 묘사했습니다. 간신히 먹을거리를 해결했고, 밤에 큰비가 오고 나면 굶주린 백성들이 견디지 못하고 쓰러져 죽은 사람들이 생길 지경이었습니다. 조선 왕실을 믿지 않고 미워하기까지 하는 백성들의 동요도 심각했습니다.

임진왜란 당시 조선 백성들이 겪어야 했던 괴로움은 오희문의 일기에서 찾아볼 수 있습니다. 서울 사는 양반 오희문은 전라도 땅으로 노비의 신공*을 받으러 갔다가 임진왜란을 만난 경험을 일기로 적었는데, 나중에 《쇄미록》이라는 이름을 붙였습니다. 그가 충청도

신공(身貢)
공노비 혹은 사노비가 정기적으로 상전이나 관청에 바치는 현물.

임천, 강원도 평강 등지에서 피란 생활을 하던 모습이 《쇄미록》에 잘 묘사되어 있습니다.

오희문은 1592년 임진왜란이 터지고 바로 뒤 남원 근처 지리산 자락 깊숙한 곳을 피난처로 삼아 숨어 지낸 적이 있었습니다. 바람 부는 산골짜기에서 거적이나 풀을 깔고 달빛을 벗 삼아 잠을 청하는 행위가 산천의 풍광을 즐기는 게 아니라, 왜적의 매서운 칼날을 피하기 위해 마지못해 선택한 일이었기에 더욱 처량하게 느껴집니다. 그는 거의 매일 밤 꿈을 꾸었는데, 서울에 두고 온 늙으신 어머니와 부인, 그리고 아들딸이 교대로 나타났다고 합니다. 가족들에 대한 걱정이 가득 담긴 꿈에서 깨어나면 그는 눈물을 흘리곤 했습니다. 몇 개월을 고생한 그는 가족들과 다시 만나 충청도 임천에 임시로 살 곳을 마련합니다. 하지만 일상 생활로 돌아가려면 더 많은 세월이 필요했습니다. 양반의 피란살이가 이 정도였으니 일반 백성들의 생활은 오죽했을까요?

전란을 맞이한 조선 백성들은 숱한 고생을 견뎌야 했습니다. 가족이 뿔뿔이 흩어져 생사도 모른 채 지내기도 했습니다. 의병이나 관군으로 전투에 참여했다가 죽은 사람과 그의 가족, 친척들은 오래도록 그 기억을 지우기 어려웠겠지요. 왜군에게 포로로 잡혀 일본까지 끌려간 사람들과 가족, 친척들의 심정은 또 어땠을까요? 임진왜란의 참혹했던 기억은 '왜놈'이라는 일본 사람에 대한 경멸적인 표현에서 잘 드러납니다.

의로운 병사들 - 8도 의병의 활약

전쟁 초부터 관군이 패했다는 소식이 전해지자 백성들은 크게 동요합니다. 피란길에 오르는 백성들의 발길을 붙잡을 만한 구실이 없어진 셈이었지요. 이 어지러운 상황에서 각 지역에 살던 일부 사족들과 전직 관료들, 그리고 백성들은 의로운 기치를 내걸고 의병을 조직하여 일본군에 맞서 일어납니다.

의병들은 왜적이 쳐들어온 초기부터 활동했습니다. 경상도 지역의 경우 1592년 6월 25일, 경상 우도에 파견된 김성일이 의병의 활약상을 조정에 보고할 정도였습니다. 당시 김면, 정인홍, 곽재우 등이 의병장으로 이름을 떨쳤지요. 이들 말고도 8도 전역에서 일어난 의병의 활약은 눈부셨습니다. 여기에서 우리는 조정에서 의병을 권장하고 명령하기 이전에 의병들이 먼저 무기를 들고 나섰다는 점을 쉽게 지나쳐선 안 됩니다.

향촌 사회에서 지배적 위치를 차지하고 있던 양반 유생들은 일본군이 쳐들어오자 자신들의 지위뿐 아니라 생명과 재산에 대한 위협을 뼈저리게 느낍니다. 목숨을 지키고 재산을 빼앗기지 않으려면 일본군과 싸울 각오를 다져야 했습니다. 그리고 나라가 망할지도 모르는 위기 상황에서 지배층으로서의 의무감과 국왕에 대한 충성심도 끓어올랐습니다. 그리하여 향촌 양반들이 의병을 조직했고, 백성들도 스스로 의병 대열에 동참했습니다. 군량이나 무기까지 스스로 마련하면서 의병 활동에 나섰지요. 백성들은 피란을 가기도 했지만, 지방 사회의 지도자였던 의병장 밑에서 왜적과 싸우는 쪽을 선택하기도 했습니다. 향촌 사회는 백성들에게도 삶의 터전이자 다른 사람에게 내줄 수 없는 고향이었으니까요.

조선의 의병은 조총으로 무장한 일본 군대에 맞서 싸운, 말 그대로 '의로운 병사들'입니다. 나라에 충성을 다하고 가족과 친족을 내 힘으로 지켜 내겠다는 의지로 뭉친 의리파들이지요. 의병 활동은 임진왜란으로 나라 운명이 바람 앞의 등불처럼 위태로울 때 특히 사회 지배층이 어떻게 행동해야 하는지를 보여 준 사건이었습니다. 많은 양반들이 산으로 산으로 피란 행렬에 동참했지만, 또한 다른 많은 사족들은 자신의 노비를 모으거나 다른 향촌 주민을 모아 의병을 조직하여 의병장이 되었습니다. 의병장 중에는 지역에서 이름이 알려진 유학자도 있고, 중앙 정계에서 활약하다가 뜻을 품고 고향으로 내려온 전직 관료들도 있었습니다.

여러 곳에서 일어난 의병들은 유격(게릴라) 전술로 일본군의 군사 행동에 막대한 차질을 끼쳤고, 관군이 전열을 가다듬을 수 있는 시간을 벌어 주기도 했습니다. 일본군과 크고 작은 전투를 벌여 백성들이 삶을 지탱할 수 있게 했고, 또한 국가는 명맥을 유지할 수 있었습니다. 이들은 향촌의 지역 사정을 속속들이 알았기에 적은 병력으로 일본군과 정면 충돌하기보다는 유격 전술을 많이 사용했습니다. 일본군의 움직임을 상세히 파악하고 은밀하게 움직여서 재빠르게 공격하는 전술을 이용한 것이지요.

당시 의병장으로 특히 이름이 높았던 사람은 먼저 의병을 일으킨 경상도 의령의 곽재우, 합천의 정인홍, 충청도의 조헌, 전라도의 고경명과 김천일 들이었습니다. 그리고 승려 가운데 묘향산의 서산대사 휴정과 금강산의 사명당 유정은 승병장으로 유명했습니다. 또한 평안도의 조호익, 함경도의 정문부, 경기의 홍계남, 경상도 고령의 김면, 황해도의 이정암도 유력한 의병장이었습니다. 이들의 활약상을 살펴볼까요?

먼저 곽재우는 경상도 의령에서 1592년 4월 22일 10여 명의 가노(家奴, 자기 집 남자 종)들을 이끌고 의병을 일으켰습니다. 붉은 비단으로 만든 옷을 입고 백마를 타고 다니면서 스스로 '천강홍의장군(天降紅衣將軍)'이라 이름하고 왜적과 전투를 벌였지요. 그는 처음 의병을 모집할 때부터 재략과 용기를 두루 갖춘 참모진을 찾느라 고민했습니다. 그가 이끈 의병은 주로 의령과 삼가(지금의 합천군 삼가면) 지역 백성들로 구성되었지요. 이들은 지형 지물을 이용한 유격전으로 일본군의 진출을 저지하고, 낙동강 일대에서 일본 선박을 깨부수기도 했습니다.

곽재우와 더불어 경상 우도*에서 크게 활약한 인물로 김면과 정인홍을 꼽을 수 있습니다. 김면은 남명학파에 속한 인물로, 학문 사상적 인연 관계, 사족 집안 사이에 혼인으로 마련된 유대 관계, 서당이나 향교에서 맺은 교우 관계를 통해 의병을 모집했습니다. 김면의 의병은 거창과 고령 등지에서, 그리고 정인홍은 합천에서 의병을 일으켜 왜적과 전투를 벌였습니다.

호남 지역에서 국가 방위를 강조하면서 일어난 의병도 다른 지역과 마찬가지로 국가 방위뿐만 아니라 향촌 방위가 주된 목적이었습니다. 처음에 여러 곳에서 일어났다가 점차 고경명과 김천일 중심으로 집결했고, 전직 관료와 유생들이 의병장, 참모진을 꾸렸습니다. 고경명은 유팽노와 의병을 일으켰는데, 담양에서 여러 의병장의 뜻

우도(右道)와 좌도(左道)
남쪽을 향해 앉은 국왕 입장에서 각 도를 좌도와 우도로 나누었다. 주로 충청, 경상, 전라 하삼도를 좌우도로 나누어 불렀다. 예를 들어 경상도를 남북으로 가로지르는 낙동강을 경계로 동쪽이 좌도, 서쪽이 우도에 해당한다.

에 따라 의병 대장으로 추대되었지요. 그는 근왕병을 이끌고 선조가 있던 의주로 가다가 충청도 금산에서 왜병과 전투를 벌였지만 대패하고 말았습니다. 이 때 고경명은 아들 인후, 유팽노, 안영과 함께 전사했습니다. 김천일은 나주에서 의병을 일으켜 수백 명으로 전열을 정비했습니다. 그리고 강화도로 들어가서 도성에 결사대를 파견하기도 하고, 한강변에 있는 왜적의 진지를 습격하는 활약을 펼쳤습니다.

충청도와 경기도 여러 지역에서도 의병이 일어났습니다. 충청도의 의병장 조헌은 자신이 가르치던 제자들을 중심으로 의병을 일으켰는데, 충청 지역 사족과 백성들이 구름처럼 몰려들었다고 전합니다. 조헌의 의병 부대는 승려 출신 영규가 이끄는 의승군 500명과 합세하여 1592년 8월 청주성을 되찾습니다. 그 뒤 금산에 주둔한 왜군을 공격했다가, 조헌과 영규를 비롯한 700의사 모두 장렬한 최후를 마쳤습니다. 경기에서도 홍계남과 우성전이 의병을 일으켜 왜군과 유격전을 벌였습니다.

그럼 북쪽 지방은 어땠을까요? 여기에서도 의병 활약은 대단했습니다. 1592년 7월 중순 이후에 의병 활동이 시작되었는데, 황해도 지역에서 전 이조참의 이정암이 뚜렷한 공을 세웠습니다. 이정암이 연안을 중심으로 의병 조직을 꾸리자, 조정에서는 그를 황해도 초토사로 임명했지요. 그가 남긴 '의병 약속'이라는 글은 당시 의병의 군율이 어떠했는지 잘 보여 줍니다. "적과 마주쳤는데 도망쳐서 패한 자는 목을 벤다", "군기를 누설한 자는 목을 벤다" 등 엄정한 군기를 세워 전투에 나섰음을 알 수 있습니다.

이정암이 이끄는 의병 부대는 특히 1592년 8월 말 6000여 명에 이르는 왜군의 연안성 공격을 굳게 지켜 승리를 거두었고, 이후 왜적의 북상을 막아 내는 데 큰 공를 세웠습니다. 이 전투를 '연안 대첩'이라고도 하는데, 연안 이북의 여러 고을을 무사히 지켜 내고, 의주 행재소와 팔도 사이의 연락망도 지켜 내는 성과를 거두었지요.

함경도 지역의 여러 의병은 대부분 북평사 정문부 의병에 속했습니다. 그는 경성부 일대에서 의병을 일으켜 1592년 9월 이후 왜군과 전투를 벌였습니다. 여러 차례 전투에서 승리를 거두었고, 특히 10월 말에는 길주에서 크게 승리했습니다. 정문부가 이끄는 의병의 활약에 함경도 일대의 왜군이 모두 철수하는 지경에 이르렀습니다.

의병 가운데 승려 출신 의병인 의승군의 활약도 찾아볼 수 있습니다. 최초로 봉기한 승려 영규는 수백 명에 달하는 승려를 의승군으로 결집시켜 이끌었습니다. 의승군은 점차 전국 규모로 확대되면서 나라 차원의 조직 체계를 갖추었습니다. 묘향산의 휴정(서산대사)이

8도 16종 도총섭이라는 총대장에 해당하는 직책을 받아 전체 의승군을 관장했습니다. 이후 의엄(속명은 곽언수)은 황해도에서, 유정(사명당 송운대사)은 강원도에서, 처영(호는 뇌묵)은 호남 지리산에서 각기 봉기하여 활약했습니다. 이 밖에도 여러 곳에서 의승군이 많은 전과를 거두었습니다.

그러나 임진왜란 초기에 큰 역할을 해낸 의병은 전란이 길어지자 서서히 변질되어 갔습니다. 관군으로 징집되기를 꺼리는 백성들이 의병장 아래 의병으로 모여들었지요. 그런데 100여 곳에 진지를 구축한 의병 중에는 신변이 안전한 곳에서 별 볼일 없는 적이나 쫓고 공을 탐내는 의병들도 나타났습니다. 나아가 관군에 맞서 문제를 일으키는 등 독자적인 행동으로 전투를 망치기도 했고요. 그래서 관군이나 수령의 강력한 통제를 받는 방식이 실행되기도 했지만, 큰 효과를 거두지 못했습니다. 무엇보다도 관군과 의병이 서로 간섭하고 견제하여 많은 병사들이 의병장과 사이가 벌어진 것이 문제였습니다. 의병 활동이 시간이 지나면서 초기의 성격에서 벗어났지만 '자기 희생을 통한 국토 방위'에 나서서 많은 선과를 거둔 섬만큼은 깊이 새겨야 할 것입니다.

전쟁이 가져온 것들

7년에 걸친 임진왜란으로 말미암아 나라 곳곳이 전쟁터가 된 조선은 막대한 손실은 입었습니다. 많은 백성이 죽고, 험난한 피란살이를 해야 했으며, 농민들의 생활 터전이 황폐해졌습니다. 또한 경복궁을 비롯하여 전국의 많은 문화재가 불타 버리거나 약탈되었습니다.

오랜 전쟁은 조선의 여러 부문에 커다란 영향을 끼쳤습니다. 먼저 정치 면에서는, 국왕 선조와 전쟁이 일어났을 때 주요 관직에 있었던 신하들의 전쟁 책임론이 일어났습니다. 명나라에서는 임진왜란의 원인을 조선 군신의 어리석음 때문이라고 몰아붙이고 왕위 교체론까지 들먹였습니다. 1593년 한 명나라 신하는 자신이 남쪽을 향하고 선조를 남쪽에 앉혀, 마치 임금이 신하를 대하듯 방자한 행동을 저질렀습니다. 이러한 상황에서 의병 활동을 벌이면서 일본군과 몸소 전투를 벌인 북인 세력이 정치적 명분을 얻은 것은 당연한 결과였습니다.

두 번째로 경제 면을 살펴보면, 세금을 거두어들일 경작지가 크게 줄어들어 큰 문제였습니다. 실제로 농사를 짓던 농지가 황폐해진 땅도 있고, 농사를 짓고 있기는 하지만 나라에서 파악하지 못한 농토도 많았습니다. 전쟁을 하느라 겨를이 없어 전세를 거두기 위한 농토 파악을 소홀히 했던 것이지요. 16세기 후반 나라에서 파악한 전체 결수(경작지)가 110만 결 정도였는데, 1603년 임진왜란 직후 조사에서는 29만 결에 불과했습니다. 또 전투가 한창일 때에는 농업 생산 활동 자체가 어려워 전반적인 경제 활동에 지장을 주었지요. 다행히도 싸움이 잔잔할 때에는 농사짓는 데 큰 문제는 없었지만, 일본군이 주둔했던 지역의 농민들은 심각한 수탈을 당했습니다.

세 번째로 신분제가 크게 흔들리게 된 점을 들 수 있습니다. 나라에서는 비어 버린 국가 재정을 채우기 위해 공명첩을 발급하고 납속책을 실시했습니다. 그런데 이러한 시책은 조선의 엄격한 신분제를 크게 흔드는 원인이 되었습니다. '공명첩'이란 받는 사람의 이름을 적는 곳을 비워 둔(空名 : 공명) 임명장(帖 : 첩)입니다. 실제로 관직이나 품계를 받는 게 아니지만 공명첩을 사들인 사람은 자신의 신분을 높일 수 있었지요. '납속책'은 아예 공식적으로 특정한 분량의 곡물을 내놓았을 때 면천*과 면역*을 시켜 준 제도입니다. 물론 곡물을 낸 양반들에게 관직을 주는 경우도 있었습니다. 나라가 망할지도 모른다는 절박한 위기 의식은 납속으로 천인을 면천시키는 걸 누구도 반대할 수 없게 했지요. 납속책을 반대하는 사람들에게 이렇게라도 곡물을 모아야 전투에 나서는 군사를 먹일 수 있다고 내세웠지요. 그리고 "전쟁에서 살아나야만 양반이라는 이름을 그대로 보존할 수 있고, 그래야만 노비도 부릴 수 있는 것"이라는 말로 납속을 정당화했습니다. 공명첩 발급과 납속책 실시는 군사 조직에 천민을 포함시킨 속오군 편성과 더불어 신분제의 기반을 조금씩 흔들었습니다.

네 번째로 백성들의 희생과 인구 감소를 들 수 있습니다. 죄 없는 사람들이 어쩔 수 없이 목숨을 잃고, 전투에서 많은 군인이 죽었습니다. 부상자는 말할 수 없이 많았고, 게다가 조선의 많은 백성들이 포로로 일본에 끌려가기도 했습니다. 포로가 된 사람들은 몇 개월 혹은 몇 년에 걸쳐 낯선 땅에서 엄청난 고초를 겪으며 지내야 했습니다. 지금도 임진왜란 당시 끌려간 조선 도공의 후예가 대를 이어 도자기를 구우며 일본에서 살고 있습니다. 임진왜란은 조선 백성들에게 일본에 대한 적개심을 오래도록 남긴 역사의 상처였습니다.

왜적에게 포로가 되어 기록을 남긴 사람들 중에는 〈간양록〉을 지은 강항, 〈금계일기〉를 쓴 노인, 〈정유피란기〉를 지은 정호인, 〈만사

면천(免賤)
천민 신분을 면해서 평민이 되는 것.

면역(免役)
조선 시대에 몸으로 치르는 신역(身役)을 면제해 주는 것.

록〉과 〈해상록〉을 지은 정경득·정희득 형제 들이 있습니다. 이들은 길게는 2년 남짓 일본에서 온갖 어려움을 겪으며 지냈고, 그러한 경험을 기록으로 전해 주었지요.

다섯 번째는 많은 문화재가 손실된 점입니다. 일본은 조선에서 서적과 그림, 활자 등 많은 문화재를 약탈해 갔습니다. 조선의 앞선 문화를 접하게 된 일본 사람들이 앞다투어 우리 문화 유산을 실어 날랐지요. 뿐만 아니라 전국에 흩어져 있는 사찰과 한성부의 궁궐을 비롯한 문화재를 불태웠는데, 이 때 경복궁과 불국사, 사고 등이 불에 타 사라졌습니다.

마지막으로 임진왜란은 조선뿐만 아니라 중국과 일본 모두에게 큰 영향을 끼쳤습니다. 1598년 일본군 후퇴, 1599년 명군 철수로 조선과 일본 그리고 명나라 사이의 기나긴 전쟁이 마무리되었습니다. 일본은 조선에 병사를 보낸 다이묘 세력이 약화되면서 도쿠가와 이에야스가 일본 통일을 쉽게 이루었습니다. 명은 파병에 따른 경제적 부담과 내란으로 인한 정치적 위기 때문에 국력이 크게 약화되었고, 이러한 정세 속에서 만주의 여진족이 세력을 키우게 됩니다. 그리고 조선. 조선은 앞에서 이야기했듯이 피해를 가장 많이 받은 나라로 이를 회복하는 데 많은 세월이 필요했습니다. 일본군을 물리쳤다는 점에서 전쟁에서 승리했다고 말할 수 있지만, 그로 인한 피해는 말로 다 하기 어렵습니다. 조선 정부는 전란의 피해를 이겨 내기 위해 엄청난 노력을 기울여야 했습니다.

임진왜란의 실상을 보여 주는 기록들

①

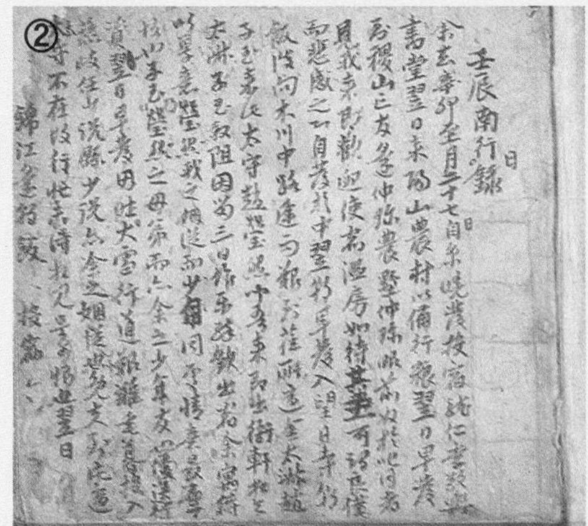

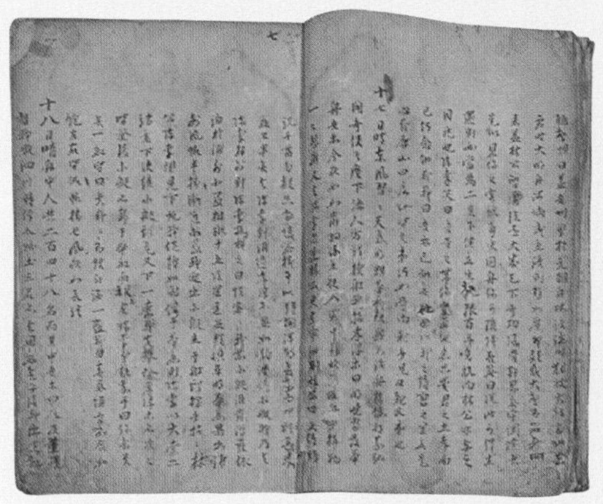

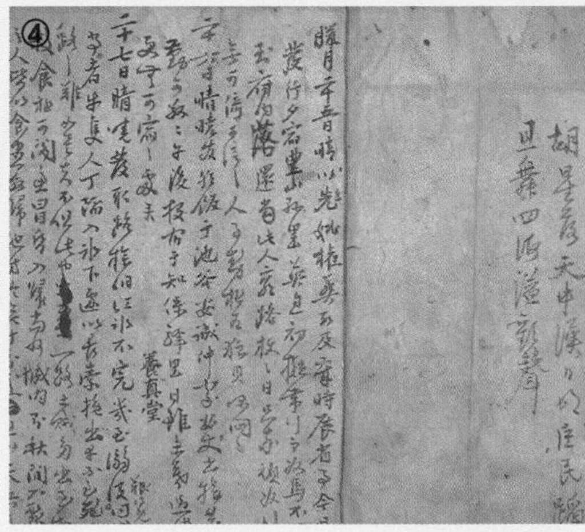

①, ② 쇄미록(瑣尾錄) 표지와 임진 남행록

임진왜란 때 오희문(1539~1613)이 난을 겪으면서 쓴 일기로, 선조 24년(1591)부터 선조 34년(1601) 2월까지 약 9년 3개월 동안의 사실을 기록한 것이다. 오희문의 아들 오윤겸은 인조 때 영의정을 지냈으며, 손자인 오달제는 병자호란 때 끝까지 싸울 것을 주장하다 청나라까지 끌려가 죽임을 당한 삼학사(三學士) 가운데 한 사람이다. 경기도 용인시 오정근 소장. 보물 1096호.

③ 금계일기(錦溪日記)

노인(魯認)이 정유재란 때 남원성 전투에서 왜병에게 붙잡혀 일본에서 2년 동안 포로 생활을 하다가 명나라 사절단의 배로 도주하여 북경을 거쳐 귀국하게 된 경위를 쓴 일기이다. 1599년(선조 32) 2월 22일부터 6월 27일까지 약 4개월 동안의 기록을 담고 있다. 광주 동구 노석경 소장.

④ 조정이 기록한 임진왜란

선조~인조 때의 학자이며 관료인 조정(1555~1636)이 임진왜란 당시에 보고 듣고 겪은 일들을 손수 적은 일기이다. 당시 사회상과 군대의 배치 상황, 의병의 활동상 등을 살필 수 있어 임진왜란사 연구에 귀중한 자료이다. 경북 상주시 조용중 소장, 보물 1003호.

⑤ 남원 만인의총

1597년 정유재란이 일어났을 때 남원성을 지키기 위해 일본군과 싸우다가 전사한 사람들을 함께 묻은 무덤이다. 왜군의 침입에 대항하여 관군, 의병, 백성들이 힘을 모아 싸웠으나 남원성이 함락되면서 1만여 명이 사망했다. 전쟁이 끝난 뒤 전사한 사람들의 시신을 한곳에 합장했으며, 1612년(광해군 4) 충렬사를 세워 8충신을 모셨다. 처음 이 무덤은 남원역 부근에 있었으나 민가에 둘러싸이게 되어 1964년 현재 자리로 옮겼다.

⑥ 터만 남은 경복궁

임진왜란 이후 터만 남은 경복궁 그림. 경복궁의 경(景)을 혼동하여 그림 제목에 경(慶)으로 잘못 기록되어 있다. 왼쪽에 경회루의 돌기둥과 연못이 보인다. 연대 미상.

⑦ 영규대사 묘

승병장 영규대사의 묘소로 충청 남도 공주시 계룡면 계룡산 갑사 진입로를 조금 지나 서쪽에 위치한다. 영규대사는 밀양 박씨로 호는 기허이며, 서산대사 휴정의 제자이다.

아! 그렇구나

100년 만에 제자리로 돌아간 북관 대첩비

북관 대첩비는 임진왜란 때 정문부를 대장으로 한 함경도 의병의 전승을 기념하여 세운 전공비이다. 임진왜란이 끝나고 100여 년 뒤인 1709년 숙종 때 함경도 북평사로 온 최창대가 함북 길주군 임명 지역에 세운 비이다. 높이 187센티미터, 폭 66센티미터, 두께 13센티미터의 비석에 1500여 자의 글자가 새겨져 있는데, 함경도 의병이 왜군을 무찌른 사실 등이 담겨 있다.

그런데 이 비석을 1905년 러일 전쟁에서 승리한 일본군 제2 예비 사단의 이케다 마시스케 여단장이 일본으로 강탈해 갔다. 일본은 이 북관 대첩비를 태평양 전쟁 전범의 위패를 봉안하고 있는 야스쿠니 신사 한쪽 구석에 방치하고 있었다. 이러한 사실은 1970년대 후반 재일 사학자에 의해 확인되었다.

북관 대첩비의 주된 주인공인 정문부는 사실상 함경도 의병 부대의 총사령관 노릇을 했다. 그는 1592년 7월 북평사로 재직하다가 의병장으로 추대되어 함경도 의병 부대를 이끌고 가토 기요마사(加藤淸正 : 가등청정)가 거느린 일본군을 무찔렀다. 그리고 왜란이 일어나자 반란을 일으켜 함경도로 피란한 두 왕자를 일본군에게 넘긴 반역자 국경인 등을 붙잡아 처형하기도 했다. 그리하여 경성, 길주 등을 되찾고, 일본군이 관북 지방으로 발을 들여놓지 못하게 했다. 정문부는 창의대장으로서 의병을 이끌고 경성·장평·임명·단천·백탑교 등지에서 승리를 거두었는데, 이것을 한꺼번에 '북관 대첩'이라 부른다. 전공비의 이름도 여기에서 따온 것이다. 함경도 의병의 활약은 권율 장군의 행주 대첩 등과 더불어 임진왜란 당시 큰 승리로 기억되고 있다.

1970년대 후반에 야스쿠니 신사에서 발견된 북관 대첩비를 돌려받기 위해 많은 사람들이 노력했다. 비문에 이름이 있는 의병의 후손들이 중심이 되어 일본 정부에 청원서를 내는 등 반환 운동이 펼쳐졌다. 사실 북관 대첩비가 일본 야스쿠니 신사에 있다는 것 자체가 우리 역사의 왜곡을 상징한다. 일본군과 벌인 전투에서 승리한 것을 기념한 전공비가 일본 군국주의 역사의 상징인 신사에 있다는 사실은 역사의 흐름을 한참 왜곡하는 것이다.

북관 대첩비 반환 노력이 성공을 거두어 2005년 10월 일단 한국으로 옮겨졌고, 2006년 3월 북한의 길주(지금의 김책시)로 이송되어 원래 자리에 놓여졌다.

북관 대첩비
일본 도쿄 야스쿠니 신사 한쪽 구석에 있었던 것을 남북의 노력으로 되찾아 왔다.

청나라가 쳐들어오다

후금의 첫 번째 침입 - 정묘호란

건주 여진을 이끌던 누르하치*가 1616년 만주 지역에 세운 나라 후금(後金)은 명나라와 조선의 앞날에 커다란 영향을 끼칩니다. 여진족의 여러 부족 중 건주 여진은 일찍부터 명나라와 밀접한 관계를 맺으면서 성장했지요. 후금이 만주에 등장할 당시 조선의 임금은 광해군이었습니다. 1장에서 살펴본 것처럼, 광해군은 후금 등장 이후의 정세 변화를 면밀히 살피면서 명과 후금 사이에서 적절한 외교 활동을 펼치며 국방에 힘썼습니다. 그리하여 후금의 침입을 비켜 갈 수 있었지요. 1618년 명의 요청에 따라 어쩔 수 없이 후금을 공격하기 위해 원정군을 파견했지만, 이로 인한 후금의 공격은 없었습니다.

한편 후금은 명에 정면으로 대항할 만큼 세력을 키우고 점차 중원(중국 땅을 통틀어 일컫는 말)으로 진출할 기회를 엿봅니다. 그리고 건주 여진의 근거지였던 랴오둥을 차지하고 1619년에 여진족 전체를 통일한 뒤, 1625년에는 심양을 점령하고 계속 세력을 키워 나갑니다. 밖으로 조선의 위협을 없애고 몽골 세력도 손아귀에 넣은 후금은 1636년 마침내 나라 이름을 청(淸)으로 바꾸면서 건국을 선포합니다.

명은 막강해진 청의 세력을 막지 못했고 농민 반란이 곳곳에서 일어나면서 혼란에 휩싸입니다. 그리하여 1644년 이자성이 이끄는 반란 세력이 베이징을 점령하고 산해관*을 지키던 오삼계에게 투항을 권유합니다. 하지만 오삼계는 거절하고 반란 세력을 진압한다는 명

누르하치
누르하치는 19세 때부터 명의 랴오둥 대장 이성량의 부하로 활약한 인물이다. 그러다가 1583년 자신의 조부와 부친이 명나라 군대한테 살해되자, 자신을 따르는 병사를 이끌고 독립한다. 그 뒤 여러 부족을 통합하면서 세력을 키워 마침내 1616년 후금을 세웠다.

산해관
중국 허베이 성(河北省 : 하북성) 북동단에 있는 교통·군사상의 요지이다. 만리장성 동쪽 끝 시작 지점으로 유명하고, 여기부터 중국 본토라는 기준점으로 파악되었다. 산해관이라는 지명은 14세기 초 명나라 때 성을 쌓고 산해위(山海衛)를 설치하고 군대를 주둔시킨 데서 유래되었으며, 산과 바다 사이에 있는 관(關)이라는 뜻이다.

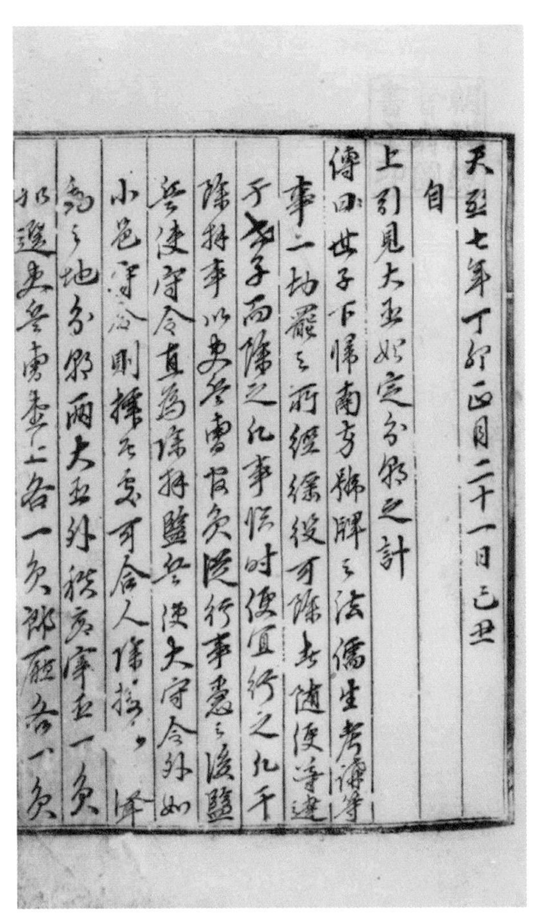

소현 세자 분조 일기(昭顯世子分朝日記)
소현 세자가 1627년 정묘호란이 일어나자 인조의 왕명에 따라 전주에 내려가 남도의 민심을 수습하면서 기록한 일기이다.

분으로 청나라와 연합하여 이자성 세력을 격파하고 베이징을 점령합니다. 드디어 명이 멸망하고 청이 중원을 장악하게 된 것이지요.

후금은 세력을 키워 가던 과정에서 1627년 첫 번째로 조선을 침입합니다. 정묘호란이지요. 인조 반정 이후 명나라 쪽으로 완전히 기울어진 조선의 외교 정책 때문에 일어난 사건입니다. 반정 세력은 친명 배금 정책*을 천명한 만큼 명나라 장수 모문룡이 압록강 어귀의 가도(椵島)에 주둔할 수 있게 허락합니다. 인조는 광해군의 신중한 중립 외교를 부정하고 친명 배금 노선으로 확실히 돌아선 것입니다.

그렇다면 인조 반정 세력들이 내세운 명분 가운데 친명 정책과 연결되는 내용에는 무엇이 있을까요? 반정 세력들은 광해군이 재조지은을 배반하고 후금에 화친 정책을 펀 것, 1619년 심하 전투에 출전할 때 강홍립에게 돌아가는 형편을 보아 싸우거나 항복하라고 지시한 것, 광해군 말년에 명의 사신을 유폐시킨 것, 다시 파병해 달라는 명의 요청을 뿌리친 것을 명분으로 내세웠지요. 그런 터였기에 반정 세력이 친명 정책을 펼칠 것임은 불 보듯 훤했습니다. 그리고 인조는 명에게 조선의 국왕으로 인정받기 위해서라도 더욱 친명 정책을 내세웠습니다.

친명 배금(親明排金) 정책
후금를 배척하고 명나라와 친분을 맺는 정책을 말한다.

후금 입장에서 조선 침입은 중원에 들어가기 위한 준비 단계로 배후의 위협을 제거하려는 시도였습니다. 특히 랴오둥을 되찾기 위해 명나라의 모문룡 군대가 평안도 철산의 가도에 주둔해 있다는 사실이 화근 덩어리였지요. 또한 후금은 명나라와의 싸움으로 경제 교류가 막혀 심한 물자 부족을 겪고 있었는데, 이를 해결하려면 조선과 교역을 해야 했습니다. 게다가 이 무렵 후금으로 달아난 이괄의 무리들이 광해군이 부당하게 임금 자리에서 쫓겨났다고 호소하면서 후금의 조선 침입에 불을 당겼습니다.

조선 침략을 결정한 후금은 1627년 1월 군대를 동원하여 쳐들어왔습니다. 아민이 이끄는 3만의 후금 군대는 조선 장수 강홍립을 앞세워 안주, 평산, 평양을 점령하고 황주를 장악했습니다. 광해군을 위해 보복한다는 구실을 내세웠지만 말 그대로 구실일 뿐이었지요. 장만을 도원수로 삼은 조선군은 후퇴를 거듭했고, 인조와 조정 신하들은 강화도로, 소현 세자는 전주로 피했습니다. 황해도 황주에 이른 후금 군대는 2월 9일 유해라는 장수를 강화도에 보내 정묘 조약을 맺습니다. 조선이 원창군을 인질로 보내면서 후금군은 철수합니다. 조선에서 강화를 주장하는 입장이 우세해졌고, 후금 입장에서도 장기간 병사를 조선에 주둔시키는 게 어려웠기 때문에 강화를 빠르게 합의했지요. 조선 출병으로 나라 안 방어책이 허술해진 틈을 타서 명이 공격해 올까 봐 걱정도 되었지요. 아무튼 정묘 조약으로 조선과 후금은 형제 관계를 맺었습니다.

이로써 후금은 조선이라는 불안한 위협 세력을 꺾어 놓는 성과를 거두었습니다. 그리고 국경 지역에서 후금과 조선의 무역이 이루어집니다.

청의 두 번째 침입 - 병자호란

정묘호란이 있고 몇 년 뒤인 1636년 겨울 후금은 다시 쳐들어옵니다. 병자호란이지요. 조선 입장에서 병자호란은 단순히 전쟁에서의 패배와 항복만 기억할 수 없는 아주 커다란 사건이었습니다. 정묘호란으로 형제의 나라라는 화약(和約, 화해한다는 약속)을 맺은 후금은 조선에게 해마다 많은 액수의 세폐* 등을 요구했습니다. 1632년(인조 10)에는 형제 관계를 군신 관계로 고치고 세폐를 더 늘릴 것을 요구했지요. 조선은 이러한 요구를 들어주기 어려웠고, 그에 따라 조선과 후금의 관계가 불편해집니다.

후금의 강압 정책으로 조선 조정에서는 후금과 전쟁을 치러야 한다는 강경한 주장이 힘을 얻습니다. 그리고 후금과 강화를 맺는 것을 반대했던 척화파들이 자리를 한층 굳힙니다. 척화파로 이름을 높인 대사간* 정온은 후금의 요구가 부당함을 상소했고, 장령* 홍익한을 비롯한 유생들도 후금의 사신을 돌려보내지 말고 척화(斥和, 화해하기 위한 의논을 배척함)하기를 주장했습니다. 이에 인조는 척화론자들의 주장에 따라 후금의 사신을 접견하지 않고, 8도에 교시를 내려 충의병* 모집을 지시합니다.

1636년 4월 국호를 '청(靑)'이라 고치고 황제가 된 태종은 왕자를 보내 사죄하지 않으면 대군을 동원하여 정벌하겠다고 위협합니다. 그리고 11월에는 조선 사신에게 왕자, 대신, 척화론자 들을 잡아서 청나라로 보내지 않으면 군대를 출동시키겠다고 거듭 경고합니다. 그러나 조선에서 이를 묵살하자, 1636년(인조 14) 12월 1일 청 태종이 직접 군사를 이끌고 두 번째로 조선으로 출동합니다.

세폐(歲幣)
조공으로 보내는 물품에는 세폐와 방물(方物)이 있다. 세폐는 중국 조정에, 방물은 황제나 황후에게 보내는 것이다. 하지만 후금이 요구한 세폐는 아직 조공 관계가 수립되지 않은 단계였기 때문에, 해마다 조선에서 후금으로 보내는 선물 형식의 물품을 모두 세폐라고 표현했다.

대사간(大司諫)
국왕에 대한 간언 등을 담당하는 사간원의 총책임자로 정3품 벼슬.

장령(掌令)
관료 규찰 등을 담당하는 사헌부의 직임 가운데 하나로 정4품 벼슬.

충의병(忠義兵)
나라를 위해 창의하는 의병.

청 태종은 10만 대군을 이끌고 12월 9일 압록강을 건너 조선 땅으로 쳐들어왔습니다. 청군의 선봉인 마부태는 의주 부윤 임경업이 지키던 백마 산성을 피해 곧바로 한성부로 진격했지요. 심양을 떠난 지 불과 10여 일 만에 선봉 부대가 한성부 근처에 도착했습니다.

청나라 군대의 진격을 막아 내기에는 조선의 방어벽이 너무 허술했습니다. 바람처럼 빠른 청군의 진격을 예상하지 못했고, 게다가 대책 마련도 변변치 못했습니다. 12월 13일, 청나라 군대가 평안도 안주를 통과했다는 보고에 이어 다음 날 개성을 통과했다는 보고가 올라오자 조선의 조정은 크게 술렁거렸습니다. 한성부 방어 자체가 불가능한 상황에서 조정 신료들은 임금을 어디로 모셔야 할지 의논했습니다. 결국 원임대신 윤방과 김상용은 종묘사직의 신주를 받들고, 세자빈 강씨와 원손, 봉림 대군, 연평 대군 들을 모시고 강화도로 향합니다.

조선의 운명을 가를 저녁 무렵, 인조는 강화도로 가려고 남대문을 나섰다가 적군이 마포까지 접근했다는 보고를 듣고 다시 성 안으로 돌아옵니다. 적진에 최명길을 보내 강화를 요청하면서 시간을 끄는 사이에 인조는 밤늦게 세

청나라 군사 복장

강화 산성 성벽
강화읍을 에워싸고 있는 산성으로 고려 왕조가 쌓은 것이다. 1636년 병자호란 때 청군에 의해 다시 파괴되었고, 1677년(숙종 3)에 성을 보수하면서 모두 돌로 쌓고 넓혀 지었다. 인천 강화군 강화읍 국화리.

행재소
임금의 행차가 있을 때 잠시 머무는 곳.

자와 대신을 거느리고 수구문(광희문, 도성의 동남쪽)으로 나와 남한 산성으로 들어갔습니다. 갑작스러운 난리 소식에 도성 안은 발칵 뒤집혔고, 말을 구하지 못해 남한 산성까지 걸어서 가는 신하도 있었습니다. 다음 날 새벽 하룻밤을 뜬눈으로 지새운 인조는 다시 강화도로 향했으나 산길이 얼어붙은 바람에 다시 남한 산성으로 돌아왔습니다.

강화도는 예부터 북방의 외적이 침입했을 때 피란처로 활용된 곳입니다. 정묘호란 때에도 행재소*를 만들었는데, 이번에는 아예 접

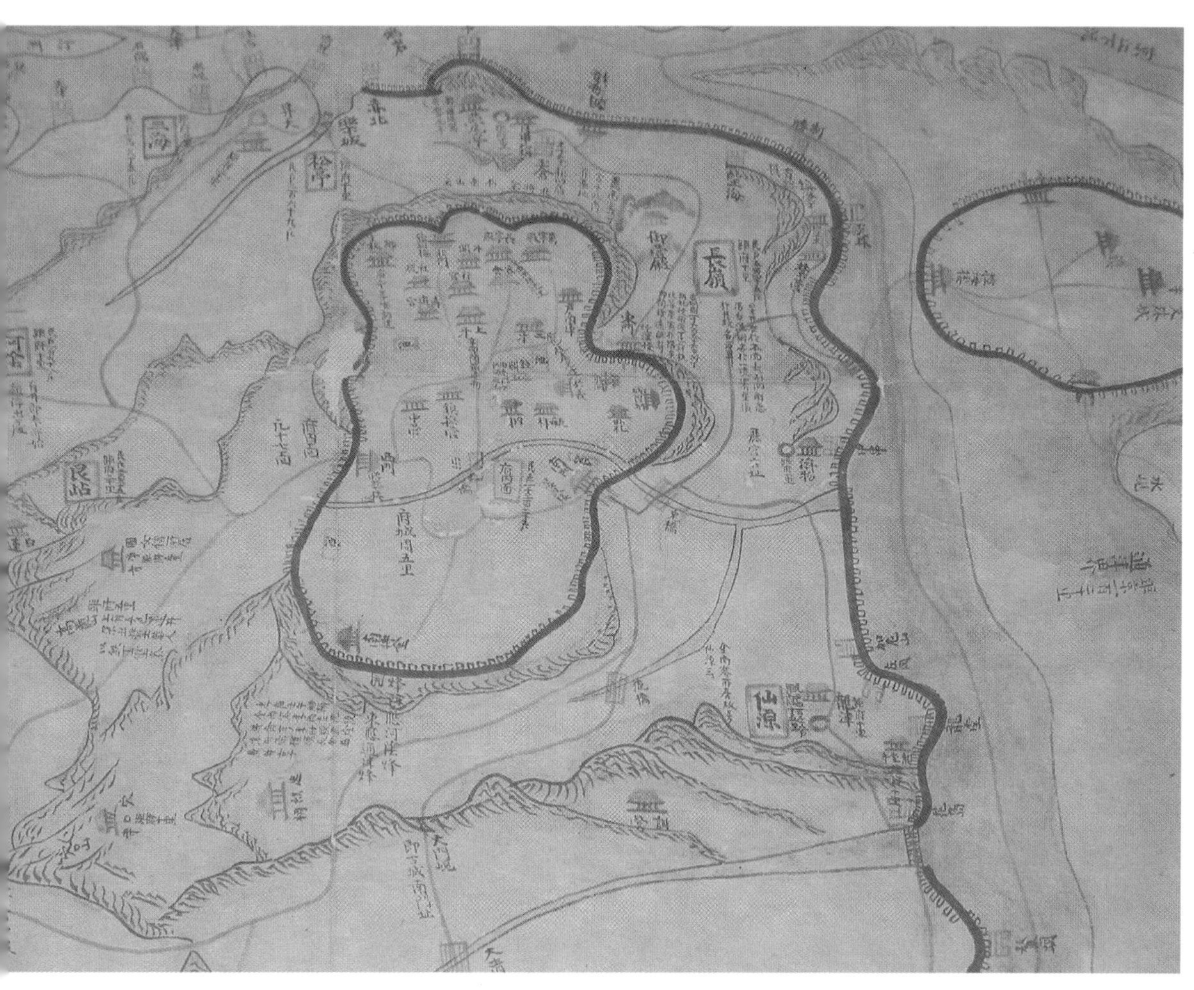

강화 산성 지도
강화성의 모습을 잘 보여 주는 강화 지도의 부분이다. 가운데에 읍의 중심부를 감싸고 있는 성이 내성으로 현재 일부 남아 있고, 오른쪽에 강화도 동쪽 해안가에 쌓은 외성의 모습도 잘 보인다. 인천 강화군 강화읍 국화리.

근조차 못했습니다. 나중에는 강화도마저 함락되지요. 척화를 주장하면서도 침입에 대한 대비는 거의 하지 못해 청나라 군대가 물밀듯이 한성부까지 쉽게 내려온 것입니다.

남한 산성은 북한 산성과 함께 중요한 군사 거점이었습니다. 선조 때 산성을 만들어 광해군 때 크게 고쳤으며, 인조 때에는 수어청을 설치하고 변란에 대비하여 227칸짜리 행궁까지 지었던 곳이지요. 남한 산성은 지형이 험해 적을 방어하기는 좋지만 외부와 연락이 어렵고, 포위될 경우 모든 문제를 안에서 해결해야 하는 단점도 있었습니

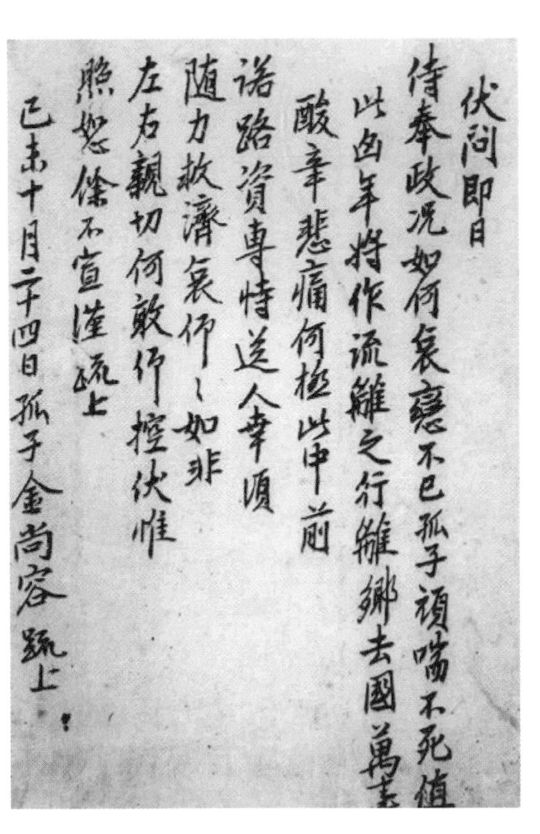
伏問即日
侍奉政況如何哀戀不已孤子頑喘不死值
此凶年將作流離之行離鄉去國萬里
酸辛悲痛何極此中前
諸路資專情送人幸須
隨力救濟哀仰之如非
左右親切何敢仰控伏惟
照恕餘不宣謹疏上
己未十月二十四日孤子金尚容疏上

김상용이 보낸 편지
조선 중기 문신으로 서예와 문장으로 유명한 김상용이 고향을 떠나게 된 슬픔과 노잣돈을 보내 준 데 대한 감사의 뜻을 표한 편지.

김상용 순절비
병자호란이 일어나자 김상용은 빈궁과 원손을 수행하여 강화도로 피란하였다. 김상용은 청군에 의해 강화성이 함락되자 성의 남문루에 있던 화약에 불을 지른 뒤 순절했다. 그의 충절을 기리기 위해 세운 것이 바로 이 순절비이다. 인천 강화군 강화읍 관청리 소재.

다. 당시 산성 안에 쌓아 두었던 군량은 1만 4300여 석. 산성에 모인 사람들이 겨우 50일 정도 견딜 수 있는 양이었습니다. 아무 저항도 받지 않고 한성부를 점령한 청군은 12월 16일 남한 산성을 포위하고, 이듬해 1월 1일 청 태종은 남한 산성 아래 단천에 진을 쳤습니다.

탄천에 집결한 청군 10만 명은 남한 산성을 포위한 채 별다른 공격을 하지 않았습니다. 산성에는 인조와 군사를 비롯한 1만 3000명이 완전히 고립되어 있었지요. 인조를 비롯한 조선의 신하와 백성들은 40여 일 동안 적의 포위망 속에서 추위와 굶주림을 이겨 내야 했습니다. 유일한 희망은 구원군의 손길이었지만, 관군이나 의병 모두 구원에 실패했습니다.

남한 산성 안에서 인조와 신하들은 척화와 화의를 놓고 계속 논란

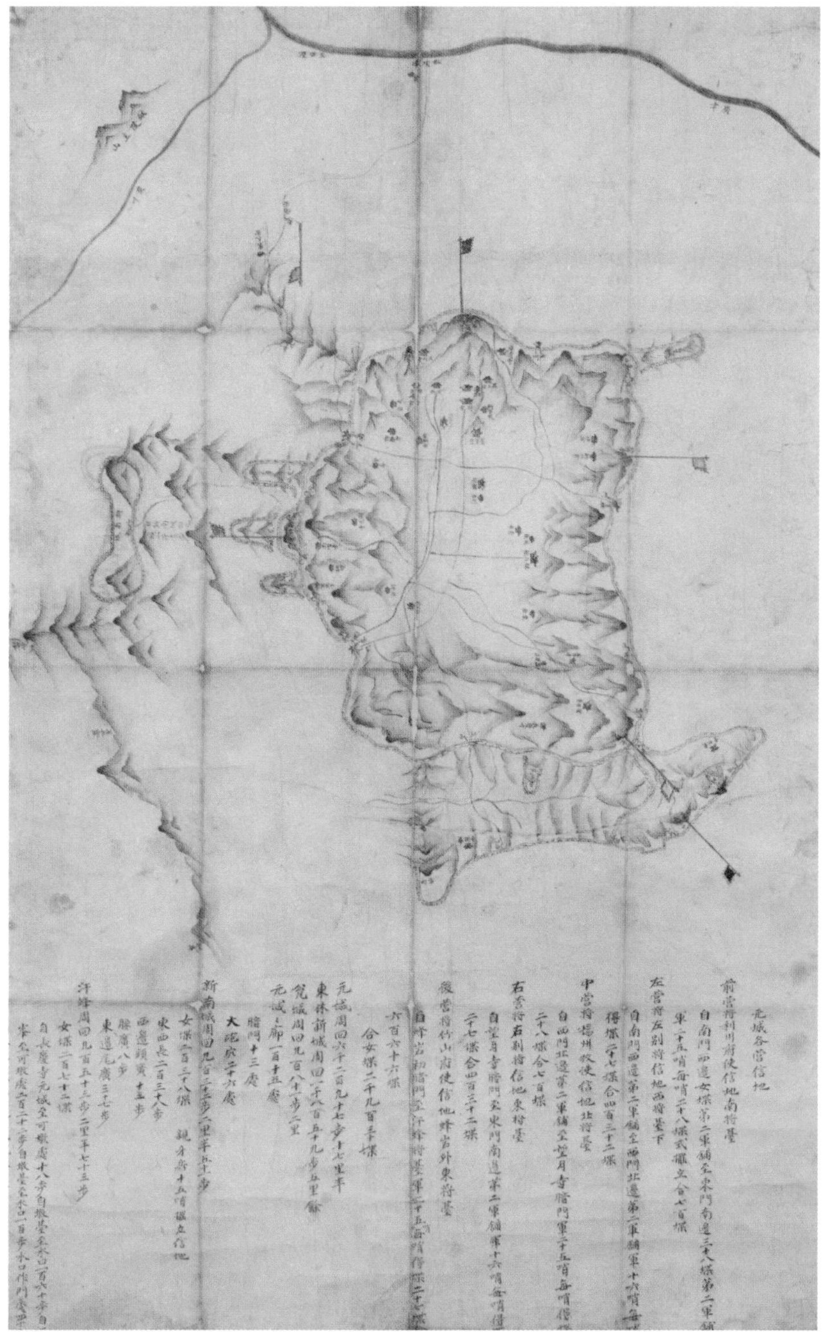

남한 산성 지도
19세기에 제작된 남한 산성 지도. 남한 산성의 원성(元城)을 비롯하여 외성·포루·돈·옹성·암문·장대·사찰 등이 상세히 기록된 전형적인 산성도이다. 국보 249호.

을 벌였습니다. 마침내 1637년 1월 2일 이후 청과 화의가 시작되었습니다. 20여 일이 지나는 사이에 강화도가 함락되고 세자빈과 대군들이 포로로 잡혔다는 소식이 전해졌습니다. 강화성이 함락되자 우의정을 지낸 김상용과 공조판서를 지낸 이상길은 자결합니다.

강화성 함락 소식이 전해지자 인조는 도리 없이 항복을 결심합니다. 1월 30일, 인조는 세자와 함께 삼전도에 설치된 수항단(受降壇)에서 청 태종에게 항복하는 '삼전도 치욕'을 겪어야 했습니다. 인조가 청 태종에게 세 번 절하고 아홉 번 머리를 조아리는 항복 의례(삼배구고두 항례)를 올렸고, 청 태종의 덕을 기리는 송덕비가 세워져 지금도 '삼전도비'라는 이름으로 전합니다. 청과 군신 관계 맺기, 왕자와 대신을 인질로 보내기, 성곽을 증축하거나 수리할 때 허락받기 등이 화약의 주된 내용이었습니다.

병자호란은 조선이 더 이상 명나라와 외교 관계를 이어 나갈 수 없게 만들었고, 오랑캐라고 멸시하던 청의 무력 앞에 무릎 꿇은 치욕적인 사건이었습니나. 조선은 재소지은의 나라 명나라와 외교 관계를 끊고 청이 명을 공격할 때 원병을 보낼 것과 조공할 것도 약속했습니다. 소현 세자와 봉

림 대군을 삼학사와 김상헌을 비롯한 신하들과 함께 인질로 보내야 했습니다. 또한 청나라에서 공녀를 요구하여 여자들을 뽑아 보냈는데, 이들이 나중에 조선으로 돌아오면서 '환향녀'라는 말이 생겨났습니다. 환향녀가 변해서 생긴 말이 행실이 좋지 못할 때 쓰는 화냥년이라는 욕설인데, 알고 보면 뼈아픈 역사가 담긴 이름입니다.

삼전도비
병자호란 때 청에 패배해 굴욕적인 강화 협정을 맺고, 청 태종의 요구에 따라 그의 공덕을 적은 비석이다. 조선 1639년(인조 17)에 세워진 비석으로 높이 3.95미터, 폭 1.4미터이고, 제목은 '대청황제공덕비(大淸皇帝功德碑)'로 되어 있다. 서울 송파구 석촌동.

병자호란의 영향 가운데 무엇보다도 중요한 것은 소중화*를 자처하던 조선의 자존심이 땅에 떨어졌다는 점입니다. 오랑캐라고 업신여기던 여진족의 나라 청에게 패배하여 군신 관계를 맺은 현실은 조선 백성들, 특히 양반 지식층에게 엄청난 충격이었습니다. 이제 어쩔 수 없이 조공을 바치기 위해 청나라에 사신을 보내야 했습니다. 그 동안 선진 문화를 보고 배우던 사신길이 이제는 별로 내키지 않는 임무가 되었습니다. 18세기 후반 들어 청의 발달된 문화를 수용해야 한다는 북학론(北學論)이 나오고 청에 대한 인식이 변하기 전까지, 어느 누구도 청나라 문물을 언급하기를 꺼렸습니다. 정치, 사회, 문화 모든 면에서 병자호란은 조선 후기의 사회와 문화 이모저모를 규정하는 사건이었지요.

소중화(小中華)
중국을 중화라 하는데, 이에 버금 간다고 하여 붙인 말이다. 또한 정치·경제·사회·문화 여러 측면에서 중화의 내용을 지니고 있다는 말이기도 하다.

시대가 만든 맞수 – 김상헌과 최명길

청의 두 번째 침입인 병자호란이 일어났을 때, 주화론과 척화론으로 극명하게 대립한 최명길과 김상헌은 시대가 만든 맞수이다. 같은 서인 계열에 속했던 두 사람이 다른 길을 걷게 된 계기는 인조 반정이었다. 최명길은 반정에 참여해 공신이 되었고, 김상헌은 의리와 명분을 내세워 가담하지 않았다.

병자호란이 일어났을 때, 김상헌과 최명길은 자신의 입장을 더욱 분명히 드러내며 서로 맞섰다. 최명길은 주화를, 김상헌은 척화를 주장한 것이다. 남한 산성에서 벌어진 주화파와 척화파 사이의 논쟁은 목숨이 경각에 달린 상황에서 명분과 실리 가운데 무엇을 먼저 따라야 하는지를 다툰 것이다. 주화는 청과 화의를 맺어 나라의 명맥을 지키고 백성의 곤욕을 덜어 보려는 것이었지만 명분을 저버린 선택이고, 척화는 청과 끝까지 싸우자는 주장이었지만 청의 군대에 대항할 만한 병력이 없는 상태에서 허풍에 불과한 선택일 수 있었다. 최명길이 항복 문서를 쓰면 김상헌이 빼앗아 찢어 버렸고, 최명길이 그것을 다시 주워서 붙이곤 했다는 내용이 전할 정도이다.

삼전도 치욕 이후 최명길은 전후 처리를 위해 청에 드나들었고, 김상헌은 척화파였다는 이유로 청나라 선양으로 잡혀 갔다. 그런데 얼마 지나지 않아 최명길도 청에 대한 복수를 계획했다는 이유로 붙잡혀 청나라에 끌려간다. 척화파와 주화파로 자기 입장을 내세우며 맞섰던 역사의 라이벌 김상헌과 최명길은 머나먼 청나라 땅에서 인질 신분으로 다시 만난다. 새로운 만남을 가진 두 사람은 서로 상대방 입장을 이해하게 된다. 그리하여 최명길은 죽음 앞에서도 당당한 김상헌의 태도에 탄복했고, 김상헌도 주화론이 진정으로 나라를 위한 주장이었음을 알게 되었다고 한다.

조선은 의리와 명분을 중요하게 여긴 사회였다. 김상헌의 후손은 숙종 이후 노론이 되어 정치 권력에 계속 참여했고, 뒷날 안동 김씨 세도 정치의 주역이 된다. 한편 최명길의 후손은 소론이 되어 힘을 잃은 채 강화도에서 양명학파를 형성하고 현실의 모순을 비판하는 지식인의 길을 걷는다.

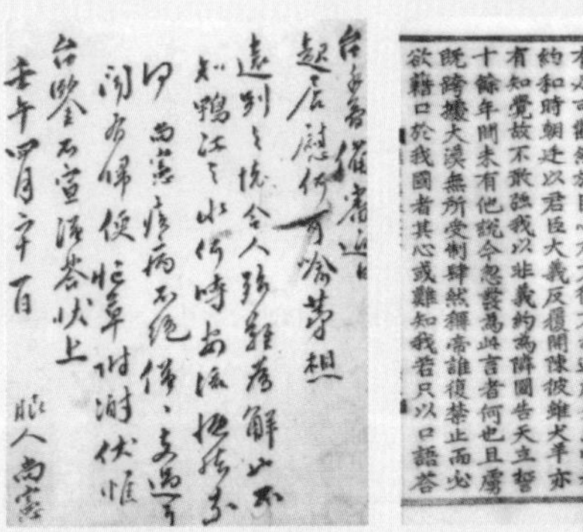

丙子封事第一
伏以臣病伏私室不與朝廷之議聞諸道路之傳
今此金叅之言悖慢凶狡有不忍聞凡有血氣孰
不憤惋欲死竊聞勾管問答廟堂覆書辭直理當
有足可觀然於臣心有不得不爲過慮者焉當初
約和時朝廷以君臣大義反覆開陳彼雖犬羊亦
有知覺故不敢强我以非義約爲隣國告天立誓
十餘年間未有他說今忽發爲此言者何也且虜
旣跨據大漠無所受制肆然稱帝誰復禁止而必
欲藉口於我國者其心或難知我若只以口語荅

김상헌이 보낸 편지(왼쪽) 청음 김상헌(1570~1652)의 글씨. 병이 끊이지 않아 겨우겨우 지내고 있다는 내용의 편지이다.

최명길의 지천집(遲川集) 최명길(1586~1647)의 시문집인 《지천집》 권11, 병자봉사(丙子封事) 앞 부분.

호란 이후 조선의 대응

소현 세자의 죽음과 효종의 즉위

병자호란이 마무리된 1637년, 소현 세자는 동생 봉림 대군을 비롯한 186명의 조선 사람들과 함께 당시 청의 수도였던 심양(지금의 랴오양)으로 끌려갔습니다. 심양관이라는 곳에 자리 잡은 소현 세자는 같이 끌려간 조선인의 의식주를 꾸려 나가야 했습니다. 소현 세자와 세자빈 강빈은 대규모 영농과 국제 무역을 통해 심양관의 재정 문제를 해결했습니다.

그런데 청은 병자호란 뒤 맺은 약속을 어길 경우 인조를 폐위시키고 소현 세자를 즉위시키겠다고 협박합니다. 이에 인조는 청이 자신을 내쫓을지도 모른다는 의심과 함께 소현 세자와 세자빈이 청과 너무 가까워지는 게 아닌가 걱정했습니다. 1640년에서 1642년 인조를 병문안하기 위해 귀국했다가 다시 심양에 돌아갔던 소현 세자는 1645년 1월, 2년 9개월 만에 조선으로 돌아옵니다. 이 때 소현 세자와 강빈은 여러 가지 서양 과학 기술과 문물을 가지고 오지요. 봉림 대군은 소현 세자보다 늦은 1645년 5월에 귀국했습니다.

소현 세자는 1644년 청나라 군대와 함께 베이징에 들어가 예수회 선교사 아담 샬(Schall, A)을 만나 천주교와 서양 과학을 접하기도 했습니다. 심양에 머물면서 그는 조선의 내정을 개혁해야겠다는 의지를 굳힙니다. 그런데 귀국한 지 두 달 만에 소현 세자는 의문의 죽음을 맞이합니다. 세자빈 강빈도 다음 해에 친정으로 쫓겨나 그 날로 사약을 받았습니다. 소현 세자의 죽음과 뒤이어 일어난 조선 왕실의 비극에 대해 혹시 소현 세자가 독살된 것이 아닌가 의심을 품는 이도 있습니다.

조선의 유학자들이 지켜야 할 종법에 따르면, 집안의 큰아들이 죽으면 동생이 아니라 장손(큰아들의 큰아들)이 마땅히 집안의 대표자 자리를 이어야 했습니다. 이러한 원칙은 왕실에서도 마찬가지였지요. 그런데 인조는 소현 세자의 장남이자 원손(元孫)인 석철을 무시하고, 세자의 동생인 봉림 대군을 다음 세자로 정합니다. 세자 결정 과정에서 인조는 여러 신하들에게 원손이 나이가 어리다는 점을 크게 부각시키면서 자신이 병이 있어 곧 죽을지도 모른다는 점을 누누이 강조했습니다. 신하들의 주장을 꺾기 위한 일종의 위협이었지요. 그리하여 소현 세자의 두 동생 가운데 나이가 많은 봉림 대군이 세자가 됩니다.

인조는 소현 세자의 아들이 아버지 뒤를 잇지 못하도록 하는 것에서 그치지 않았습니다. 1647년 석철 등 소현 세자의 세 아들을 제주도로 귀양보내 죽이고, 강빈의 친정 어머니와 두 오라버니까지 죽입니다. 어째서 인조는 종법을 완전히 무시하면서 봉림 대군을 세자로 앉혔을까요? 인조와 소현 세자 사이에 무슨 사연이 있었던 걸까요? 이에 대해서는 확실한 기록이 없습니다. 다만 당시의 상황을 볼 때, 앞서 말했던 인조의 의심과 반청 세력의 성장이 놓여 있지 않을까 추측할 따름입니다. 인조 말년은 친청 세력 중심으로 정국이 운영되었고, 소현 세자는 그 세력의 핵심 인물로 여겨졌을 테니까요.

1649년 5월 인조가 죽고 세자인 봉림 대군이 왕위에 올랐습니다.

나중에 효종이라는 묘호를 받은 임금이지요. 효종은 왕자 시절 몸소 청의 내부 사정을 경험했고, 병자호란의 치욕도 겪었습니다. 그런데 소현 세자가 서양 문물에 대한 이해를 넓히고 조선의 내정 개혁에 관심을 기울인 것과 달리, 봉림 대군은 청나라에 대한 복수와 명에 대한 의리 문제에 더 주력합니다. 나중에 송시열이 주장한 북벌 계획도 효종의 적극적인 후원 아래 구체화됩니다.

효종, 북벌을 준비하다

북벌(北伐)이란 북쪽으로 정벌한다, 곧 청나라를 정벌한다는 말입니다. 청에 볼모로 잡혀 갔다가 돌아와 인조를 이어 왕위에 오른 효종은 북벌을 추진합니다. 1652년 앞뒤로 청나라와 가까운 세력을 제거하고 군사력을 강화합니다. 먼저 수어청을 정비하고 어영군을 늘립니다. 그리고 친위병인 금군을 늘리고, 이완을 훈련 대장에 임명하여 훈련도감을 강화하고, 성을 보수합니다. 또 제주도에 표착한 네덜란드 사람 하멜을 시켜 신무기를 만들게 합니다. 그리고 송시열과 송준길 등 산림*을 등용하여 북벌에 따른 세부 계획을 세우고 군비 지출을 늘립니다.

효종은 북벌 준비를 위해 지방군도 정비하려 했습니다. 하지만 양역을 둘러싼 여러 가지 폐단과 거듭되는 흉년으로 제대로 이루어지지 못했지요. 17세기 후반의 잦은 자연 재해로 재정이 크게 어려웠기 때문에 중앙군 강화 작업도 곤란에 부딪혔습니다. 게다가 청은 명나라 세력을 완전히 소탕하고 안정기에 접어들어 조선을 엄격히

산림(山林)
재야 공론(公論)의 주재자로서 학문적 숭상을 받는 인물을 가리키는 말. 산림은 국왕의 부름을 받아 조정에 올라올 경우 성균관 제주(祭酒)나 세자 시강원 필선(弼善)과 같은 특정한 관직에 임명되었다.

송시열 초상화
송시열은 의리와 명분이라는 원칙에 철저하고자 했던 우직스런 선비의 대표적인 인물이다.

감시했기 때문에, 그들 눈을 피해 군비를 강화하는 데도 한계가 있었습니다. 서인의 영수 송시열은 효종을 적극 지지했지만, 효종 말년에는 군비 확충을 반대하는 쪽으로 돌아섰고, 1659년 효종이 죽자 북벌 계획은 물거품이 되고 맙니다.

조선은 북벌을 감행하지도 못한 채 청의 파병 요청에 원병을 보내야 했습니다. 1654년 청이 러시아 군대와 전투를 벌이면서 원병을 요청했기 때문입니다. 이를 '나선 정벌(羅禪征伐)'이라고 하는데, 나선은 러시아를 가리킵니다. 러시아는 17세기 이후 청나라 땅인 흑룡강 주변을 자주 침입했습니다. 당시 조선에서 파견한 조총 군사는 100여 명 정도였지만, 두만강을 건너 영고탑에서 청군과 합류하여 러시아 군과 전투를 벌여 승리를 거둡니다. 이후 1658년(효종 9)에도 역시 청의 요청에 따라 200여 명의 조총 군인을 2차로 파견했습니다. 북벌은커녕 청나라를 도와 정벌에 나설 수밖에 없었으니,

대명 의리론과 재조지은을 말하기가 쑥스러울 따름입니다.

한편 숙종 초에도 윤휴, 허적 등 남인을 중심으로 북벌론이 다시 제기되었습니다. 북벌을 담당할 기구인 도체찰사부를 두고, 산성을 쌓고 무과 합격자를 늘리고, 전차를 제조하는 등 군비를 강화했지요. 하지만 1680년 경신 환국으로 윤휴 일파가 조정에서 물러남에 따라 이 또한 실행에 옮기지 못합니다.

숙종, 대보단을 설치하다

숙종이 즉위한 뒤 중원의 사정은 효종이 북벌을 준비하던 시절과 크게 달라졌습니다. 1683년, 명의 마지막 세력이 청을 몰아내기 위해 일으킨 '삼번(三番)의 난'이 완전히 진압되었습니다. 윈난(雲南 : 운남)의 오삼계, 광저우(廣州 : 광주)의 상가희, 푸저우(福建 : 복건)의 경중명이 일으킨 난이었지요. 남아 있던 명의 세력이 중국 땅에서 모두 없어지면서 이제 북벌이란 가능성이 완전히 사라졌습니다. 따라서 숙종 이후 명나라에 대한 의리는 북벌이 아닌 다른 방식으로 나타날 수밖에 없었습니다.

그리하여 1704년 명이 망한 지 60년이 되는 해에 명나라 황제 신종과 의종을 제사 지내는 곳으로 대보단을 마련합니다. 대보단에 모신 신종은 임진왜란 때 명나라 군사를 파견한 황제이고, 의종은 명나라의 마지막 황제입니다. 명나라가 완전히 사라지면서 이전의 소중화 의식이 조선 중화 의식으로 바뀌어 나갑니다. 그러면서 청에 직접 복수하는 게 아니라 안으로 힘을 기르는 방안을 찾습니다.

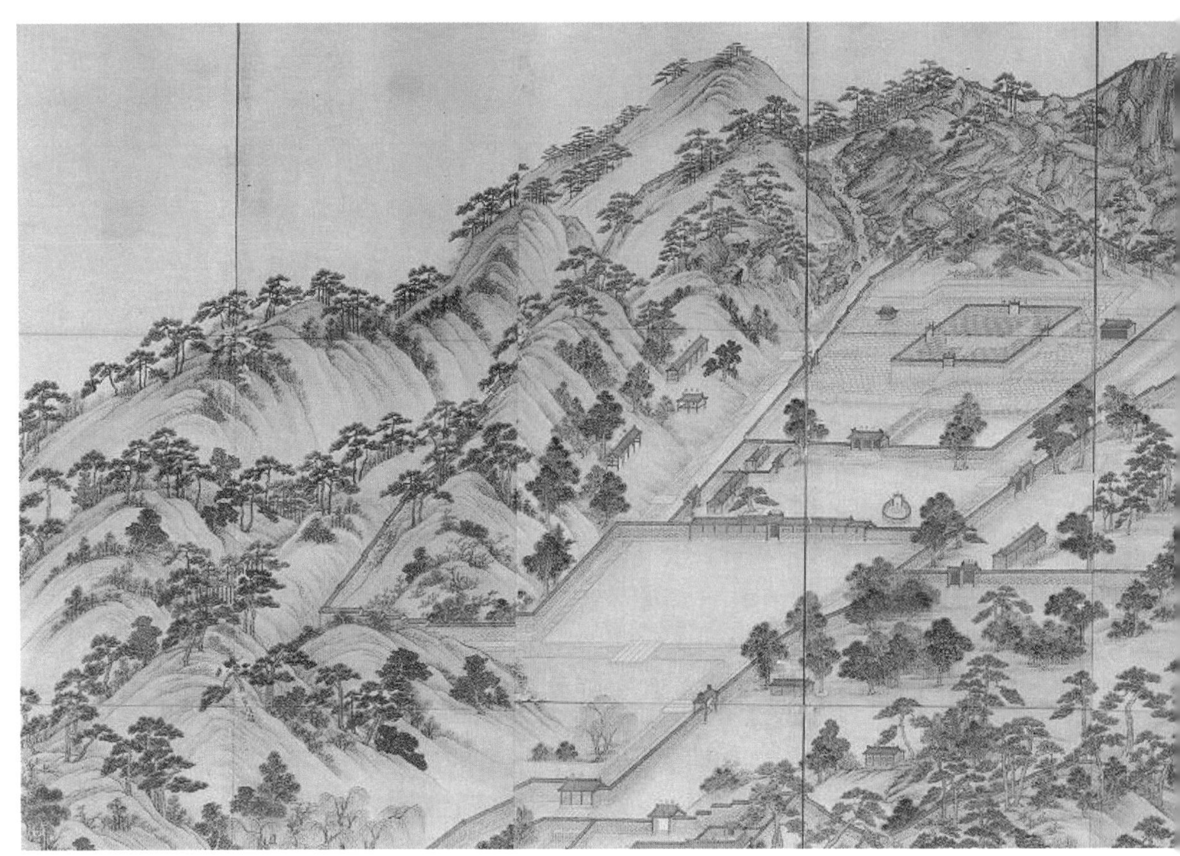

대보단 부근
창덕궁 북쪽에 설치된 대보단. 한 변의 길이가 7.5미터이고, 높이가 1.2미터인 정사각형 모양의 구조물이다. 동궐도의 부분 그림.

대보단은 송시열이 만든 화양동 계곡의 환장암*과 그가 남긴 뜻에 따라 만든 만동묘*의 의의를 나라에서 받아들여 세운 제단입니다. 명이 멸망하여 명 황제의 신주에 제사할 주체가 없어지자, 빈 자리를 조선이 대신해야 한다는 주장에 따라 만든 것이 대보단입니다. 대보단을 달리 '황단(皇壇)'이라고도 불렀습니다. 혹시라도 청나라가 간섭할지 몰라 사당을 만들어 제사 지내기를 포기하고 대신 단을 만

환장암(煥章菴)

17세기 학자 송시열이 명나라의 마지막 황제 의종의 친필을 보관한 건물로, 환장암은 "환하게 빛나는 글씨(의종 친필)를 모신 건물"이라는 뜻이다. 1674년(현종15) 민정중이 북경에 사신으로 갔다가 의종의 친필 "비례부동(非禮不動)" 네 글자를 구해서 송시열에게 주었다. 송시열은 네 글자를 화양동 계곡의 암벽에 새기고 그 원본을 보관하는 곳으로 환장암을 세운 다음, 의종과 신종을 제사 지내는 사당을 지으려 계획했다.

만동묘(萬東廟)

임진왜란 때 조선을 도와 준 데 대한 보답으로 명나라 신종을 제사 지내기 위해 1704년(숙종 30) 송시열의 제자 권상하가 주도하여 충북 괴산군 청천면 화양동에 지은 사당이다. 만동묘의 '만동'은 선조가 쓴 '만절필동(萬折必東)'이라는 구절에서 비롯하는데, 만절필동은 "(중국 황하가) 만 가지로 구부러지더라도 반드시 동쪽으로 흐른다"는 뜻으로 한 번 굳게 다짐한 절개를 갖은 고난이 있더라도 지켜 내겠다는 속뜻을 담고 있다. 선조는 이 구절에 조선과 명의 관계가 고난을 겪더라도 끝없이 돈독할 것이라는 뜻을 담았고, 송시열은 명에 대한 조선의 의리를 굳게 지켜야 한다는 뜻을 담았다.

든 것이지요. 나중에 영조 때에는 황단에 관련된 의식 절차를 보완하고, 명나라 태조까지 제향 대상에 넣고, 임진왜란과 병자호란의 충신과 열사를 배향합니다. 요즘 생각으로는 이해하기 어렵지만, 조선 시대의 성리학적 유교 질서 관점에서 보면 명에 대한 의리는 이해할 수 있는 일입니다.

예송과 환국으로 들끓는 조정

현종 때 예송이 벌어지다

현종이 왕위에 있던 때는 서인과 남인의 경쟁이 치열하던 시기였습니다. 서인과 남인은 여러 정책을 놓고 격론을 벌였지요. 이 두 붕당의 대립을 가장 잘 보여 주는 예가 두 차례에 걸쳐 벌어진 예송(禮訟)입니다. 예송은 일단 서인과 남인 사이에 정치 권력을 차지하기 위한 다툼이지만, 더 들여다보면 다툼만으로 해석할 수 없는 의미가 들어 있습니다. 예(禮)라는 것이 성리학에서는 도덕과 성정의 규범인 동시에 모든 가치 판단의 기준이므로, 예송을 다만 '쓸데없는 다툼'으로 볼 수 없기 때문입니다. 예는 구체적인 행동 규범이어서 어떠한 상황에서 어떻게 해야 하는지 논란거리가 될 수밖에 없습니다. 17세기에 일어난 예송을 자세히 살펴볼까요?

성리학자들은 《주자가례》를 기준으로 예를 따지고 실천에 옮겼습니다. 그런데 현실 생활에서 예를 실천하려면, 특히 조선의 실정에 맞는 예를 정립하려면 예에 대한 본격적인 탐구, 곧 예론과 예학을 반드시 연구해야 했습니다. 그리하여 서인과 남인 학자들은 예학을 부지런히 공부했고, 그 결과 붕당에 따라 예론이 조금씩 달라졌습니다. 현종 때 예송은 이와 같은 붕당의 예론, 예학을 바탕으로 전개되었지요. 예학에 대해서는 5장에서 자세히 다루겠습니다.

17세기 후반에 일어난 두 번의 예송은 서인과 남인이 정국 주도권을 장악하기 위해 예론에 대한 논쟁을 벌인 것입니다. 그 계기는 국상이었습니다. 국상이란 왕이나 왕비 등 왕실에서 일어난 초상을 말하는데, 이 때는 왕실에서 상복을 입어야 했습니다. 그런데 상복에 대해 서인과 남인이 서로 다른 의견을 내놓고 치열한 논쟁을 벌였고, 예송에서 승리한 붕당이 정권을 차지했습니다. 두 예송이 비록 15년이라는 간격이 있으나, 같은 맥락에서 일어난 연속되는 사건이며 논거도 같다는 점에서 한 사건으로 보기도 합니다.

첫 번째 예송은 1659년 효종이 세상을 떠나면서 일어났습니다. 효종이 죽자, 인조의 계비인 자의 대비 조씨가 어떤 복제*를 입어야 하는지를 놓고 서인과 남인 사이에 예송이 벌어졌습니다. 서인 대표 송시열은 1년 동안 상복을 입는 기년복을, 남인의 허목과 윤휴는 3년복을 주장했습니다. 서인과 남인 사이에 벌어진 예학 논쟁은 개인과 개인의 논쟁이 아니라 붕당 사이의 논쟁으로 전개되었습니다.

서인은 기년설을 주장하면서 조 대비가 이미 인조의 장자인 소현세자가 죽었을 때 3년복을 입었고, 또한 효종은 인조의 둘째 아들이이라는 점을 근거로 내세웠습니다. 어머니가 아들에 대해서 상복을 입을 때 큰아들인 경우 3년복을, 작은아들인 경우 기년복을 입는다는 논리였지요. 이에 대해 남인은, 효종은 둘째 아들이지만 인조의 뒤를 이었기 때문에 큰아들 대접을 해야 한다고 주장합니다. 왕위를 이어받았기 때문에 효종을 특별 대우하여 어머니뻘인 조 대비는 3년복을 입어야 한다는 것이지요. 첫번째 예송은 서인의 승리로 마무리되어 조 대비는 1년복을 입었습니다. 서인의 주장이 받아들여지면서 정권은 계속 서인이 잡았습니다.

서인은 기년설을 주장하면서 그 근거로 천하동례(天下同禮)라는 원

복제(服制)
친족들이 죽은 자에 대한 애도를 표현하기 위해서 입는 상복(喪服)에 관한 규정을 말한다. 재질이나 마름질하는 방법에 따라 구별되는 상복의 차이는 곧 상복을 입는 기간의 차이를 의미한다. 따라서 복제는 상복을 입는 기간을 가리킨다. 상복에는 다음과 같이 다섯 가지 상복(五服 : 오복)이 있다.
· 참최복–3년
· 자최복–1년(朞年 : 기년)
· 대공복–9개월
· 소공복–5개월
· 시마복–3개월

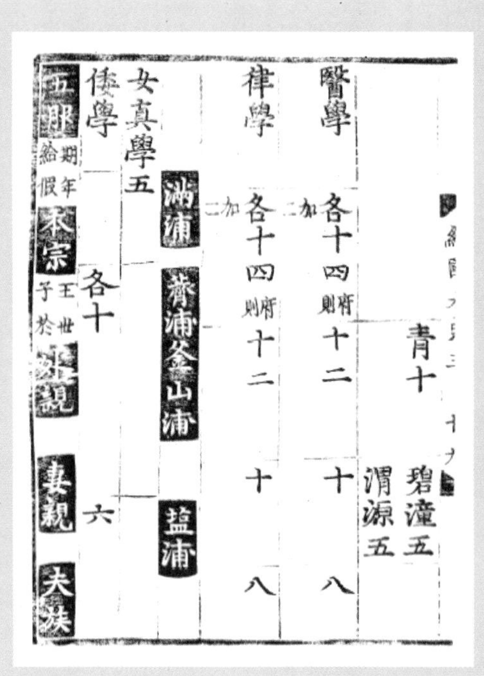

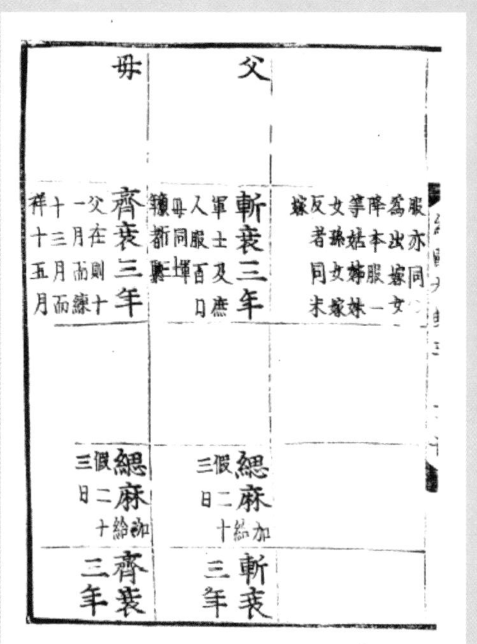

오복 규정
본종(本宗), 외친(外親), 처친(妻親) 등에 따라 상복을 입는 기간 등이 달라지는 점을 아주 상세히 표로 정리해 놓았다. 《경국대전》 〈예전〉에 나온다.

리를 내세웠습니다. 천하에 왕실과 사대부를 가림 없이 모두 동일한 예법을 지켜야 한다는 주장입니다. 왕실이라도 사대부 집단의 예법을 지키는 일에서 예외가 될 수 없다는 뜻이지요. 반면 남인은 3년설을 주장하면서 왕자례부동사서(王者禮不同士庶)라는 입장을 내세웠습니다. 왕실은 사대부 가문과 다른 특별한 존재로서 예법 또한 달라야 한다는 뜻입니다.

서인이 왕실과 사서, 곧 사대부와 서인을 모두 포함하는 일반 예법을 강조한 데에는 왕 및 왕실의 존엄성과 우월성을 중요하지 않게 파악하는 측면이 있었습니다. 이에 비해 남인은 왕 및 왕실의 특수성과 우월성을 강조하는 입장이었다고 할 수 있지요.

두 번째 예송은 1674년 효종의 부인인 인선 왕후 장씨가 세상을 떠나자 다시 조 대비의 복제를 놓고 벌어진 논쟁입니다. 효종의 부인이 조 대비에게 큰며느리냐 작은며느리냐를 따지는 논쟁이었지요. 이번에도 앞선 예송에서와 같은 논리로 서인은 대공복(9개월)을, 남인은 기년복을 주장했습니다. 이번에는 남인이 이겨서 서인을 밀어내고 정권을 잡았습니다. 이 때 남인 안에서 송시열 세력을 단호히 처벌해야 한다는 강경파와 이를 반대하는 온건파로 나뉘었는데, 이들을 각각 '청남(淸南)', '탁남(濁南)'이라고 부릅니다. 정권을 장악하는 순간 남인 내부에 분열이 나타난 점이 흥미롭군요.

두 차례에 걸친 예송의 가장 밑바닥에는 효종이 둘째 아들이면서 왕위를 계승했다는 사실이 놓여 있습니다. 예송은 겉으로는 왕실이 상복을 입는 기간을 문제 삼은 논쟁이었습니다. 하지만 성리학의 핵심인 종법을 왕실에서 어떻게 실천해야 하는지를 놓고 벌인 성리학 이념 논쟁이라고 할 수 있습니다. 아버지에서 아들로 이어지는 계통의 흐름을 큰아들 중심으로 설정하는 종법의 원리를 왕실에서도 그대로 따라야 하는지, 아니면 예외를 줄 수 있는지가 중요한 쟁점이었지요. 예송의 당사자인 서인과 남인은 격렬히 논쟁했습니다.

여기에서 우리는 아직까지 붕당이 서로 상대방의 존재를 인정하고 있고, 나아가 상대 세력을 죽이는 것과 같은 보복이 없었다는 점을 눈여겨봐야 합니다. 따라서 이 시기는 붕당 정치의 완숙기라고 평가할 수 있습니다. 서인과 남인 두 붕당이 내세운 근거가 무엇이었든, 근본적으로는 학문적 견해 차이가 예론 차이로 나아가 예송으로 번진 것이라고 해석할 수 있지요.

환국의 전성 시기

1674년 숙종이 즉위한 뒤, 붕당 정치의 흐름이 크게 뒤바뀌어 이른바 환국이 자주 발생하면서 각 붕당의 공존 체제가 서서히 무너집니다. 환국(換局)이란 어느 한 붕당에서 다른 붕당으로 정권이 순식간에 넘어가는 것을 말합니다. 대개 한 붕당이 왕권을 업고 정권을 일순간에 장악하는 형태이지요. 따라서 환국이라는 정변 자체가 붕당 사이의 견제와 균형의 원리가 무너지고 상대 세력을 인정하지 않는 일당 전제를 가리키는 셈입니다.

환국이 벌어질 때마다 상대 당에 대한 처리 문제를 놓고 붕당 안에서 다시 분열이 생기기도 했습니다. 서인에서 나뉜 노론과 소론, 그리고 남인이 번갈아 집권하면서 상대 당을 탄압하고, 이어서 상대 당을 배제하는 정도가 아니라 아예 죽여 버리는 보복이 이루어졌습니다. 게다가 노론과 소론의 분쟁은 왕위 승계 문제와 연결되면서 더욱 격렬해졌지요. 사실 신하들의 붕당이 왕위 계승에 개입하는 것 자체가 왕권을 위협하는 행위였습니다. 숙종 후반 들어 왕권을 강화하려는 탕평론이 제기되는데, 바로 이러한 배경에서 나왔지요.

숙종에서 영조 초에 이르는 '환국의 전성 시기'는 붕당 정치의 쇠퇴기이지만, 동시에 새로운 정치 체제로 바뀌는 시기이기도 합니다. 그리고 노론이 주도하는 일당 전제가 형성되고, 사회·문화적으로 조선 후기의 유력한 특권 세력으로 성장하는 경화 사족*이 자리 잡는 시기이기도 합니다.

숙종 초반에는 두 번째 예송에서 승리한 남인들이 정국을 주도했습니다. 그러다가 1680년(숙종 6)에 일어난 경신 환국으로 남인이 물

경화 사족이란?

경화 사족은 서울과 인근 지역에 뿌리를 내리고 중앙 학계를 이끌어 가면서, 관료 생활을 병행하며, 자제 교육과 학문 교류, 혼인 등으로 긴밀한 연계를 맺고 있던 유력한 사족층을 가리킨다. 서울과 지방의 경제 · 문화적 격차로 인하여 17세기 중반 이후 서울과 향촌의 격차가 심해지면서 18세기 중반 이후 등장했다. 명문 벌족, 교목세가, 벌열 등으로 불리기도 했다. 이는 고위 관직을 지내면서 혼인망과 학연, 지연으로 연결되어 하나의 커다란 세력을 형성한 가문을 여러 가지로 표현한 말이다.

러나고 서인이 정권을 잡습니다. 1680년 4월, 당시 남인의 영수이며 영의정이었던 허적의 서자 허견이 숙종의 5촌인 복창군·복선군·복평군 3형제와 결탁하여 역모했다는 고발이 들어오고, 이들이 모두 잡혀 와 고문 끝에 처형되었습니다. 동시에 허적도 처형되면서 남인이 실각하고 서인이 정권을 장악합니다. 그런데 남인에 대한 보복을 어느 정도까지 할지를 놓고 서인들 사이에 분열이 생겨났습니다.

경신 환국으로 다시 정권을 잡은 서인 안에 갈등이 일어나면서 노론(老論)과 소론(少論)으로 갈렸습니다. 1683년에 노선 싸움이 시작되어 1684년에 완전히 갈라섰지요. 서인 내부의 분열은 사상계의 재편이나 변화로 볼 수 있습니다. 노론은 이이의 적통임을 자부하는 데 반해, 소론은 성혼의 학통을 계승한 것입니다.

서인이 소론과 노론으로 갈린 계기 가운데 하나는 스승과 제자인 송시열과 윤증 사이에 일어난 갈등이었습니다. 윤증의 아버지이자 송시열의 친구인 윤선거의 묘갈명*을 둘러싼 갈등이었지요. 윤선거

묘갈명(墓碣名)
묘소에 세우는 비석에 고인의 간략한 생애를 새겨 넣기 위해 지은 글.

강희언이 그린 〈사인삼경도〉

이 그림에 나오는 선비들의 모습이 바로 경화 사족의 일상이었을 것이다.

① 글씨를 쓰는 선비들(士人揮毫)
② 시를 읊고 있는 선비들(士人詩吟)
③ 활쏘기를 하는 선비들(士人射藝)

송시열 초상
조선 중기의 명신이자 대학자였던 우암 송시열(1607~1689)의 초상화 상반신 부분. 충북 괴산군 청천면 청천리 송철호 소장.

윤증 초상
화원 변량(卞良)이 그린 윤증의 초상. 충남 논산시 윤완식 소장.

는 병자호란 당시 강화도에서 세자를 모시던 중 강화도가 함락될 때 노모가 있던 고향으로 도피했습니다. 애초에 성리학자로 이름 높았던 윤선거는 이 일 뒤 관직 진출을 포기하고 향촌에서 독서와 연구에 몰두했습니다.

1669년 윤선거가 죽은 뒤 아들 윤증이 송시열에게 아버지의 묘갈명을 지어 달라고 부탁합니다. 그러자 송시열은 윤선거에 대한 평가를 유보한 채 박세채가 지은 윤선거의 행장*에 나오는 평가를 인용하는 방식으로 묘갈명을 지어 주었습니다. 당시 기준에서 볼 때 송

행장(行狀)
죽은 사람의 일생을 간략하게 기록한 글. 가문, 출생과 성장 과정, 관직 이력, 행적 등을 주요 내용으로 삼았다. 대개 친구, 후배, 제자가 고인의 후손의 부탁을 받아 지었다.

시열의 이러한 글쓰기는 사실상 윤선거를 낮추어 보는 것이나 마찬가지였습니다. 이에 윤증은 묘갈명을 다시 지어 주기를 요청했고, 송시열이 이를 거부하면서 일어난 논란이 송시열과 윤증 사이의 사제(師弟) 갈등입니다. 사제 갈등에 주변 인물들도 끼어들면서 논란이 깊어졌는데, 이에 관련된 전반적 논란을 통틀어서 '회니 시비(懷尼是非)'라고 부르기도 합니다. 충청도 회덕에 거주하던 송시열과 이산(尼山, 현재 논산군 노성면)에 거주하던 윤증 사이의 시시비비라는 뜻이지요.

회니 시비라는 스승과 제자의 갈등은 개인이나 사제 간의 대립인 동시에 병자호란의 후유증을 극복하는 과정에서 나타난 문제로 볼 수 있습니다. 병자호란 당시에도 주화냐, 척화냐를 놓고 대립이 있었는데, 그 뒤 병자호란 때 일어난 여러 사건을 평가하면서 명분론과 실리론 중에서 어느 쪽을 더 중시해야 하는지를 놓고 많은 논란이 일어났습니다. 이 때 송시열의 입장이 명분론적 평가를 대표한다면, 윤증의 입장은 현실론을 중시하는 것이었습니다. 이러한 명분론과 현실론이라는 입장은 경신 환국 이후 남인에 대한 처리 문제에 그대로 드러났고, 강경론과 온건론의 대립으로 나타났습니다. 결국 남인에 대한 대응 방식을 놓고 서인 안에서 대립이 생겨나 노론과 소론으로 나뉜 것이지요.

1689년(숙종 15)에는 기사 환국(己巳換局)이 일어납니다. 남인이 숙종의 환심을 사서 서인을 몰아내고 다시 집권한 사건이지요. 당시 숙종은 인현 왕후에게서 아들을 얻지 못하고 후궁인 희빈 장씨에게서 아들을 얻었습니다. 남인들이 장 희빈의 아들을 원자(元子, 아직 세자에 책봉되지 않은 임금의 맏아들)로 삼는 것에 찬성하고 서인들이 반대한 것입니다. 남인이 다시 집권하면서 원자의 생모인 희빈 장씨가 왕비가 되고 인현 왕후 민씨는 쫓겨났습니다. 이 무렵 송시열은 희빈 장씨의 소생이 원자가 되는 것을 반대하는 상소를 올렸습니다. 정비*인 민씨가 아직 젊으므로 아들이 생기기를 기다려 적자로 왕위를 계승함이 옳다는 주장이었지요. 기사 환국으로 서인이 남인에게 정권을 내준 다음 송시열은 제주도로 유배를 당하고, 곧 뒤쫓아 온 사약을 받고 세상을 뜹니다.

그로부터 몇 년 뒤인 1694년에 다시 갑술 환국(甲戌換局)이 일어납니다. 남인이 실각하고 소론이 득세하게 된 사건이지요. 집권한 남인이 소론 김춘택 등이 추진한 폐비 민씨 복위 운동을 저지하려 하자, 인현 왕후를 쫓아낸 사실을 후회하던 숙종이 남인을 몰아낸 사건입니다.

갑술 환국은 특히 남인에게 뼈아픈 사건이었습니다. 정권에서뿐만 아니라 조정에서도 크게 멀어졌기 때문입니다. 남인은 한참 뒤인 18세기 후반 정조 때에 가서야 정치 권력에 다가설 기회를 잡습니다. 왕비 자리에 올랐던 장씨는 이 사건으로 다시 희빈으로 강등되어 사약을 받고 인현 왕후가 복위되었으며, 이미 세상을 떠난 송시열을 비롯한 서인 세력이 억울함을 풀게 됩니다.

이후 노론과 소론은 왕위 계승 문제에까지 관여하면서 정권 다툼을 이어 나갑니다. 17세기 말에 이르러 남인이 정계에서 거의 사라지자, 노론과 소론은 여야(與野)로서 역할을 나눠 조정에서 주요 정파로 활동합니다.

정비(正妃)
임금의 본부인인 왕비를 후궁에 빗대어 일컫는 말.

①

②

궤장을 받고 연회를 베푸는 과정

이경석이 궤장을 받고 연회를 베푸는 과정을 그린 그림이다. 병자호란 당시 삼전도 비문을 어쩔 수 없이 지었던 그 이경석이다. 《경국대전》에 따르면 벼슬이 1품에 이르고 나이가 70세 이상이 된 자로서 국사에 관계되어 은퇴하지 못하는 관료에게는 왕이 궤장(机杖)을 내렸다. 궤는 의자이고, 장은 새 장식이 붙은 지팡이다. 궤장을 하사받은 관료는 영은연(迎恩宴)이라는 연회를 열었다. 1668년(현종 9) 11월 당시 영중추부사였던 이경석(1595~1671)이 궤장을 하사받고 연회를 베푼 과정은 다음과 같다.

① 궤장 도착

교서를 실은 가마와 궤장을 실은 연 등과 의식을 거행할 관리들이 이경석의 집에 도착하고 있다. 〈이경석사궤장연회도 1〉, 1668.

② 궤장 하사

차일 아래 왕이 하사한 술항아리가 놓여 있고, 가운데에서 승정원 주서가 임금이 내린 교서를 읽고 있다. 그림 한가운데에서 이경석이 교지 내용을 듣고 있다. 〈이경석사궤장연회도 2〉, 1668.

③ 궤장사은 – 영은연(迎恩宴)

교서를 넣은 함이 놓인 탁자와 궤장이 위에 있고, 영은연 참석자들이 각자 독상을 받고 앉아 있다. 오른쪽 구석에 자리 잡은 악공들의 반주에 맞추어 처용무가 공연되고, 이경석이 술잔을 받고 있다. 〈이경석사궤장연회도 3〉, 1668.

숙종 후반 탕평론이 등장하다

갑술 환국 이후 소론과 노론의 갈등 속에서 탕평론이 등장합니다. 탕평론은 소론의 이론가 박세채가 왕권 강화를 위해 제기했습니다. 박세채는 이이의 붕당론을 계승하면서 탕평론을 주장했고, 숙종도 탕평론에 커다란 관심을 기울였습니다. 영조 이후 탕평 정치에서 나타난 탕평 논리는 실제로 숙종 후반에 등장한 것입니다.

환국이 자주 발생함에 따라 한 붕당이 정권을 독점하는 경향은 붕당 사이의 균형을 깨뜨렸을 뿐만 아니라 결국 왕권 약화로 이어졌습니다. 게다가 조정은 환국으로 말미암아 혼란과 무질서가 계속되었고, 상대 붕당에 대한 탄압에는 반드시 보복이 뒤따랐으며, 보복은 다시 보복으로 되풀이되었습니다. 환국은 또한 향촌 사회 또는 조정에서 공론을 마련하는 데 커다란 걸림돌이 되었습니다.

박세채가 들고 나온 탕평론에는 어떤 배경이 깔려 있을까요? 가장 먼저 군주는 하늘의 이치에 따라 솔선수범하는 왕도 정치를 해야 하는데, 그러기 위해서는 탕평(蕩平), 곧 붕당 어느 한 편에 치우치거나 편들지 않고 공평한 정치를 수행해야 한다는 명분입니다. 또 관료 입장에서도 붕당끼리 공존을 전제로 하는 여론 정치가 무너지는 환국은 곧 관료 집단 자체를 위협하는 것이기에 환국 발생을 막기 위해서도 탕평이 필요했습니다. 마지막으로 약해진 왕권을 다시 일으켜 세우려는 군주 입장에서도 탕평론은 필요했습니다. 붕당 사이의 경쟁과 다툼이 심각해지면서 다음 왕위 계승자를 신하들이 선택하는 상황까지 갈 수 있기 때문에 왕권을 강화할 필요가 있었지요.

갑술 환국 이후 박세채가 제기한 탕평론은 인조 때와 같은 서인과 남인의 탕평을 주장한 것입니다. 그는 지금은 주자나 구양수 시대와 달라서 군자당과 소인당의 틀에 맞출 수는 없지만, 붕당에도 들지 못하면서 이익만 좇는 간신들 무리인 권간당(權奸黨)은 엄밀히 구별해야 한다고 강조합니다. 권력을 장악한 뒤에 나타나는 권간당의 폐해를 없애려면 붕당끼리 바람직한 관계를 세워야 한다면서 이이가 내세웠던 조제보합의 논리를 다시 상기시켰지요. 결국 탕평에 따라 군주와 신하가 욕심을 버리고 모두를 위한 이익을 우선으로 여기면, 절의와 덕행을 숭상하여 인사(人事)가 공정해지고, 붕당 사이의 갈등이 자연히 해소되면서 정치가 태평할 것이라고 주장했습니다. 탕평론의 핵심은 관직 임용에서 공정하고 공평해야 한다는 주장이지요.

숙종은 박세채의 탕평론에 많은 관심을 보였지만, 실제로는 정치적 입장에 따라 한 당파를 일시에 내몰고, 상대 당파에게 정권의 힘을 송두리째 실어 주는 환국 방식을 자주 선택했습니다. 경신 환국, 기사 환국, 갑술 환국이 다 그렇습니다. 뿐만 아니라 1716년 병신 처분(丙申處分)에서 윤증이 스승 송시열을 배신했다고 단정하고, 노론 중심의 일당 전제화를 용인한 것도 숙종의 정국 운영 방식을 잘 보여 줍니다.

경종과 신임 의리

숙종 후반에 이르러 노론이 중심이 되어 정국을 이끌어 갔지만, 그래도 소론에게는 왕세자라는 든든한 배경이 있었습니다. 숙종 뒤를 이어 왕이 될 왕세자는 장 희빈의 아들입니다. 숙종의 병환이 깊어지면서 1717년(숙종 43)부터 대리청정*에 나선 왕세자는 1720년 숙종이 세상을 뜨면서 국왕 자리를 이었습니다. 이 국왕이 겨우 4년도 왕위에 있지 못한 경종(景宗)입니다.

경종이 즉위한 직후 노론은 경종 이후를 대비하는 차원에서 성급히 발걸음을 옮겼습니다. 나중에 노론의 4대신으로 불리는 영의정 김창집, 좌의정 이건명, 영중추부사 이이명, 판중추부사 조태채가 경종이 병약하고 아직 아들이 없기 때문에 빨리 왕세자를 정할 필요가 있다고 주장한 것입니다.

당시 소론의 우의정 조태구, 사간 유봉휘가 세자 책봉의 부당함을 상소했으나 뜻을 이루지 못했습니다. 그리하여 경종은 1721년 배다른 동생 연잉군을 세제*로 책봉합니다. 그런데 노론은 여기에서 그치지 않고 더 확실한 후계 체제를 결정하려고 합니다. 1722년 왕세제에게 대리청정시킬 것을 주장하기에 이르렀지요.

국왕이 버젓이 자리를 지키고 있는데 세제에게 대리청정시킬 것을 요구하는 것은 참으로 무리한 주장이었습니다. 여하튼 조정에서 대리청정을 위해 실행해야 할 세세한 규정을 논의하넌 가운데 소론의 승지 김일경이 노론 대신 네 명을 4흉(凶)으로 공격했습니다. 이때 목호룡이 이른바 '삼수역안'을 내놓으면서 역모를 고발합니다.

삼수역안(三手逆案)이란 '경종을 왕위에서 몰아내기 위해 적어 놓은 세 가지 역모 방법'이라는 뜻입니다. 세 가지 방법은 대급수(大急手), 소급수(小急手), 평지수(平地手)였다고 전하는데, 대급수는 자객을 보내 경종을 시해하는 것이고, 소급수는 경종을 폐위시키는 방안, 평지수는 독을 이용하여 경종을 독살하는 것이었다고 합니다.

대리청정(代理聽政)
재위하고 있는 국왕을 대신하여 정치를 하는 것.

세제(世弟)
다음 왕위 계승자로 선정된 현 국왕의 동생. 아들이면 세자(世子), 손자면 세손(世孫)이라 부른다.

삼수역안에 연관된 인물을 문초하는 과정에서 많은 노론측 인사들이 관련자로 등장했습니다. 그리하여 노론측 인물 가운데 많은 사람이 극형을 당했고, 앞서 언급한 노론 대신 네 명도 사형당했습니다.

1721년 세제 책봉에서 1722년 삼수역안에 이르는 사건을 신임옥사(辛壬獄事) 또는 신임사화(辛壬士禍)라고 합니다. 1721년이 신축년이고 1722년이 임인년이어서 '신임'이라는 이름이 붙었지요. 2년에 걸친 이 사건과 관련해서 노론과 소론의 행적을 어떻게 평가할 것인지가 논란거리가 되었습니다. 노론측 인사와 소론측 인사 가운데 어느 쪽 행적이 정당하고 의리에 합당했는지를 따지는 것을 '신임 의리 문제'라고 불렀습니다. 그리고 대리청정과 삼수역안 문제에 있어서 양쪽 모두 잘못이 있기 때문에, 신임 의리의 진정한 담당자를 확정하기란 매우 어려웠습니다. 따라서 노론과 소론 모두 의리 존재 여부와 세부적 의리를 해석하는 문제에 이르기까지 논란을 벌였고, 각각 내부에서 강경한 입장과 온건한 입장이 나타났습니다.

그런데 오늘날 신임 옥사 또는 신임사화의 실체를 조사하는 것 또한 무척 어렵습니다. 영조 때 이 사건에 관련된 모든 기록을 불태워 버렸기 때문이지요. 따라서 신임 의리에 관련된 기초 자료는 사라지고 당시의 주장만 남아 있는 셈이라 현재 시각에서 이 사건을 객관적으로 해석하기란 매우 어렵습니다.

3

경제가 달라지고 도시가 성장하다

경제 체제 변동과 도시화

농업 생산력이 늘어나다

벼농사 기술의 발달

조선 왕조의 경제 체제를 설명할 때 빼놓을 수 없는 부분이 당시 사용했던 생산 기술입니다. 무엇보다도 어떠한 방법으로 농사를 지었는지 살펴볼 필요가 있지요. 예나 지금이나 먹을거리는 사람에게 없어서는 안 될 중요한 것들 가운데 하나이고, 특히 당시에는 먹고 살려면 농업 생산이 반드시 필요했습니다.

15세기까지 벼농사를 지을 때 농민들이 활용한 방법은 직파법(直播法)이라고 부릅니다. 직파법은 벼농사를 짓는 답*에 볍씨를 직접

답(畓)
논을 가리키는 글자로, 우리나라에서 만들어 사용하는 한자(漢字)이다. 풀어서 쓰면 수전(水田)이어서 논을 가리키는 글자로 적당하다.

심사정이 그린 벼 베기
가을이 되어 벼가 익으면 논에서 벼를 베어 낸다. 18세기 중엽.

뿌리고 계속 그 자리에서 벼를 기르는 방식입니다. 그런데 16세기 중반 이후 벼농사 기술이 발달하면서 이앙법이 널리 보급됩니다. 이앙법은 지금까지 이어져 오는 모내기 기술이지요. 모판을 만들어 볍씨를 촘촘하게 뿌리고 싹을 틔워 일정하게 자랄 때까지 키운 다음 물을 댄 본답*에 옮겨 심는 방식이지요. 이런 변화는 어째서 생겼을까요?

이앙법의 원리는 이미 고려 말부터 알려져 왔습니다. 그리고 15세기에 만들어진 《농사직설》에 이앙법을 실행하는 방법이 잘 소개되어 있지요. 그런데 이앙법에는 모내기할 때 비가 적당히 내리지 않으면 1년 농사를 몽땅 망치는 문제가 있었습니다. 따라서 농민들이 이앙법을 널리 채택하기 위해서는 물 문제를 해결할 기술이 반드시 필요했습니다.

16세기 중후반 이전까지는 경상도와 강원도 일부 지역에서만 이앙법을 실행했습니다. 그런데 경상도 고성의 예에서 이앙법이 널리 퍼지게 된 중요한 이유를 찾을 수 있습니다. 세종 때 정치라는 사람

본답(本畓)
본디 벼를 키울 답으로 모판과 상대되는 개념이다. 모를 옮겨 심고 수확할 때까지 키우는 논을 가리킨다.

이 경상도 고성에서 옮겨 심기를 해야 하는 이유로 토질 문제를 제기했습니다. 그에 따르면 여러 토양 가운데 점토질이 있는데, 이러한 토질에서는 옮겨 심기를 할 수밖에 없다는 지적이었지요. 이러한 지적이 과학적으로 근거가 있는 것은 아니지만, 당시에 토질을 특정 농사법을 채택한 이유로 제시했다는 데에 의미가 있습니다.

그렇다면 벼농사에 이앙법을 적용하면 어떤 이점이 있을까요? 크게 세 가지로 말할 수 있는데요, 먼저 잡초를 없애는 제초 노동력이 크게 줄어들었습니다. 김매기라고도 하는 제초 작업은 굉장히 힘든 일이었습니다. 그런데 이앙을 하면 직파에서 4~5차례 해야 하는 제초 작업을 2~3차례로 그칠 수 있지요. 19세기의 유명한 농학자이자 관료인 서유구도 농민들이 직파법 대신 이앙법을 채택하는 이유를 세 가지 들었는데, 그 가운데 하나가 제초에 드는 수고를 줄일 수 있다는 점이었습니다. 이 점과 관련해서 《조선왕조실록》에는 농민들이 김매기를 게을리 하기 위해서 이앙법을 채택한다는 지적도 나왔습니다.

둘째, 이앙법을 쓰면 벼 수확량이 증가했습니다. 서유구도 이와 관련하여 두 가지를 지적했지요. 모판과 본답이라는 두 곳의 땅힘(地力 : 지력)을 이용하여 벼를 기를 수 있고, 모내기 과정에서 좋지 않은 모를 솎아 내고 튼튼한 모를 고를 수 있다는 점이었습니다. 튼튼한 모를 키우면 수확량 또한 늘어나게 마련이지요.

셋째, 이앙법을 하면 하나의 논에서 벼와 보리를 연이어 경작하는 도맥 이모작(稻麥二毛作)을 할 수 있었습니다. 직파법에서는 보리를 수확한 다음 그 자리에 계속 벼를 경작할 수 없는데, 이앙법에

지역 농서 편찬

농서(農書)는 농사짓는 법을 기록한 책을 가리킨다. 1429년에 세종의 명으로 편찬된 《농사직설》이 대표적인 조선의 농서이다. 그런데 농사짓기가 이미 수천 년 전부터 시작된 것을 생각할 때 농사짓는 법은 지역마다 고유의 특색을 지녔을 것이다. 따라서 농사법을 정리한 농서도 지역의 특색을 지닐 수밖에 없다고 추정할 수 있다.

조선에서는 16세기 후반에 지역 농서가 등장한다. 1590년 무렵 전라도 지역에 살던 유팽로가 지은 《농가설》이 지역 농서이다. 이후 여러 농서들은 지역 농서 성격을 띠었다. 적어도 지역적 농법의 특색을 담지 않은 농서는 없을 것이다.

17세기 초반에 편찬된 지역 농서로 고상안이 지은 《농가월령》이 있다(139쪽 참조). 지역 농법의 특색을 담은 지역 농서가 폭발적으로 등장하는 시기는 18세기 후반이다. 《조선 3》에서 설명하겠지만, 1798년 정조가 농서를 구한다는 왕명을 내리자 전국의 관리, 유생 등이 자신이 살고 있는 지역의 농업 기술 특색을 정리한 지역 농서를 올렸다.

서는 가능했다는 말입니다. 두 작물의 성장 시기가 한 달 정도 겹치기 때문이었지요. 보리를 수확하기 한 달 정도 이전에 벼를 파종해야 하는데, 이앙법을 하면 이 기간 동안 모판에서 모를 키울 수 있었습니다.

이앙법의 이점이 아무리 많다고 해도 앞서 지적한 물 문제를 해결하지 못했다면 실제로 벼농사에 널리 쓰이기 어려웠겠지요? 우리 조상들은 이 문제를 해결했습니다. 먼저 튼튼한 모를 키우기 위해 모판을 철저히 관리하고, 모에 여러 가지 거름을 주는 기술을 개발했습니다. 여기에다 이앙법을 보완해 주는 건앙법을 개발해 가뭄 피해를 줄일 수 있었지요. 건앙법이란 건앙, 곧 물을 채우지 않은 모판에서 키운 모를 본답에 옮겨 심는 방법입니다. 이 기술로 가뭄 때에도 모를 키울 수 있었지요. 이렇게 16세기 중후반 이후 이앙법에 필요한 여러 기술이 개발되면서 이앙법이 널리 퍼질 수 있었던 것입니다.

이앙법은 16세기 이후에 등장하는 여러 자료를 볼 때, 16세기 후반부터 하삼도 지역 전체로 퍼져 나갔습니다. 그리하여 이앙법에 적합한 벼 품종이 개발되고, 또한 지역끼리 교류하면서 이앙법 기술을 전해 주기도 했습니다. 이앙법은 17세기를 거치면서 널리 보급되었고, 18세기 무렵에는 하삼도 지역의 70~80퍼센트에 이르는 논에 채택됩니다. 이앙법 보급으로 벼농사에 들어가는 노동력이 절약되었고, 그만큼 1인당 경작 규모가 넓어졌습니다. 또 벼농사 수확량이 늘어나면서 농업 생산력 전체가 커졌고, 그 결과 빈부 격차와 미곡의 상품화가 빨리 진행됩니다.

밭농사 기술과 시비법 발달

조선의 밭농사는 크게 볼 때 한 밭에서 1년에 한 번 경작하는 방식에서 두 번 경작하는 방식으로 발전했습니다. 이와 더불어 밭을 경작하는 기술이 크게 달라졌고, 거름을 주는 방법도 한층 발달했습니다. 또한 벼농사 짓는 법과 결합된 보리 경작법(도맥 이모작)도 크게 발달했습니다. 고랑에 씨앗을 부리는 견종법이 널리 퍼져 노동력은 줄고 수확량은 많게는 다섯 배까지 껑충 뛰었습니다(136쪽 '어떻게 볼 것인가' 참조).

보리 농사와 견종법 사용 시기

밭농사 짓는 법 가운데 한 가지 짚고 넘어가야 할 점이 있다. 조선 시대의 보리 농사법에 대한 논란이다. 오래 전부터 국사 교과서는 보리 농사가 농종법에서 견종법으로 바뀌었다고 설명하고 있다. 조선 전기에는 이랑에 파종하다가 후기에 가서 고랑을 활용했다는 것이다. 밭 작물을 재배할 때에는 밭에 높고 낮은 이랑과 고랑으로 다듬는데, 낮은 부분을 고랑, 높은 부분을 이랑이라고 한다.

농종법(壟種法)이란 밭에 만든 이랑과 고랑 가운데 높은 부분인 이랑(壟 : 농)에 파종하는 방식이다. 반면에 견종법(畎種法)은 고랑과 이랑을 만든 다음, 낮은 부분인 고랑(畎:견)에 씨앗을 뿌리는 방식을 말한다. 조선 전기에는 농종법을 활용하다가 중기 이후 견종법을 활용했다고 보는 입장이 이전부터 정설로 받아들여졌다. 그리고 조선 후기의 농업 생산력 발달을 설명할 때 견종법 보급을 중요한 근거로 들었다. 그런데 최근에 조선 전기에도 보리 농사에 이미 견종법을 활용하고 있었다는 주장이 설득력을 얻고 있다.

조선 시대 보리 농사법을 밝혀 낼 가장 중요한 자료가 1653년에 신속이 펴낸 《농가집성》이다. 《농가집성》은 1429년에 편찬된 《농사직설》과 그 밖의 여러 농서를 하나로 엮은 것이다. 그런데 《농가집성》에는 세종 때 만든 《농사직

김홍도가 그린 〈밭갈이(耕作圖)〉
재지 사족들은 대부분 지주로서 농업이 주된 수입 기반이었던 만큼 농업 경영을 잘 감독했다. 실제 농사짓기는 토지 주인이 소유한 노비나 토지 주인에게서 토지를 빌린 소작인들이 담당했다.

설》에 있는 많은 부분을 추가하고 보완해 놓았다. 한 마디로 '증보본 농사직설'인 셈이다. 그렇게 추가된 구절 가운데 보리 농사법을 밝혀 줄 구절이 들어 있다. 바로 "작은 이랑을 조밀하게 짓고 이랑 사이(골)에 인분과 재를 섞은 종자를 뿌리고, 잘 익은 거름을 알맞게 덮어 준다"라는 구절로, 견종법과 시비법을 설명하는 부분이다. 따라서 문제의 구절이 《농가집성》 편찬 당시인 17세기 중반 무렵의 상황을 이야기하는 것인지, 《농사직설》이 만들어진 15세기의 보리 농사법을 가리키는 것인지 잘 살펴봐야 한다.

너무 세부적인 내용은 어려울 수 있으니 한 가지만 보자. 《농사직설》에 없던 견종법이 《농가집성》에 추가된 점만 볼 때는, 교과서의 설명대로 조선 전기에는 견종법 말고 농종법을 썼다고 볼 수 있다. 하지만 견종법을 설명하는 부분에 거름에 대한 내용이 있음을 주목해야 한다. 보리는 본디 거름을 많이 줘야 제대로 수확할 수 있는 작물이다. 그러므로 보리 농사법 전체를 제대로 설명하려면 거름을 주는 법(시비법)이 반드시 들어가야 한다. 곧 《농사직설》에도 시비법 설명이 있어야 하는데 빠졌다는 이야기이다. 따라서 《농가집성》에 실린 보리 견종법과 시비법은 《농사직설》에 누락된 내용을 채워 넣은 것이라고 할 수 있다.

결론을 내리면 《농가집성》이라는 농서와 세밀한 기술 부분에 대한 해석을 볼 때, 조선 시대 보리 농사는 애초부터 고랑에 파종하는 견종법을 썼다고 할 수 있다.

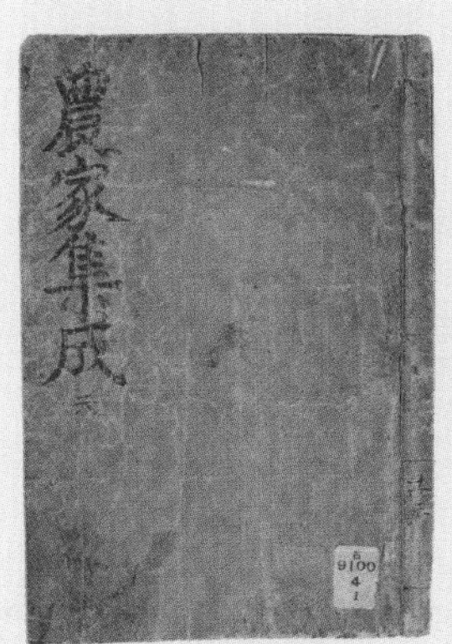
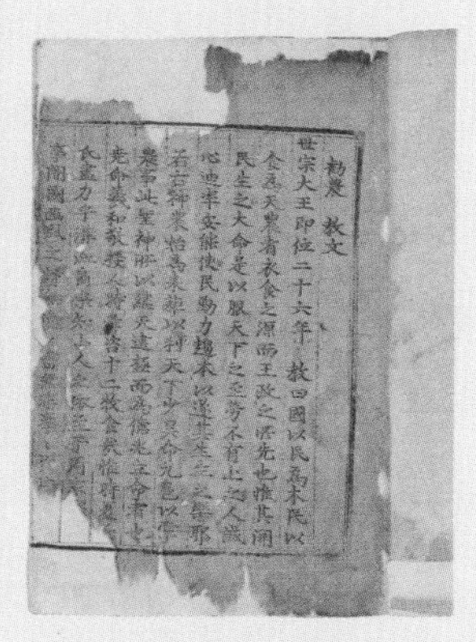

《농가집성》 표지와 권농 교문
신속은 《농가집성》을 편찬할 때 《농사직설》 등 다른 농서와 더불어 세종의 권농 교문을 함께 묶어서 편찬했다.

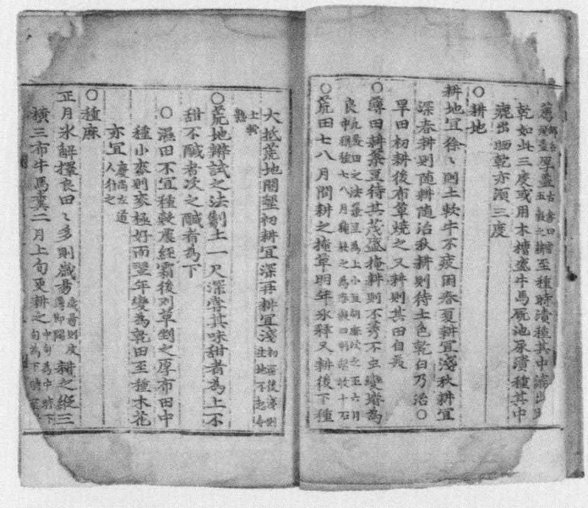

《농가집성》 중 농사직설 부분
《농사직설》의 많은 부분에 증보문을 넣었는데, 사진 왼쪽 면 가운데에 위로부터 한 칸 비워 두고 "O 濕田不宜"로 시작되는 부분이 바로 증보된 문장이다.

그러면 17세기 앞뒤로 밭농사 기술이 발달했음은 어디에서 찾을 수 있을까요? 먼저 간종법과 근경법*이 널리 이용되면서 1년 2작 경작 방식이 일반화된 점을 들 수 있습니다. 1619년 고상안이 쓴 《농가월령》이라는 농서를 보면, 간종법과 근경법 시행에 아무런 조건도 달지 않고 자연스러운 농사 과정으로 설명했습니다. 이러한 태도는 《농사직설》에 근경법과 간종법 시행에 여러 제한 조건을 달아 놓은 점과 비교됩니다. 제한 조건이 많았다는 건 그만큼 조선 전기에는 이 경작 방식이 일반적이지 않았음을 뜻한다고 풀이됩니다.

또 흉년이 들었을 때 나라에서 혜택을 주는 대상에서 밭을 제외한 점도 17세기 전후에 1년 2작식 체계가 온전히 갖추어졌음을 알려 줍니다. 그리고 1년에 두 번 경작할 때 보리와 콩을 짝지을지, 보리와 수수를 짝지을지는 지역의 특색에 맞춰 자리를 잡아 갔습니다. 이것은 물론 노농들이 오랜 경험 속에서 터득한 가장 적합한 방식으로 진행되었겠지요.

벼와 밭 작물 경작 방식 발달과 더불어 시비법도 발달했습니다. 시비 작업은 한 마디로 논과 밭에 거름(비료)을 넣어 주는 일을 말합니다. 조금 어렵게 설명하자면, 전답의 토지 생산성*과 노동 생산성*을 확보하고, 토지를 계속 이용하는 데 필요한 땅힘을 회복시키기 위해 경작 과정에 비료 재료를 조달하는 일입니다. 조선 전기에서 밝힌 바와 같이 연작(連作)을 하던 때에 이미 전면 시비*의 단계에 들어가 있었습니다.

16세기 중반 이후에는 사람의 똥오줌을 시비 재료로 본격 활용하기에 이르렀습니다. 그리하여 측간(뒷간, 변소)을 마련하고 대소변을

간종법과 근경법
간종법은 성장 기간이 겹치는 두 작물을 하나의 필지에서 일정 기간 동안 같이 키우는 방식으로, 이미 자라고 있는 작물 사이(間: 간)에 파종한다는 뜻이다. 근경법은 하나의 작물을 수확한 다음 그 뿌리가 자라던 자리(根: 근)를 갈아엎고(耕: 경) 다른 작물을 이어서 재배하는 방식이다. 두 가지 방식 모두 1년에 같은 전토에서 2회에 걸쳐 작물을 경작하는 1년 2작에 해당한다.

토지 생산성
토지를 기준으로 일정 면적에서 얼마나 수확할 수 있을지 가늠해 보는 것.

노동 생산성
사람을 기준으로 한 사람이 일해서 얼마나 수확할 수 있을지 가늠해 보는 것.

전면 시비
농작물을 키우는 논밭 전체에 거름을 주는 방식을 말한다. 농작물의 포기 포기에만 거름을 주던 이전 방식에서 크게 발전한 방식이다.

고상안이 지은 《농가월령》

17세기 초반 경상도 상주 지역의 특색 있는 농법을 정리하여 논농사와 밭농사 지을 때 해야 할 일을 1년 24절기에 맞추어 정리한 책이다. 저자인 고상안은 67세 되던 해인 1619년(광해군 11)에 서문을 지었는데, 이 무렵 《농가월령》을 완성한 것으로 보인다. 그는 관료로 활동하기도 했는데, 관직 생활 대부분을 지방 수령으로 보냈다. 이러한 경험과 관직에서 물러나 전원에서 생활하며 농업 기술에 대한 관심을 가지고 농서를 만든 것이다.

귀중히 여기는 풍조가 유행합니다. 그리고 파종하기 전에 논밭에 거름을 주는 기비(基肥) 단계에서, 논밭에서 성장하고 있는 작물에 거름을 넣어 주는 추비(追肥) 단계로 넘어갑니다. 또한 누에 똥과 깻묵 같은 거름을 시장에서 구입하여 이용하는 단계까지 발전했습니다. 이러한 시비법은 기본적으로 지역마다의 농업 환경과 여건을 활용하면서 발달합니다.

토지 소유 관계가 변하고

조선 백성들은 토지 소유에 대한 사적인 권리, 곧 토지 소유권을 갖고 있었습니다. 다시 말해 필요에 따라 토지를 취득(매매, 개간), 경영, 처분, 상속할 권리가 있었지요. 토지 소유권이란 소유자가 토지를 여러 가지로 이용하는 권리이고, 또한 다른 사람이 함부로 해당 토지에 덤벼들지 못하게 하는 권한입니다. 그렇지만 현대 한국 사회

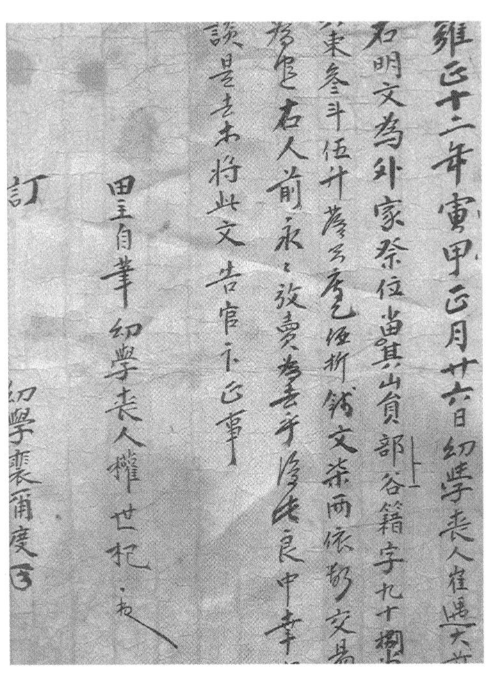

에서도 토지 소유권에 여러 가지 법적 규제가 뒤따르는 것처럼, 조선 시대에도 개인이 토지를 소유하는 데에는 여러 면에서 제약을 받았습니다. 조선 초기의 경우 과전법의 규제를 받아 자유로운 토지 매매가 금지되었습니다. 그리고 소유권을 갖기 위해서는 그냥 땅을 놀려서는 안 되고 경작하면서 이용해야 했고요. 여기에다가 신분 차별이 토지 소유권에도 무시할 수 없는 영향을 끼쳤습니다.

국가는 개인이 소유한 토지에서 세금을 자연스럽게 받아 왔습니다. 토지에 매겨진 세금을 전세(田稅) 혹은 전조(田租)라고 불렀고, 전세를 받아 내는 권리를 수조권이라고 불렀습니다. 아주 오래 전부터 내려오는 국가의 기본 기능이었지요. 국가가 쥐고 있는 수조권을 일반 관료들과 관청 등에 나누어 줄 수 있었는데, 이럴 경우 해

토지 매매 문서(위)
토지를 사고 파는 사람 사이에 토지 소유권을 넘기는 증명서 구실을 한 토지 매매 문서.

토지 환퇴 문서
토지 매매가 이루어질 때 토지를 파는 사람은 환퇴를 조건으로 내걸 수 있었다. 토지를 파는 사람이 일정 기한을 정해 놓고 토지를 산 사람에게 처음에 받은 금액을 되돌려 주면 토지를 돌려받는 것이 환퇴이다. 그러니까 지금 어쩔 수 없이 토지를 매매하지만 일정 기한이 지난 뒤에는 토지를 되찾을 수 있다는 확인을 매매 당시에 보장받는 것이다.

당 전토에 대해서 그 관료와 관청이 수조권을 행사할 수 있었습니다. 이러한 수조권에 근거하여 실제 토지 소유자의 소유권 일부를 제한하는 관계를 '수조권적 토지 지배'라고 부릅니다. 소유권 일부를 제약하는 수조권은 고려 왕조 이래 토지에 대한 권리의 하나로 이어져 왔습니다. 고려 시대 전시과의 주요 내용이 수조권이었고, 고려 말에 신진 사대부가 만든 과전법의 바탕도 수조권입니다. 수조권에 바탕을 둔 토지 지배는 조선에 들어와서 명종 무렵 직전법*이 폐지되면서 거의 사라집니다.

16세기 후반 이후 수조권과 같은 성격의 권리를 일반 백성들의 토지에 부가할 수 있는 자격은 궁방*이나 관청만 갖게 되었습니다. 관료들은 더 이상 수조권에 접근하지 못했고, 이제 토지에서 경제적 소득을 얻으려면 토지를 소유해야 했습니다. 대대로 많은 토지를 상속받든가, 아니면 본인이 이곳 저곳에서 토지를 개간하거나 사들여 토지 소유자가 되어 소득을 올려야 했지요.

왕실 후예들의 생계를 챙겨 주기 위해 만들어진 궁방전*은 선조 이후 규모를 확대했습니다. 궁방전은 두 가지 성격의 토지로 구성되었습니다. 하나는 궁방이 소유한 토지이고, 다른 하나는 궁방이 수조권을 쥐고 있는 토지입니다.

따라서 어떤 토지가 궁방전에 속했다고 해서 그 토지가 모두 그 궁방의 소유지는 아니었습니다. 수조권만 지닌 토지가 속해 있었기 때문에, 몇몇 관료들은 궁방전을 예전의 과전법에서 관료들에게 수조권을 주었던 직전과 같은 성격이라고 파악했습니다. 그런데 궁방전에 소속되면 여러 가지 잡다한 부담에서 벗어나고 궁방에 세금만

직전법(職田法)
직전(職田)이란 현직 관료에게 수조권을 준 토지를 가리키고, 직전법이란 그것을 규정한 법을 말한다.

궁방(宮房)
왕실의 후궁, 왕자, 공주를 모시는 기구.

궁방전(宮房田)
궁방전이란 왕실의 후궁이나 왕자와 공주의 생계를 챙겨 주기 위해 국가에서 마련해 준 토지를 가리킨다. 대개 후궁의 경우 'OO궁', 왕자나 공주의 경우 'OO방'으로 불렸기 때문에 두 가지를 합해 궁방전이라고 부른다.

선희궁(宣禧宮)
영조의 후궁이자 사도 세자의 어머니인 영빈 이씨의 신주를 모시고 제사 지내던 사묘인 선희궁. 서울 종로구 궁정동 소재.

내면 되었기 때문에, 일부 백성들은 자기가 소유한 토지를 명목만 궁방전으로 하는 경우도 있었습니다. 양안(量案) 같은 토지 대장에 토지 주인을 궁방이라고 기재하기도 했지요. 이럴 경우, 세월이 어느 정도 지나면 진짜 소유지가 백성인지 아니면 궁방인지 알 수 없게 되었습니다. 그리하여 백성과 궁방 사이에 토지 소유를 둘러싼 다툼이 크게 번지기도 했지요.

토지 소유권을 제약하는 현실적 요소로 신분제에 따른 압력과 침해는 여전했습니다. 조선 전기에 신분이 높은 양반일수록 많은 토지를 소유했고, 양인이나 천인이면 자기가 소유한 토지를 지켜 나가기조차 어려웠습니다. 신분의 상하 관계와 토지 소유 규모가 비례했던 것입니다. 그러다가 조선 후기로 들어서면 신분적 지위와 토지 소유의 크기가 일치하지 않는 예가 크게 늘어납니다. 다시 말해서 양반이라도 많은 토지를 소유하지 못한 일이 점점 당연하게 받아들여졌지요. 이 문제는 《조선 3》에서 자세히 살펴보겠습니다. 조선 중기에는 아직 이러한 변화가 본격적으로 나타나지 않았거든요.

농업 경영 방식도 달라지고

농업 경영이란 소유한 토지에서 농사를 지어 수확할 때 어떤 방식으로 노동력을 동원하고 수확물을 분배하는가와 관련된 문제입니다. 농업 경영에는 여러 방식이 있었습니다. 먼저 토지를 소유한 사람과 경작하는 사람이 동일하면 '자영농'이라고 합니다. 자영농은 자신이 소유한 토지를 가족 노동력과 소유하고 있는 몇몇 노비를 동원해서 농사짓기 때문에, 특별한 농업 경영 방식이 필요하지 않습니다. 우리가 주의를 기울일 부분은 '많은 토지를 가지고 있는 사람이 어떻게 농사를 지었을까' 하는 문제입니다.

대개 엄청난 토지를 소유한 토지 주인은 자신이 데리고 있는 노비의 노동력으로 농사를 짓거나, 다른 사람에게 토지를 빌려 주어 수확물 일부를 받는 방식을 택했습니다. 앞의 방식을 '직영'이라 하고, 뒤의 방식을 '병작'이라 하지요. 병작에서 토지를 빌려 준 사람을 대개 지주*라 하고, 토지를 빌린 사람은 소작인 또는 소작농이라고 할 수 있습니다. 여기까지에서는 농업 경영을 살필 때 지주, 자영농, 소작농 등이 등장합니다. 여기에 노동의 대가를 받고 농작업 일부를 해 주는 임노동자가 포함될 수 있는데, 임노동자는 조선 후기에 본

'지주'란 말뜻의 변화
지주(地主)는 글자 그대로 '땅 주인'이라는 뜻이다. 그래서 토지를 소유한 사람을 가리키는 말로 당연하게 쓸 수 있을 것으로 보인다. 그런데 용어란 시대마다 그 의미가 다르다는 점을 이 단어에서 잘 알 수 있다. 무슨 말인가 하면, 조선 왕조에서 지주란 땅 주인이 아니라 국왕을 대신해서 어느 한 군현을 맡아서 다스리는 수령, 다시 말해서 현감, 군수, 부사 들을 가리키는 말이었다. 조선 시대의 땅 주인이라는 뜻의 단어는 전주(田主)였다. 지금은 수령을 가리키는 지주의 본디 뜻이 없어지고 '땅 주인'이란 의미로 사용되고 있다. 이러한 의미 변천은 지주의 처음 의미가 사라진 조선 왕조 멸망 이후 일제 강점기 때부터 나타난 것으로 보인다.

격적으로 등장합니다.

토지 주인(지주) 입장에서는 노비 노동력을 비롯한 농업 노동력을 충분히 확보하고 있다면, 직영 방식이 수확물 대부분을 차지할 수 있는 유리한 방법이었습니다. 하지만 노동력이 항상 충분하지도 않았고, 노비들은 농사를 열심히 지어도 자신에게 돌아오는 것이 없기 때문에 대충 일하면서 시간만 때우는 태업이 잦았습니다.

김홍도가 그린 〈벼 타작〉
농사짓는 과정을 감독하는 마지막 단계로 타작을 지켜보는 지주의 모습을 그린 그림. 〈행려풍속도〉 중에서, 1778년.

태업을 일삼는 노비 때문에 양반 지주들은 직영 방식을 조금 변형한 '작개(作介) 경작'이라는 방식을 이용하기도 했습니다. 노비의 농사 의욕을 북돋울 방법으로 수확물 모두를 노비가 차지할 수 있는 토지인 사경지(私耕地)를 조금 떼어 주고, 주인집의 나머지 농사를 그 노비가 책임지게 하는 방식입니다.

대토지 소유자들은 직영제나 작개제 방식을 동원했지만, 농민들의 자립성이 커지면서 결국 농업 경영은 소작인에게 토지를 나누어 주고 지대(地代)를 거두어 가는 '지주 전호제'로 바뀝니다. 그리하여 앞 시기에 비해 직영제가 크게 줄어들고 병작제 중심의 지주 전호제가 전개되었습니다. 소농민이 계속 토지를 잃어 가는 분위기에서 병작제는 자리를 잡아 갑니다. 그런데 이러한 변화는 대체적인 흐름이고, 실제로 직영제에서 작개제로, 작개제에서 병작제로라는 식의 한 가지 방향으로만 변한 것은 아닙니다.

17세기 중후반 이후 조선 사회는 경제가 크게 변합니다. 농산물이나 수공업 제품을 상품으로 교역하는 규모가 커지고, 상평통보 같은 동전을 화폐로 이용하는 것이 큰 흐름이 되었습니다. 이러한 모습을 간단히 '상품 화폐 경제의 발달'이라고 설명하지요. 경제가 활발해지면 여러 사람들이 재산을 모으거나 잃을 가능성이 커집니다. 한 마디로 경제 변동의 폭이 커지지요. 이에 따라 신분제 변동도 심각하게 나타납니다. 재산을 많이 모은 양인과 천인이 양반들만 누리던 신분적 특권에 도전하고 그 특권을 얻어 내기도 했으니까요.

농촌 사회 경제가 변해 가는 모습은 농업 경영과 토지 소유 측면에서도 넓게 나타났습니다. 전반적으로 재산이 많은 토호들의 토지 소유가 늘어나면서 토지를 잃은 농민은 소작인이 되거나 일시적인 임금 노동자 또는 품팔이가 되기도 했고, 아예 상업이나 수공업으로 자리를 바꾸기도 했습니다. 농민들은 빚이나 여러 이유 때문에 소유한 토지를 팔거나 청산해야 했지요.

반면에 농업 기술 발달에 잘 적응하고 활용한 상민과 천인들 중에 부유한 농민도 생겨났습니다. 이러한 현상은 신분제 변화와 함께 나타났지요. 그리하여 18세기 이후에는 '서민 지주'라고 불리는 양인 또는 천인 신분의 지주가 등장합니다.

전세제 변동과 대동법 시행

부세 제도의 흐름

조선 왕조의 부세 제도는 15세기에 큰 틀이 마련되었습니다. 그리고 16세기를 거치면서 개혁의 필요성이 제기되다가 17세기의 대동법과 영정법, 18세기의 균역법 실시로 이어집니다. 조선 초기에는 세종 때 공법(貢法), 세조 때 보법(保法)을 만들어 1차 개편했지만, 16세기 들어 복잡한 양상이 나타나 더욱 근본적인 개혁이 필요해졌지요.

16세기를 거치면서 백성들의 공물 납부는 현물을 납부하는 방식에서 면포나 쌀로 대납하거나, 아예 다른 사람이 대신 현물을 납부하고 대가를 강제로 거두어 가는 방납 방식으로 바뀝니다. 한편 군역제는 양반은 면제받고 양인만 짊어지는 양역으로 고정되면서 다른 사람에게 대가를 주고 대신 군역을 지게 하는 대립, 군 복무할 사람을 내보내는 대신 면포를 내는 방군 수포 단계를 거칩니다. 나중에는 아예 군역을 지고 있는 장정에게서 면포를 거두는 포납(布納)으로 이어졌지요. 이러한 변화는 현물이나 노동력 대신 그에 걸맞은 재화, 곧 벼나 면포를 납부하는 방식으로 바뀐 것입니다.

17~18세기를 거치면서 전세, 공물, 군역은 전국에 걸쳐 상당히 통일된 방식으로 부과되었습니다. 신분에 따른 지배 질서에 바탕을 두면서도 백성들의 여러 부담이 정돈되었지요. 동시에 현물과 노동력을 직접 징발하던 것에서 면포나 화폐를 대신 징수하는 방식으로 부세 제도의 기본 성격이 바뀌었습니다.

영정법 시행

세종 때 마련된 공법은 내용상으로는 합리적인 전세 제도였습니다. 수확량의 20분의 1을 전세 납부의 기준으로 정한 점이나, 전분 6등, 연분 9등 같은 세밀한 세액 결정 방식도 잘 실행된다면 농민들에게 큰 부담이 안 될 수 있었습니다. 연분 9등에 따르면, 1결에서 1년에 큰 흉년이면 쌀 4두, 큰 풍년이면 20두를 내게 되어 있었지요. 그러나 기준 수확량을 지나치게 높게 설정했고, 연분 9등을 판정하는 과정에서 실제와 다르게 내려지는 경우가 많았기 때문에, 실제 공법이 시행되면서 많은 문제가 생겼습니다.

그리하여 《조선 1》에서 살펴본 대로 일찍부터 연분이 하등으로 고정되었습니다. 9등급으로 나뉜 연분은 본디 해마다 농사의 풍흉에 따라 판정해야 하는데, 해마다 결정하지 않고 하등, 곧 하하년이나 하중년으로 고정시킨 것입니다. 토지 소유자들이 전세액이 많다고 반발한 것이 한몫 거들었지요. 그리하여 논의 경우 1결에서 1년에 쌀 4두(하하년) 또는 6두(하중년)를 내는 것이 일반화되었습니다.

사실 전세 부담은 실제 토지에서 거두는 수확량에 비해 아주 적었습니다. 그런데도 많은 토지를 소유한 지주들은 전세액을 낮추기 위해 노력했고, 하등 연분으로 매기는 관행을 법제화시킨 영정법이 마침내 만들어집니다. 지주들은 전세로 경작지 1결에서 쌀 4두만 내면 끝났습니다. 밭에서는 콩으로 전세를 냈지요.

논밭에서 내야 할 기준 세액이 정해져 있다고 해도 1결 단위로 전세가 규정되었다는 점이 문제였습니다. 1결이란 꽤 넓은 면적이었기 때문에 한 농민이 토지 1결을 소유하는 일은 드물었습니다. 따라서 전세를 사람마다 땅마다 일일이 매겨서 세액을 거두는 장치가 필요했고, 이러한 전세 납부 방식이 이른바 작부제(作夫制)입니다. 8결 단위로 부*라는 것을 조직하여 부마다 책임자인 '호수(戶首)'를 선임하고, 부에 소속된 개별 토지 소유자한테 전세를 거두어 관에 납부하는 방식입니다. 많은 납세자들에게서 전세를 일일이 거두는 것보다 관의 노력이 훨씬 덜 들어갔지요.

이러한 작부제는 일종의 공동 납세 방식입니다. 8결에 속한 토지의 주인이 공동으로 전세를 모아 내는 방식이지요. 이 때 지방 토호들은 호수라는 지위를 차지하여 자신이 내야 할 전세를 다른 사람에게 미루거나, 또는 정당한 세액보다 많이 거두는 방식으로 경제적 이득을 얻기도 했습니다.

공물로 쌀을 내다 - 공물 작미법 시도

공납이란 각 지역의 토산물을 조정에 현물로 바치는 행위입니다. 조선 전기 농민들에게 전세 부담이 그리 크지 않았던 것에 비해 공납은 가장 큰 부담이었습니다. 공납제는 15세기 후반 이래 가장 큰 피해를 주었고, 특히 방납의 폐단은 심각했습니다.

그러면 방납이 성행하게 된 배경은 무엇일까요? 먼저 공물로 납부할 토산물을 시장에서 사는 것이 가능할 정도로 상품 유통이 활발해진 점을 들 수 있습니다. 그리고 방납인에게 지불하는 방납 가격이 적당하기만 하다면 농민들에게도 방납이 도움이 되었습니다. 농민들은 자신들이 사는 곳에서 나지 않는 토산물을 억지로 만들어 낼 수 없었고

부(夫)
부는 주비라고 불렸고, 호수의 이름을 붙여 '아무개 주비'와 같은 방식으로 구별했다.

농업에 노동력을 집중해야 했으며, 어차피 시장에서 공물을 사서 납부하는 상황인지라 방납을 받아들이는 쪽이 나았기 때문입니다. 그런데 방납인이 원래 공물 가격보다 훨씬 높은 대가를 받으려 해서 방납이 큰 고통이 되었지요.

방납인이 높은 방납가를 거둘 수 있었다는 점이 방납이 성행한 또 하나의 배경입니다. 당시 권세가의 하인이나 중앙 관청의 서리 등은 지방에서 바친 공물에 흠집이 있다는 식으로 퇴짜를 놓았습니다. 그런 다음 방납인에게 본디 공물보다 턱없이 높은 가격으로 공물을 구해서 다시 바치게 했지요. 관청의 유력자와 방납인이 손을 잡고 폐단을 저질렀습니다. 이에 따라 농민들은 원래 공물 가격보다 훨씬 많은 부담을 짊어져야 했습니다.

공납 문제는 방납뿐만 아니라 공안*이 불공평하다는 점에도 있었습니다. 해당 군현에서 생산되지도 않는 공물이 공안에 실려 있어 이를 울며 겨자 먹기로 내야 했습니다. 여기에다가 군현별 부담이 균등하지 않았습니다. 16세기 이후 공납의 폐단이 한층 심했는데, 이는 1501년 연산군 때 재정 수요를 충당하기 위해 대대적으로 공물을 늘려서 다시 정했기 때문입니다. 늘어난 재정을 메우기 위해서라는 명목을 내세웠지만 이에 따라 백성들의 부담만 훨씬 커졌지요. 16세기 후반에 사족들은 연산군 때 공물을 크게 늘린 것이 백성들의 공물 부담을 가중시킨 직접적 원인이라고 설명했습니다.

상황이 이렇게 되자 백성들의 공납 부담을 줄일 수 있는 방법을 찾게 됩니다. 그 개선안 가운데 하나가 공안을 고치는 것이었지요. 특히 연산군 때 공안에 추가된 공물을 줄여 주기 위함이었지요. 공

공안(貢案)
공물로 납부해야 할 것이 무엇인지를 군현에 따라 정해 놓은 장부.

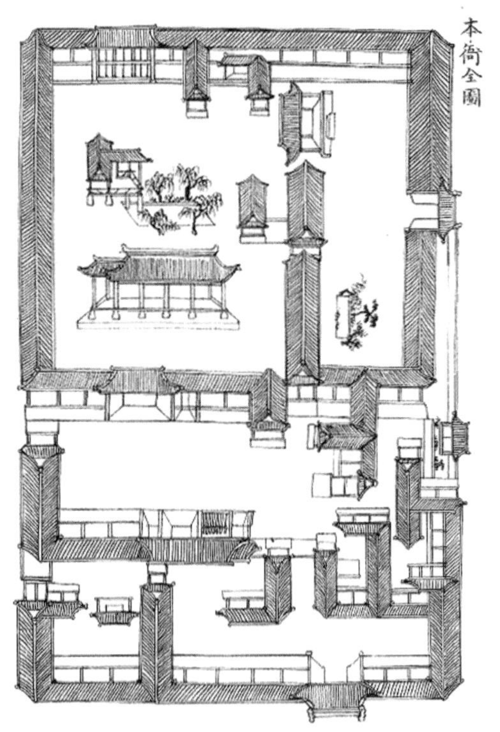

호조 관아도
《탁지지》 권1에 실려 있는 호조 관아도. 호조는 세금을 담당한 기구이다.

안 개정 움직임은 16세기 중후반 이후 계속되었지만, 임진왜란이 끝난 뒤인 1605년에야 실행되었습니다. 하지만 공안 개정만으로는 공납 부담을 크게 줄일 수 없었습니다.

공납의 폐단을 개선하기 위한 두 번째 방식으로 공물 작미법(作米法)을 들 수 있습니다. 공물로 내야 할 것을 쌀로 환산(作米 : 작미)하여 내게 하는 방식입니다. 공물 작미법은 두 단계로 이루어집니다. 첫 번째는 공물로 내야 할 물품의 총액을 따져서 이를 쌀로 계산하면 얼마나 되는지를 파악하는 단계, 두 번째는 쌀로 계산한 총액을 전토 결수에 따라 할당하여 분배하는 단계입니다. 이렇게 공물 몫으로 백성들한테서 거둔 쌀을 재원으로 궁중과 관청에 필요한 물품을 구매하는 것입니다. 방납이 아예 들어설 여지조차 없는 대안이지요.

임진왜란이 한창이던 1594년 유성룡이 건의하여 전국의 토지에서 1결에서 쌀 2두씩 징수하는 임시 변통의 공물 작미를 실제로 시행했습니다. 그런데 1결마다 징수한 쌀이 너무 적어서 궁중과 관청에서 필요한 물품을 사기에 부족했습니다. 이 때문에 시장 상인에게서 필요한 물품을 살 때 싼 가격으로 팔게끔 강제할 수밖에 없었고, 이에 상인들이 반발했습니다. 또한 지방 군현의 경비로 할당된 몫이 없었기 때문에, 지방 군현이 필요한 재원을 다시 토지에서 거두는 폐단이 나타났습니다. 이에 곧바로 공물 작미는 폐지되었지요. 하지만 유성룡이 주도한 공물 작미는 제도적으로 현물 납부 방식을 폐지하고 공물을 쌀로 내게 한 최초의 경험이었고, 광해군 즉위년에 실시한 선혜법의 기초가 됩니다.

대동법을 시행하다

17세기 부세 제도의 가장 큰 특징으로 대동법 실시를 들 수 있습니다. 최종적으로 시행된 대동법은 공물과 진상*의 현물 납부 대신 토지 결수에 따라 1결당 쌀 12두를 납부하게 한 부세 제도입니다.

1608년, 대동법의 첫 단계로 경기도에서 선혜법이 시행되었습니다. 공물, 진상, 방물*을 포괄한 것으로 지방 군현이 쓸 몫으로 2두를 책정했으며, 전체적으로 1결당 쌀 16두를 납부하게 했습니다. 그리고 방납인을 물품 조달업자인 공인(貢人)으로 지정하여 공물가(貢物價, 물품 가격)와 역가(役價, 공인에게 주는 일에 대한 대가)를 지급했습니다. 이들 공인이 관청에 필요한 물품을 조달하는 책임을 졌습니다.

광해군 때 처음 제정된 대동법(선혜법)이 나라 전역에 시행되기까지는 자그마치 100년이란 세월이 걸렸습니다. 왜 이렇게 오랜 시간이 걸렸을까요? 대동법 실시를 반대하는 사람이 무척 많았고, 조선시대 법령이 그때 그때 시행착오를 거듭하면서 규정이 바뀌거나 철회되는 등 우여곡절을 겪었기 때문입니다.

효종 때 김육은 앞 시기의 한백겸, 이원익, 조익의 주장을 이어받아 대동법을 확대할 것을 적극 주장했습니다. 그는 장사에 안목이 있는 인물로 나라에서 필요한 물품들을 농민한테서 직접 거둘 게 아

진상(進上)
진상은 왕실이나 국가의 제사에 바치는 예물를 가리킨다. 또한 그렇게 예물을 올리는 행위를 진상한다고 표현했다.

방물(方物)
방물은 각 지방에서 왕실에 바치던 진상물을 가리키는데, 주로 명절이나 축일에 바쳤다.

니라 교역으로 사들이는 방안을 생각했습니다. 그런데 당시 하삼도에 기반을 둔 향촌의 대지주들이 대동법에 거세게 반발했습니다. 이전에는 토지가 많든 적든 간에 집집마다 공물로 내는 납세액이 그리 많지 않으면서 같았는데, 대동법은 토지 1결당 쌀 12두를 내야 했기에 토지가 많은 사람들은 더 많은 부담을 져야 했습니다. 하지만 그들은 이것을 대동법 반대 이유로 내세우지 않고 다른 곳에서 명분을 찾았습니다. 세금 부담이 커지면 백성들의 민심을 잃는다는 것이었지요.

효종 때 전라도 보성 사는 안병준이라는 사람이 대동법 반대 상소를 올렸습니다. 그는 대동법이 시행되면 우선 인심을 잃을 테고, 임꺽정과 같은 도적이 등장할 것이며, 시행한 지 얼마 못 가 철폐될 것이라고 단언했습니다. 그리고 대동법 실시를 주창한 김육과 이에 동조한 여러 신하를 비판했습니다. 특히 그는 만나는 사람들에게 이러한 반대 입장을 빨리 상소하여 백성들이 살 수 있게 해야 한다고 충고했습니다. 많은 사람들이 대동법 시행을 반대했고, 조정에서는 찬반 논쟁이 이어졌습니다.

그리하여 대동법은 오랜 세월이 지난 뒤에 비로소 국가적 부세의 하나로 자리 잡았습니다. 1608년 경기도에서 선혜법을 시행한 뒤 인조 반정 직후 호남과 호서, 강원도에서 대동법을 실시했습니다. 이때 시행된 대동법은 중앙 재정 위주로 짜여 대토지 소유자와 방납 이득자의 끈질긴 반대로 1625년에 무너집니다. 하지만 1651년 다시 충청도에서 대동법을 실시한 뒤 1658년(효종 9)에는 전라도에서, 1677년(숙종 3)에는 경상도에서, 그리고 마지막으로 1708년(숙종 34)에 황해도에서 대동법을 시행합니다.

대동법을 실시하면서 공물을 각종 현물 대신 쌀로 통일하여 거두고, 세금을 매기는 과세 기준도 이전의 가호에서 토지 결수로 바뀌었습니다. 따라서 토지를 가진 농민들은 1결당 쌀 12두(처음에는 16두)만 내면 되었으므로 이전의 공납제에 비해 훨씬 부담이 가벼워졌고, 토지가 없는 농민이나 영세 농민은 일단 이 부담에서 벗어났습니다.

대동법에 따라 백성들은 봄과 가을에 반씩 나누어 대동세를 내야 했는데, 쌀을 내기 어려운 지역에서는 좁쌀, 면포, 마포, 전(錢)으로 대신할 수 있었습니다. 특히 충청, 전라, 경상, 황해의 4도에서는 바닷가나 산골 마을을 구별하여 쌀 또는 포 · 전으로 내게 했습니다. 나아가 상평통보 유통이 활성화된 뒤에는 동전으로도 납부했습니다.

이제 1결당 쌀 12두로 자리 잡은 대동미는 상납미와 유치미로 나누어집니다. 상납미를 관리하는 기관으로 중앙에 선혜청이 신설되었습니다. 선혜청은 지정된 공인들에게 공물가로 대동미를 지급하고 중앙에서 필요로 하는 물품을 받아 각 궁중과 관청에 공급했습니다. 상납미는 말 그대로 선혜청에 올려보내는 몫이고, 유치미는 군현의 창고에 남겨 놓는 몫인데, 그 가운데 일부는 지방 군현의 지출에 사용했습니다. 그러나 점점 상납 비중이 커지면서 유치미가 줄어들어 지방 재정 문제를 다시 불러일으킵니다.

대동법 시행으로 새로운 계층이 생겨났지요? 바로 중간에서 공물을 조달하는 공인입니다. 공인의 성장은 많은 변화를 가져왔습니다. 공인을 중심으로 상업이 크게 발달했고, 이에 따라 지방 장시도 힘을 얻었으며 유통 경제도 매우 활발해졌습니다. 상품 화폐 경제가 발달하는 데 대동법이 큰 몫을 한 것이지요.

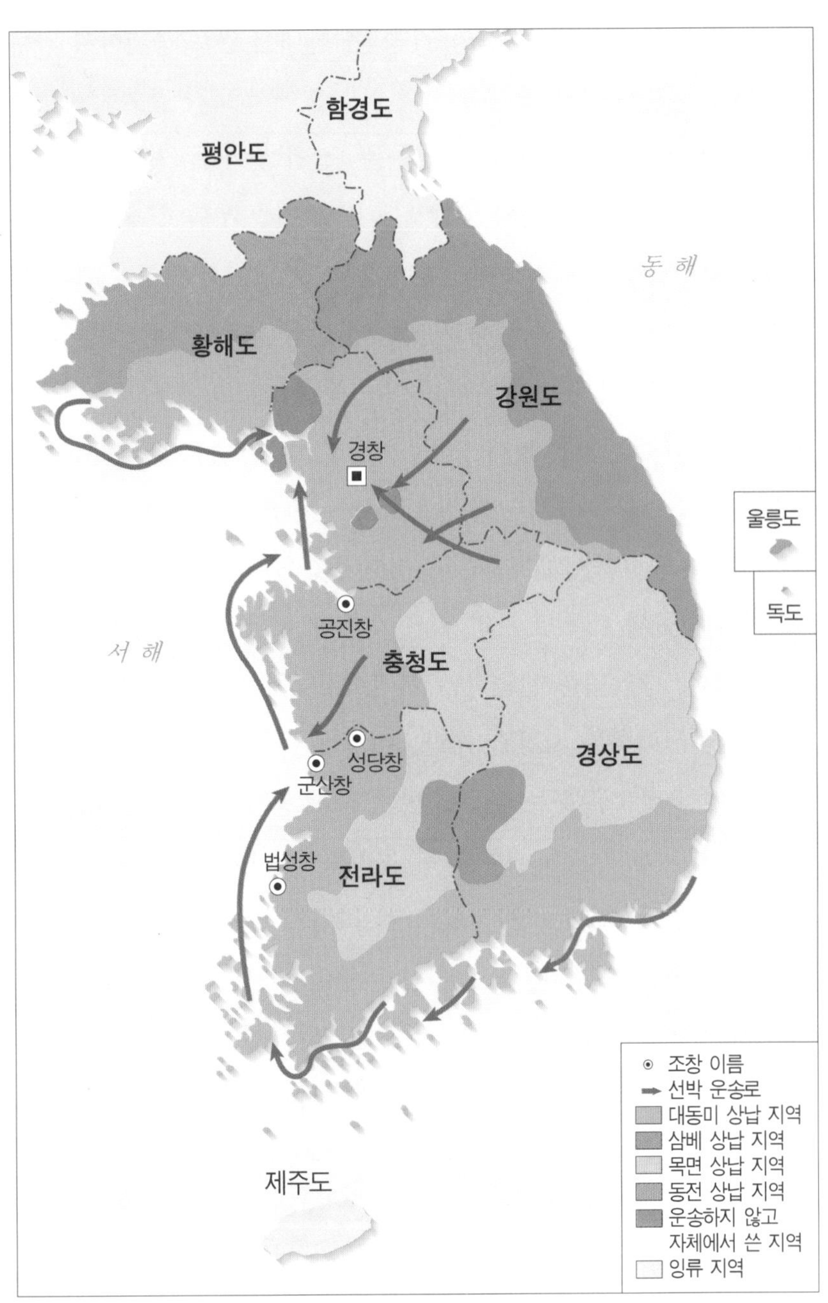
함경도
평안도
동해
황해도
강원도
경창
울릉도
독도
공진창
서해
충청도
성당창
군산창
경상도
법성창
전라도
제주도
조창 이름
선박 운송로
대동미 상납 지역
삼베 상납 지역
목면 상납 지역
동전 상납 지역
운송하지 않고 자체에서 쓴 지역
잉류 지역

대동세 징수와 운송로

아! 그렇구나

대동법에서 본받은 사대동이란?

경기도에서 시행된 선혜법, 곧 대동법이 곧바로 전국에 실시된 것은 아니다. 하지만 공물을 현물로 거두는 방식이 거의 사라지고, 여러 곳에서 공물을 쌀로 바꾸어 내는 방식이 시행되었다. 이제 공물 수취 방식을 하나로 통일하는 원칙이 필요했다. 특히 아래에서부터 대동법 시행에 필요한 기반이 마련되었는데, 그것이 사대동(私大同)이라는 것이다.

사대동은 한 마디로 17세기 초반 여러 지방 군현 단위에서 실행한 새로운 공물 수취 방식이다. 기록에 따르면, 사대동은 경상도 선산, 상주, 안동과 전라도 순천 등지에서 실시되었다. 그리고 점차 전라도 옥과, 충청도 당진, 태안 등지로 확산되었다. 게다가 경상도에서는 1639년 경상 감사 이명웅의 요청으로 도 전체에 사대동을 실시했다. 1647년에 이르면 하삼도에서 사대동을 실시하지 않는 고을이 없다는 평가가 나올 정도였다.

그럼 사대동이란 무엇인가? 공물과 진상, 지방 관청 비용 등을 포함하여 백성들이 부담해야 할 총액을 산정하고, 이를 지역의 총결수로 나누어 결당 부담액을 부과하는 방식이다. 결당 부과이기 때문에 결국 공물 부담을 전결(田結) 소유 크기에 따라 바꾼 것이고, 실제로 대동법의 원리와 같은 제도였다. 그러나 대동법은 1결에서 부담하는 쌀의 액수가 정해져 있지만, 사대동은 공평하면서도 반드시 12두는 아니었다. 각 도의 군현 단위에서 제각기 실시하던 사대동은 대동법이 시행될 때까지 그대로 실시되었다.

사대동은 8결마다 조직된 부(夫) 단위로 운영되었는데, 이 때 향촌에 거주하는 사족들이 주도 역할을 했다. 이전의 전세 납부 조직을 그대로 이용하면서 공동 납부 형식을 취했다. 대동법에서도 전세와 마찬가지로 8결을 중간 수납 단위로 활용한 것이다. 이는 향촌 사회의 관행을 따라 대동법을 안전하게 실행한 상황을 반영한다고 볼 수 있다. 사대동은 각 군현의 자율적 부세 운영 방식으로 17세기 중반에는 하삼도 전역에서 시행되었다.

효종 이후 본격적으로 시행된 대동법은 사대동을 국가 제도로 받아들여 도 단위를 확대시킨 것이라고 할 수 있다.

양역, 그 고통을 해결하는 길을 찾다

군문 확대와 5군영 설치

임진왜란을 호되게 치른 조선은 군사 제도를 다시 정비해야 했습니다. 먼저 훈련도감 등 군영을 설치했고, 점차 늘려 다섯 개의 군영이 되었습니다. 그리고 군역에서 제외했던 천인을 속오군으로 편성하면서 군역 대상자로 끌어들였습니다. 이러한 변화의 가장 커다란 특색은 바로 농민이 모두 군인이 되는 방식에서 정해진 사람만 군인 노릇을 하는 상비병제로 바뀐 것입니다. 일반 백성이 농민인 동시에 병사 역할을 한 병농 일치제가 병농 분리제로 바뀌었지요. 이제 군역은 군포, 곧 면포 2필을 내면 끝나 마치 세금 부담처럼 되었습니다.

먼저 5군영이 설치된 사정을 살펴볼까요? 5군영은 다른 말로 5영문(五營門)이라고도 하는데, 훈련도감·어영청·수어청·총융청·금위영을 가리키지요. 5군영은 임진왜란 때 설치한 훈련도감에서 시작되어 1682년에 실치한 금위영을 끝으로 완싱되있습니다. 주로 한싱부와 주변 지역을 중심으로 수비를 담당했지요. 남한 산성과 북한 산성 같은 요충지를 중심으로 군대를 조직하고 정비했습니다.

임진왜란 당시 일본군의 우세한 병력에 대응하기 위해 설치한 첫 번째 군영이 바로 훈련도감입니다. 훈련도감은 조총을 다루는 포수를 중심으로 창이나 검을 이용하는 살수, 활을 쏘는 사수, 이렇게 삼수병(三手兵)으로 꾸려졌습니다. 이들은 한성부에 상주하며 군인 직무를 수행하는 상비군으로 가족을 거느리고 삶의 터전을 한성부에 마련했습니다.

조정에서는 훈련도감의 삼수병에게 지급할 무기와 말 같은 장비를 마련하기 위해 평안도와 함경도를 제외한 나머지 6도에서 삼수미세(三手米稅)를 징수했습니다. 이것으로 도감 군인들에게 매월 쌀 9~12두를 급료로 지급했습니다. 또 훈련도감의 재정을 충당하기 위해 각 지방에 거주하는 포보*에게서 군포를 거두었습니다. 이렇게 모은 군포를 군인들에게 1년에 9~12필씩 지급했습니다.

5군영은 훈련도감을 만든 뒤 군영 증설이 필요할 때마다 설치했습니다. 1624년(인조 2) 이괄의 난이 발생한 뒤 서울과 경기의 경비를 강화하기 위해서 '총융청'을 설치했습니다. 총융청은 남양, 수원, 장단 등 경기 지역의 여러 진을 통솔했지요. 또 2년 뒤인 1626년에는 남한 산성에 '수어청'을 두고 경기도 광주와 부근 진들을 관장하게 했습니다. 그리고 1624년에 설치되었지만, 1652년(효종 3) 북벌 계획에 따라 각 도의 정군들이 교대로 근무하는 체제를 갖추면서 '어영청'이 군영의 하나로 자리매김되었습니다. 마지막으로 1682년(숙종 8)에 도성을 방어하기 위해 정병(기병)과 훈련도감군 일부를 주축으로 '금위영'을 설치했습니다. 그러나 5군영의 조직과 편제는 그때 그때 만들어졌기 때문에 들쭉날쭉이었습니다. 소속 군인의 성격만 보더라도 서울에 상주하는 상비병인 경우도 있고, 각 도에 거주하는 정군들이 올라와서 근무하는 경우도 있었습니다.

어영청의 사례만 좀더 살펴볼까요? 어영청은 1624년에 어영군으로 창설된 뒤 여러 차례 개편을 거쳐, 1652년부터 2만 1000명의 군인을 1000명씩 21개 조로 나누어 2개월씩 근무시키는 형태로 운영

포보(砲保)
글자 그대로의 뜻은 포수(砲手)의 보인(保人)으로, 훈련도감의 보인을 가리킨다. 훈련도감의 정군(正軍)은 삼수병으로 구성되었는데, 조총수인 포수와 궁병인 사수 및 창검병인 살수가 그것이다. 그런데 실제로 훈련도감 군인은 포수 중심이었고, 훈련도감을 경포(京砲)라고도 불렀다. 그리고 도감군은 포수로 통칭했다. 따라서 도감군의 보인을 포보라고 불렀다.

속오성책잔간(束伍成冊殘簡)
조선 후기 지방군이었던 속오군 편성을 보여 주는 자료이다. 본 성책은 평안도 숙천, 영유, 안주, 정주 지방의 속오군을 대상으로 이름, 나이, 거주지, 용모 등을 정리하고 있다. 경북 안동군 풍남면 유승우 소장.

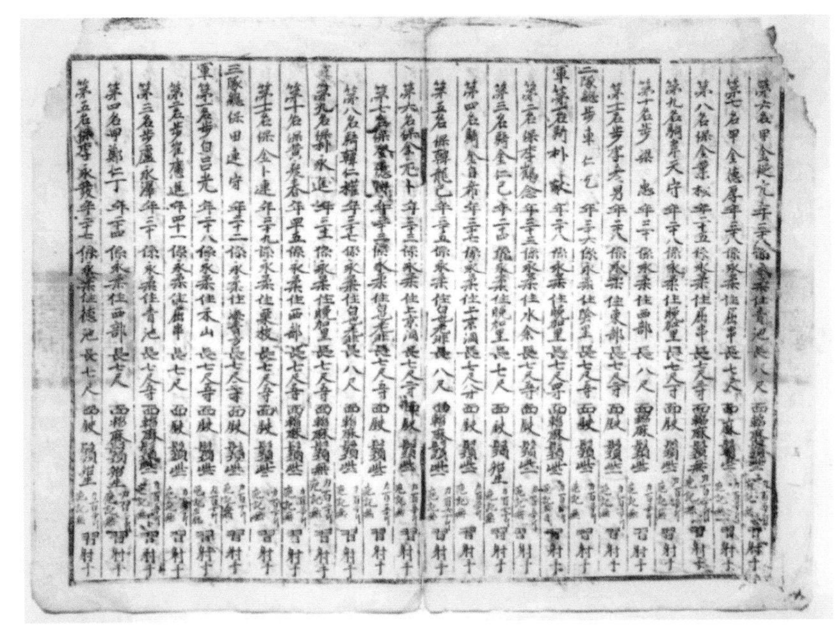

되었습니다. 이 때 군인에게 1개월에 쌀 9두를 급료로 지급했습니다. 번갈아 가며 근무하는 방식과 급료를 지급하는 방식이 더해진 것이지요. 그리고 어영청 소속 군인에게 지급할 급료를 확보하기 위해 많은 보인*을 두었습니다. 따라서 수많은 양인을 확보해야 했는데, 대략 10만 명이 필요했습니다. 양인 획보에 무리수를 두지 않을 수 없었고, 어영청 운영은 양역 폐단의 주된 요인이 됩니다.

한편 속오군은 임진왜란 당시 양인과 공천, 사천을 망라하여 조직한 지방군입니다. 당시 조총이라는 일본의 신무기에 대항하려면 포수를 양성하고, 군사 조직을 다시 정비해야 했지요. 이에 따라 중앙군으로 훈련도감군을, 지방군으로 속오군을 설치했습니다. 1594년(선조 27) 유성룡의 건의를 계기로 처음에는 황해도 지역에 편성했습니다. 전국의 속오군 수는 21만에 달했고, 이들은 평상시에는 농사와 무예

보인(保人)
정군(正軍)이 군사로서 근무할 수 있도록 도와 주는 장정이다. 결국 군포를 납부하는 노릇을 했고, 군영 입장에서는 보인을 많이 확보해야 많은 군포를 얻을 수 있었다.

훈련을 하다가, 유사시에 소집되어 국가 방어에 동원되었습니다. 훈련도감에도 사노(私奴), 다시 말해서 개인이 소유한 남자 종이 군인으로 들어갈 수 있었습니다. 사노가 만약 훈련도감 군인이 되어 공을 세우거나 무예를 인정받으면 사노 신분에서 풀려날 수 있었기 때문에, 사노의 주인은 이러한 조처에 크게 반발했지요. 그들은 자기 사노가 훈련도감이나 속오군에 들어가는 것을 반대했을 뿐 아니라 방해하고, 나아가 포학하게 다루기도 했습니다.

정묘호란 직후인 1627년(인조 5)에 속오군의 조직과 훈련만 전담하는 영장을 설치했지만, 효종 이후 지방 수령이 속오군의 병력 관리, 조직, 훈련을 모두 맡는 겸영장제로 바뀌었습니다. 사실상 속오군 훈련은 흐지부지했으며, 점차 양인은 제외되면서 천인 군대로 여겨졌습니다. 또한 도성 중심의 5군영 체제가 확립되면서 속오군은 있으나마나 한 상태가 되었지요.

붕당 정치와 군영의 관계

군영은 붕당 정치의 중요한 기반이었습니다. 붕당은 정권 획득을 목표로 하는 정치 집단으로, 붕당에 속한 사람들은 정책 대결과 함께 의리와 명분을 내세우며 대립했습니다. 그리하여 정권을 장악한 붕당은 병권을 확보하기 위해 힘을 기울였습니다. 특히 5군영 대장 자리를 놓치지 않으려고 안간힘을 썼습니다. 정치 권력을 안정적으로 유지하려면 군사력을 장악해야 했고, 그러려면 군영 대장과 병권을 차지해야 했지요. 여기에 붕당 정치와 군영이 연결되는 고리가 있습니다.

17세기 초반 인조 반정으로 새로운 왕을 세운 서인 세력은 군사력이 정권을 오래 유지할 수 있는 기반임을 정확히 알고 있었습니다. 이 때부터 이들은 병권 장악, 군사력 확보에 커다란 관심을 두었습니다. 인조 반정에 동원된 반정군은 1200명 정도. 그들은 대부분 반정을 위해 사적으로 모집한 사병이었지요. 반정의 주역들은 그 사병들을 국왕을 호위하고 궁성과 수도 지역을 방위하는 병력으로 바꿔나갔습니다. 그런 가운데 인조는 반정에 동원한 사병 일부를 재편하여 호위청을 설치했습니다. 호위청은 임시 관청이었지만 궁궐 안에서 국왕을 호위하는 중추 기능을 담당했지요. 호위청은 김류, 김자점 등이 장악하고 있어 서인 세력의 군사적 발판이 되었는데, 인조 말년에 가서 없어집니다.

인조 반정 뒤 조선 왕조의 정치는 서인과 남인이 공존하는 체제를 이루었지만, 그 체제를 뒷받침하는 중앙 군영은 서인이 독점하다시피했습니다. 서인 세력은 어영청, 총융청, 수어청 따위 군영이 새로이 설치될 때 이들 군영의 통솔권을 장악했습니다. 그리고 병자호란 뒤 북벌 계획을 추진하며 훈련도감과 어영청을 강화하는 과정에서도 군영 대장직을 차지하는 데 어긋남이 없었습니다.

현종 때부터 서인과 남인 사이에 병권 경쟁이 눈에 띄게 드러납니다. 그들은 자기네 입장에 맞는 적당한 군영을 설치하거나, 이미 있는 군영의 운영권을 장악하는 데 큰 관심을 보였습니다. 훈련대장을 남인계 인물이 맡으면서 서인들은 '정초청(精抄廳)'이라는 새로운 군영을 설치하려고 시도합니다. 또한 현종 말 숙종 초에 남인이 집권하면서 훈련 별대를 신설하고, 도체찰사부* 기능을 강화하여 자신들

도체찰사부
나라가 위태로울 때 영의정 등 의정이 맡는 임시직이었다. 이를 정규직으로 만들려는 계획이 도체찰사부 설치 시도였다.

의 병권을 확보하려 했습니다. 서인들은 군영을 총괄하는 도체찰사부 설치를 반대했지요. 서인과 남인이 병권을 장악하기 위해 대립했습니다. 그 뒤 환국이 잇따라 일어나면서 중앙 군영 통제권도 서인과 남인 사이를 오락가락합니다.

그러다가 숙종 후반 붕당 정치에서 탕평 정치로 넘어가는 변화는 군영의 성격에도 그대로 반영되었습니다. 금위영을 비롯한 5군영에 통일성을 부여하려는 시도가 많이 나타납니다. 물론 왕권 강화를 위해서였지요. 탕평 정치가 자리 잡은 영조 때에도 여전히 군영 대장직은 붕당에서 취락펴락합니다. 그러다가 정조에 이르러 장용영을 신설하면서 국왕 중심의 새로운 병권 운영 체제를 확립합니다. 이와 같이 중앙 군영 제도는 정치 체제와 밀접한 관련을 맺으며 바뀌어 갔습니다.

백성들의 생존을 위협하는 양역

조선에 사는 모든 남자들이 부담하던 '군역'이 양반을 제외한 양인 남자만 부담하는 '양역'으로 바뀐 것은 어찌 생각하면 자연스러운 일이었습니다. 지배층이라고 할 수 있는 양반 사족들이 일반 양인과 똑같이 부담하는 양역에서 벗어나려고 노력했기 때문입니다. 그리고 양반의 양역 면제야말로 양반임을 내세울 수 있는 하나의 근거였습니다. 더불어 양인들도 군인으로 복무하지 않는 대신 면포를 납부하는 것으로 바뀌었습니다.

임진왜란 이후 등장한 5군영이 자리를 잡으면서 백성들의 군역 부담은 더욱 커졌습니다. 군영들은 재원을 최대한 마련하기 위해 군포를 많이 확보해야 했고, 이를 위해 자기 군영에 소속된 양인 장정을 늘려야 했습니다.

이것 말고 백성들의 양역 부담에는 또 다른 문제가 있었습니다. 같은 양인인데도 어떤 이는 편안한 양역을, 어떤 이는 아주 힘든 양역을 졌습니다. 무슨 말이냐면, 실제 양역은 면포로 대신했는데, 어떤 이는 1년에 면포 2필을 내고, 어떤 이는 1필 또는 3필을 냈지요. 중앙 정부의 통제를 받아 재정 수입으로 연결된 경우는 대개 2필 또는 3필을 냈습니다. 그런데 중앙 정부의 통제에서 벗어나 있는 군영이나 여러 관청의 사사로운 역 부담의 경우에는 대개 1필 정도로 가벼운 부담을 졌습니다. 이러한 양역 부담의 불균등은 가벼운 역으로 양인들이 몰리게 하여 양역 문제를 더욱 심각하게 만들었습니다.

조선 후기 양역의 무거움은 한 집에 아버지와 아들 형제 통틀어 3~4인이 있는 경우를 가정해 보면 잘 알 수 있습니다. 이 경우 1년에 군포 6~8필을 내야 하는데, 이는 쌀로 환산하면 5~6석에 해당할 정도입니다. 여기에 이떤 사정으로 양역을 지는 백성이 도망갈 경우, 이웃이나 친척들은 대신 군포를 내야 했습니다. 심지어 무덤에 누운 백골까지도 군포를 내고, 입가에 누런 자국이 사라지지 않은 어린이도 양역을 진다는 한탄이 나올 지경이었지요.

또한 5군영뿐만 아니라 지방의 감영이나 병영에서도 군포를 따로 징수했으니, 한 사람의 양인이 이중 삼중으로 수탈당하는 경우가 허다했습니다. 게다가 각 군현 단위로 군포를 거두는 수령과 아전들은 잇속을 챙기려고 부정 행위를 서슴지 않기도 했습니다. 또 소속 기관에 따라 면포 1필의 규격이 5승포 35척이거나 6승포 40척 등으로 들쭉날쭉했습니다.

이런 처지에서 양인 농민 가운데 형편이 조금 나은 사람은 향리에게 뇌물을 주고 양역에서 빠져나갔습니다. 어떤 경우는 호적을 고쳐 양역 부담 대상자에서 빠지거나, 공명첩을 사들여 양반 신분을 사서 양역 부담에서 벗어나기도 했습니다. 이렇게 부정이 저질러지고 빈틈이 생기자, 그 부담은 더 무거운 짐이 되어 가난한 농민층에게로 쏠렸습니다.

양역 부담이 양인의 생존을 위협하는 상황이 되었습니다. 17세기 중반부터 18세기 중반까지 진행된 '양역 변통 논의'는 피할 수 없는 문제였습니다. 그때 그때의 정치 상황이나 집권 세력의 성향, 그리고 민생 문제 해결에 임하는 자세, 이해 관계의 변화에 따라 방법에 차이가 있지만, 양역의 고통을 해결해야 한다는 데에 동의하지 않는 정치 세력은 없었습니다.

양역 문제 해결을 위한 논의

양역의 폐단을 고쳐 백성들의 살 길을 마련해 주는 일은 더 이상 미룰 수 없는 과제였습니다. 다만 방법이 문제였습니다. 정치 세력들은 가장 실현 가능한 방안이 무엇인지 수십 년에 걸쳐 논쟁하면서 대책을 찾았습니다. 당연히 정치 세력에 따라 양역 폐단의 원인에 대한 진단이 달랐고, 이에 따라 양인의 부담을 덜어 주는 내용도 달랐지요. 이 논의는 결국 영조 때인 1750년에 이르러 균역법 시행으로 최종 정리됩니다. 여기에서는 효종 이후 숙종 말기까지의 논의 과정을 살펴보겠습니다.

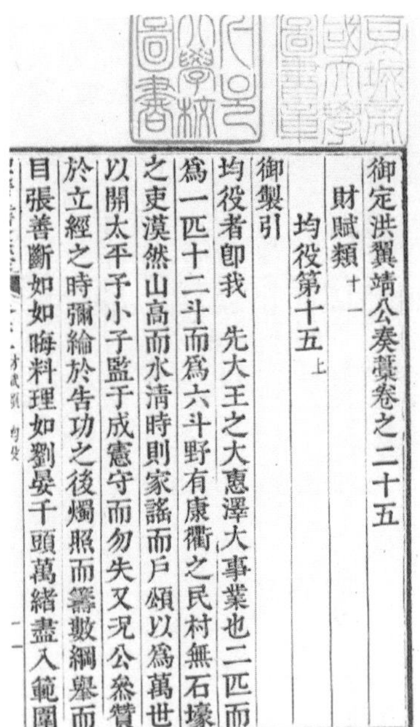

御定洪翼靖公奏藁卷之二十五

財賦類 十一

均役第十五 上

御製引

均役者卽我 先大王之大惠澤大事業也二匹而爲一匹十二斗而爲六斗野有康衢之民村無石壕之吏漢然山高而水清時則家謠而戶頌以爲萬世以開太平予小子監于成憲守而勿失又況公參贊於立經之時彌綸於告功之後燭照而籌數綱擧而目張善斷如如晦料理如劉晏千頭萬緒盡入範圍

균역법 논의 과정을 적은 기록
영조 때 재상으로 활약한 홍봉한의 상주(上奏)과 이에 대한 영소의 비답(批答)을 보은 책이 《어정홍익정공주고》이다. 이 책에 실려 있는 균역 부분은 균역법 시행에 이르는 논의 과정을 보여 준다.

균역의 폐단을 고치려는 개혁론은 크게 대변통론과 소변통론으로 나눠 볼 수 있습니다. 크게 바꾸어야 하는지(대변통론), 조금만 바꾸어도 되는지(소변통론)로 의견이 나뉘었다는 말이지요. 오랜 세월에 걸쳐 진행되었기 때문에 특별히 논의를 주도한 사람을 들기는 어렵습니다.

먼저 소변통론은 양역의 폐단이 양역을 부담하는 양인 남자가 부족하기 때문에 나타난 현상이라고 보고, 이 문제 해결을 목표로 삼는 논리입니다. 그리하여 군역을 지지 않는 양인을 찾아내고, 또한 군사 숫자를 줄여 군사비 지출을 줄이는 방안을 제안하며, 군영을 혁파하여 아예 군액(군영에 소속된 병사들의 숫자)을 없애는 방법도 검토했습니다. 또 여러 가지 운영상의 문제점을 없애는 방안도 만들었습니다. 마지막으로 현재의 양역 부담을 절반으로 줄여 주는 감필론을 유력한 개신안으로 제기했습니다. 사실 김필론은 가장 실현 가능한 방안이었지요. 하지만 군포 2필을 1필로 줄였을 때, 줄어든 수입을 보충할 수 있는 대체 방안이 무엇인지, 그리고 줄어든 수입으로 군영을 어떻게 운영해 나갈 것인지가 문제였습니다. 이러한 문제를 포함하여 내놓은 해결 방안이 바로 영조 때 마련한 균역법입니다.

다음으로 대변통론은 한 마디로 양역 자체를 없애자는 주장입니다. 근본적으로 양역 폐단의 원인은 양역 부담을 양인만 지는 불공정함에 있다고 보았지요. 따라서 여러 개혁안을 제시했는데 기본 골격은 양역을 양반 사족층에게도 지우자는 것이었습니다. 대표적인 방안이 호포론, 구전론, 유포론, 결포론 네 가지입니다. 호포론이란 호를 단위로 하여 상민뿐 아니라 양반 가구에게도 포를 부과하자는 주장입니다. 그리고 군포를 폐지하고 토지에 부가세를 만들어 그 비용을 충당하자는 주장이 결포론이고, 놀고 있는 양정을 찾아내고 양반 자제와 유생한테서 군포를 거두자는 주장이 유포론입니다. 마지막으로 구전론은 군포를 폐지하고 장정 1인당 얼마씩 동전으로 징수하자는 주장입니다.

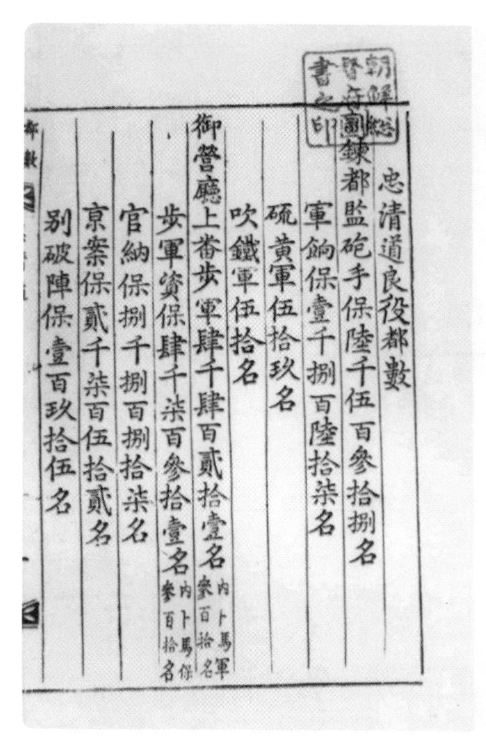

忠清道良役都數
訓鍊都監砲手保陸千伍百參拾捌名
軍餉保壹千捌百陸拾柒名
硫黃軍伍拾玖名
吹鐵軍伍拾名
御營廳上番步軍肆千肆百貳拾壹名 內卜馬軍參百拾名
步軍資保肆千柒百參拾壹名 內卜馬保參百拾名
官納保捌千捌百捌拾柒名
京案保貳千柒百伍拾貳名
別破陣保壹百玖拾伍名

양역실총(良役實摠)
영조 때 균역법을 시행하기 전에 양역의 실상을 조사하여 수록한 책이다. 효종 이후 이어진 양역 변통론은 결국 영조 때 균역법에서 감필로 마무리되었다.

그런데 호포론으로 대표되는 대변통론을 사족 중심의 양반층은 어떻게 받아들였을까요? 당연히 아주 격렬히 반대했지요. 양반층이 누리는 양역 면제야말로 양반 사족의 자존심이자 체면을 지켜 주는 상징이었으니까요. 양인과 똑같이 양역을 짊어진다면 양반이 양반으로 살아갈 수 없다고 판단했습니다. 이를 명분 문제로 파악했는데, 양반이라는 이름(名 : 명)과 상민이라는 이름에는 적절한 나눔(分 : 분), 그리고 지켜야 할 분수가 있어야 한다는 논리입니다. 그러니 호포론을 비롯하여 양반에게 불리한 대변통론이 시행될 길은 아득했지요.

결국 숙종 후반에 이르러 가장 현실적으로 시행할 수 있는 해결 방안이 감필론이라는 데 많은 관료들이 동의합니다. 그래서 마침내 균역법이 등장합니다.

서울, 상업 도시로 성장하다

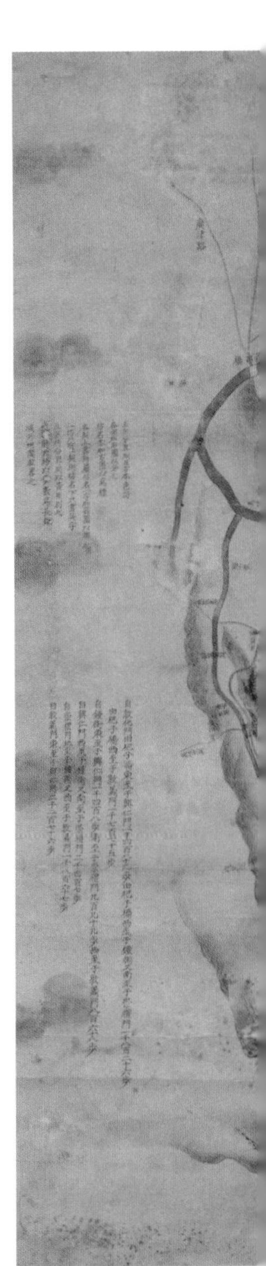

상업 도시로 변모하는 한성부

조선의 왕도 한성부는 17세기가 지나면서 인구가 증가하고 공간이 크게 확대되어 도성 밖으로 도시 지역이 발달합니다. 도시 지역이 차츰 넓어져서 한성부의 행정 편제까지 바뀌었지요. 규모 면에서의 성장은 한성부를 소비 도시이자 상업 도시로 그 성격을 바꾸어 놓습니다. 조선 후기에 뚜렷이 나타나는 상업 발달의 움직임은 한성부의 도시 성장 과정에서 찾아볼 수 있습니다.

조선 초기에 한성부는 도성 안만 일컬었습니다. 도성 밖은 성저 십리(城底十里)라 하여 별도의 지역일 따름이었지요. 17세기 중엽을 거치면서 도성 안뿐만 아니라 한강 인근과 사산의 금표 지역*으로 인구가 크게 몰렸습니다. 17세기 후반 한성부와 주변 지역에 거주한 실제 인구는 20만을 넘어 30만 명 정도로 추정됩니다. 또 유길준의 기록에 따르면, 19세기 후반 서울 인구는 성인 40만, 미성년자 10만, 유아 5만 등 총 55만 명이었다고 합니다.

한성부의 인구가 증가한 요인은 여러 가지이지만, 전국에서 사람들이 한성부로 모여든 것이 가장

사산(四山)의 금표(禁標) 지역
출입이 제한되었던 한성부 네 곳의 산 일대. 사산은 인왕산, 백악산, 남산, 낙산을 말한다.

경강(京江)
지금의 광나루부터 양화진까지 한성부를 감싸고 도는 한강 인근 지역.

도성도(都城圖)
18세기 후반에 작성된 지도로 추정된다. 도성 안에 도로망을 빨간 선으로 표시했는데, 구불구불한 골목길을 그대로 옮겨 놓은 듯 실감을 자아낸다. 그리고 도성 바깥 서쪽과 남쪽에 나타난 도시적 성장 분위기도 도로망 표시에 그대로 드러나 있다. 보물 853호.

큰 요인입니다. 서울로 몰려온 사람들은 경강*이라고 불린 한강 인근 지역, 남산 등 출입이 제한되었던 사산 금표 지역으로 거주지를 넓혀 나갔습니다.

17세기 후반 들어 한성부는 경강의 상업 중심지인 용산, 서강, 한강, 두모포(지금의 옥수동) 등지로 행정 구역이 넓어졌습니다. 18세기 초에는 서북쪽 경계가 양화진에서 모래내 지역까지 늘어났지요. 1751년 영조가 내린 〈어제수성윤음〉을 보면 경강 주변에 두모방, 한강방, 둔지방, 용산방, 서강방 등 5개 방이 신설되었음을 알 수

있습니다. 이러한 행정 구역 변동은 18세기 전반 이후에 나타났지만, 그 원인은 17세기 이후 한성부 인구가 늘어난 데 있다고 할 수 있습니다.

한성부가 상업 도시화되면서 전통적 상업 중심지였던 종로의 시전 거리 말고 배오개(梨峴 : 이현, 지금의 종로 4가 광장 시장)와 칠패(七牌, 지금의 남대문 시장 일대)가 대규모 시장으로 성장했습니다. 또한 18세기 이후에는 서울 교외에서 상업을 위한 농업도 발전했습니다. 화폐 경제가 서울의 경제 활동을 지배하게 되면서 "서울은 돈으로 생업을 삼으며 8도는 곡식으로 생업을 삼는다"라는 지적이 나올 정도였지요. 그리하여 18세기 이후가 되면 서울은 명실상부한 전국 시장권의 중심 도시가 됩니다.

한성부가 상업 도시로 성장한 데에는 무엇보다도 한성부를 감싼 경강 주변에서 상업 중심지가 발달한 것이 큰 몫을 했습니다. 경강의 물줄기를 따라 상류에서 하류 쪽으로 광진, 삼전도, 두모포, 한강진, 노량진, 용산, 마포, 서강, 양화진 등 서울과 남부 지역을 연결하는 주요한 나루가 점점이 자리해 있었습니다. 이러한 나루는 배를 대는 곳이고, 사람이 강을 건너는 곳이며, 상인이 활동하는 교역의 중심지였지요.

18세기 이후 경강은 서울의 관문으로서 전국 교통 운수의 중심지 역할을 했고, 곳곳에 자리한 나루는 저마다 외방의 포구와 같은 구실을 했습니다. 특히 용산과 마포, 서강 포구에서 활동하는 상인들은 막강한 자본력과 유통 장악력을 바탕으로 종로의 시전 상인에 맞먹는 상권을 형성합니다. 이들을 경강 상인이라고 불렀지요.

상권 확대와 더불어 상업 중심지도 확산되었는데, 경강은 이러한

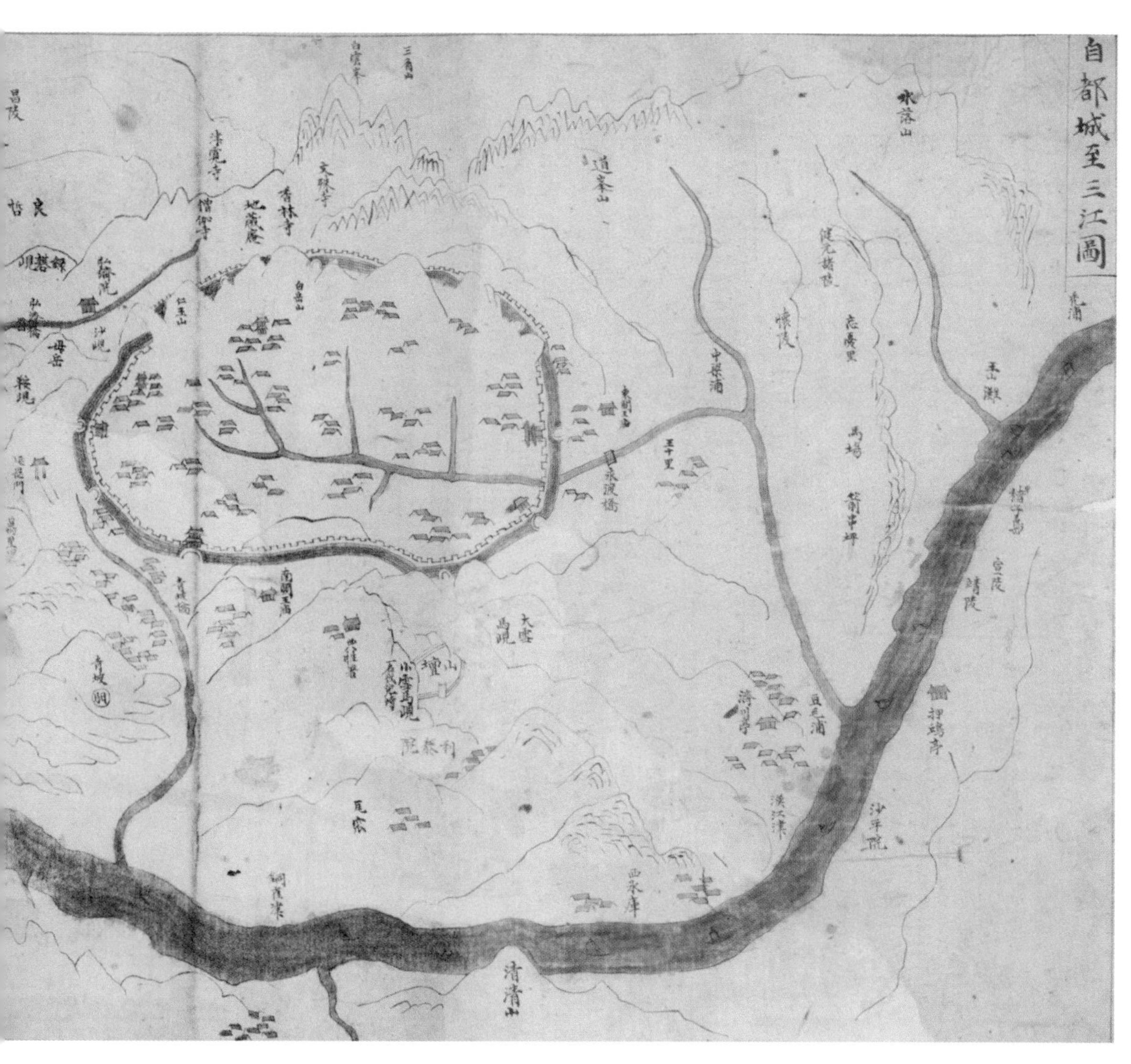

자도성지삼강도(自都城至三江圖)
도성에서 한강의 삼강(三江)에 이르는 주변 지도. 삼강은 서강, 용산강, 한강진을 뜻한다. 보물 853호.

사정을 아주 분명히 보여 줍니다. 경강을 부르는 명칭이 경강 지역의 유력한 상업 중심지 숫자에 따라 바뀌었기 때문이지요. 17세기 후반에는 3강(한강, 용산강, 서강), 18세기 중엽에는 5강(3강+마포, 망원·합정), 18세기 후반에는 8강(5강+두모포, 뚝섬, 서빙고), 19세기 전반에는 12강 등으로 나타나 있습니다. 이렇게 강 숫자가 늘어났다는 것은 곧 경강의 상업 중심지가 늘어났음을 가리킵니다.

경강의 포구 가운데 용산은 경상·강원·충청·경기 등 내륙 수운을 이용하여 경강으로 모인 세금, 곧 곡물을 배에서 내리는 장소로 이름을 떨쳤고, 서강은 황해·전라·충청도 등 해로를 통한 세곡 운송의 중심지였으며, 마포는 서해안과 한강 상류를 연결하는 교통 요지로 특히 새우젓이나 절인 생선을 취급하는 곳으로 유명했습니다. 마포의 경강 상인은 서해안에서 경강으로 들어온 선박들 거의가 거쳐 간다는 지리적 이점을 기반으로 전국 어물 상권의 중심에 섰습니다.

17세기를 거치면서 인구가 증가하고, 경강을 중심으로 상업 중심지가 활성화되면서 한성부는 어엿한 상업 도시로서 모습을 드러냅니다. 한성부의 성장 과정에서 조선 후기에 상품 화폐 경제가 발전하는 모습도 엿볼 수 있습니다. 한성부는 이제 전국적인 유통의 중심지일 뿐만 아니라 문화와 교육의 중심지로 성장합니다. 또 이러한 성장에 걸맞게 도시 정비 사업도 추진되어 도로와 교량의 관리 보수가 중요한 과업으로 떠오릅니다.

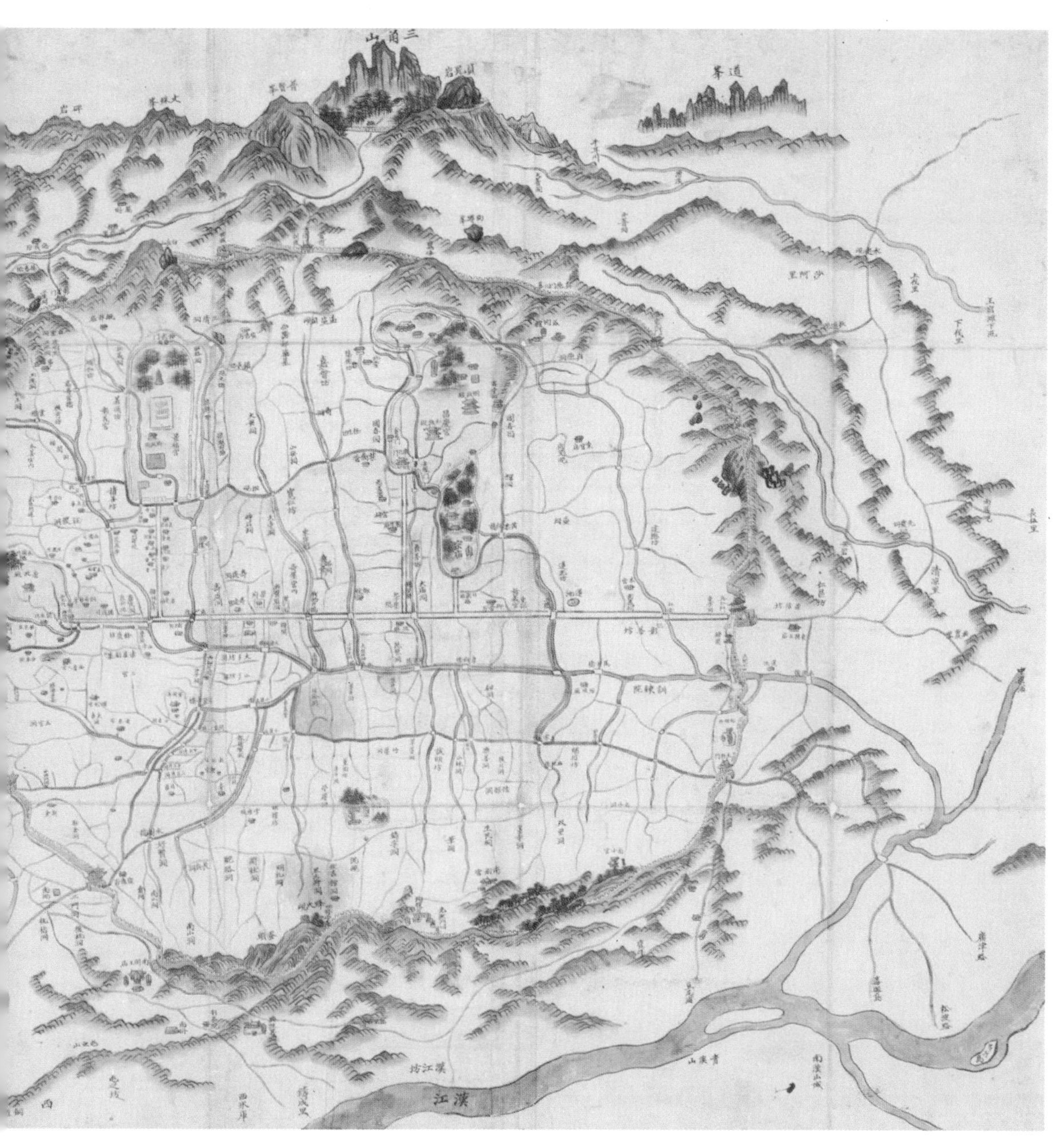

1750년대의 도성 도성 안은 축척이 균일하나 도성 밖은 소축척으로 그렸다. 도성 외곽 지역의 인구 증가 등을 반영하는 행정 구역 이름을 볼 수 있다.

지방 장시, 시장으로 발전하다

15세기 말 전라도 남쪽 지방에 농촌 시장인 장시가 생겨났습니다. 이에 대해 당시 실록은 천재지변으로 발생한 굶주림 같은 어려움에서 벗어나기 위해 농민들이 마련한 자구책이라고 적었습니다. 하지만 이 기록을 그대로 받아들이기 어렵습니다. 장시는 처음 등장한 뒤 곧바로 정기 시장으로 발전했기 때문입니다. 곧 장시는 처음부터 교역 장소, 상품 거래처 성격을 띠었던 것입니다.

15세기 말 전라도와 충청도에서 매달 몇 차례씩 무리를 지어 모여서 교역하던 곳으로 여겨지던 장시는 16세기 초반에는 전국의 모든 도에서 열릴 정도로 빨리 퍼졌습니다. 따라서 장시에서 벌어진 경제 활동을 중심으로 장시의 발생을 설명해야겠지요. 이 경우 농촌에서 상품 거래가 이루어지는 시장 구실을 했다는 점에서, 장시의 등장은 농업 생산력이 크게 성장한 결과라고 할 수 있습니다.

농업 경제 기반이 다져지면서 15세기 말 이후에 나타난 장시는 지방 사회의 상품 유통 구조가 발달하는 데 밑바탕이 되었습니다. 거름을 주는 기술, 인분 등 시비 재료를 활용하는 방법 등이 개발되어 단위 면적당 생산력이 크게 늘어난 결과, 소농민들은 남은 생산물을 농촌 시장에서 교역했습니다. 그리고 16세기 중반 이후 정기적인 장시가 열리면서 전국 각지에서 생산되는 수공업 제품을 장시에서 교환하는 단계로 나아갑니다.

이쯤에서 지방 장시의 기능을 정리하고 이후의 발달 과정으로 넘어갈까요? 이 시기 장시의 기능은 세 가지 정도로 요약할 수 있는데요, 먼저 장시는 연산군 이후 늘어난 공물을 교역을 통해 확보하여 납부하는 통로를 크게 열어 주었습니다. 이 통로를 이용하여 지방 수령과 권세가들은 방납을 훨씬 쉽게 할 수 있었지요. 둘째로 장시는 16세기 이후 전국으로 확산되면서 정기 시장으로 발전하여 농촌 사회의 구성원인 농민과 수공업자 등이 상품 교환에 참여하는 시장 역할을 했습니다. 작은 규모로 상품을 생산하는 직접 생산자들이 서로 직접 교역을 하는 농촌 시장이었지요. 마지막으로 장시는 농민들이 이익을 얻기 위해서 사회적 분업과 교환 경제를 형성해 나가는 장이었습니다.

장시는 이런 기능을 담당하면서 끊임없이 발전해 갑니다. 그래서 16세기 중엽에 이르면 매달 세 차례씩 장시가 열리는 지역도 생겨납니다. 10일장이지요. 16세기 말에는 경기 지방에서도 장시가 여기저기 나타났습니다. 시전 중심으로 상품이 유통되던 한성부 주변 지방에 장시가 개설되었다는 것은, 장시가 전국으로 확산되었음을 단적으로 알려 줍니다. 계속해서 임진왜란을 거친 뒤 장시는 수적으로 크게 증가했고, 더불어 장시가 열리는 횟수도 잦아졌습니다.

17세기로 넘어설 무렵에는 조선 전역에 한 달 30일 가운데 장이 서지 않는 날이 없다고 할 정도에 이릅니다. 1607년(선조 40) 사헌부에서 "오늘은 이 읍의 장시에 나가고 내일은 이웃 읍의 장시에 나간다. 또 다음 날은 또 다른 읍으로 나가고, 이렇게 한 달 30일 내내 장이 서지 않는 날이 없다"라고 말했습니다. 이 무렵 장시는 30~40리 지점마다 설치되고 5일마다 열리는 5일장으로 발전했습니다. 다만 아직 여러 곳의 장시가 유기적으로 연결되어 하나의 상품 유통권(장시권)이 마련된 단계에는 이르지 못했습니다.

김홍도가 그린 부부 행상
장시에 다녀오는 듯한 부부 행상의 모습.

17세기를 지나면서 장시는 읍치 중심이라는 제약에서 벗어나 산골짜기 시골까지 확대되었습니다. 상품 화폐 경제가 발달하면서 확산된 장시는 농촌 경제가 활성화되면서 빠르게 발전합니다. 대동법 실시에 따른 공인의 활동, 부역 노동에서의 임금제 정착, 전국적인 화폐 유통이라는 현상들이 서로 영향을 끼치면서 농촌 사회를 상품 화폐 경제 안으로 깊이 끌어들인 것입니다.

17세기 말에 들어서면 특정 지역의 여러 장시들끼리 유기적 연계망이 꾸려집니다. 결국 장시가 발달하면서 그 동안 시전 중심이었던 상품 유통 체계에 맞서 장시 중심의 사상(私商)이 새로운 세력으로 등장합니다. 그리하여 18세기 이후 사상과 시전 상인의 갈등이 폭발할 때 장시는 사상들의 활동 근거지가 됩니다.

상품 화폐 발달 과정에 행상도 한몫을 담당합니다. 행상(行商)은

보상(가운데)
보상은 비교적 값비싼 필묵, 금·은·동 제품과 같은 정밀한 세공품을 보자기에 싸서 들고 다니거나 질빵에 걸머지고 다니며 판매하여 봇짐장수라고 했다. 김홍도, 〈성하부전〉, 19세기 초.

부상
부상은 나무그릇 · 토기 등과 같은 비교적 조잡한 일용품을 지게에 지고 다니면서 판매하여 등짐장수라고 했다. 권용정, 〈보부상〉, 연대 미상.

말 그대로 지역권을 넘어 여러 지역을 돌아다니며 상업 활동을 펼치는 상인을 말합니다. 보부상이 여기에 속하지요. 이들은 농촌 사회에 부족한 물품을 보충해 주거나, 구하기 어려운 여러 수공업 제품과 소금이나 생선 같은 해산물을 농민들에게 제공했습니다. 이들 행상을 통해 농민들은 해당 지역에서 구하기 힘든 생활 필수품이나 일용품을 구입하고, 또한 공물 등 부세 납부에 필요한 물품들을 마련했습니다.

지방 행상들은 배를 이용해 더 멀리 움직이기도 했습니다. 이들은 수상(水商) 또는 선상(船商)으로 불렸지요. 그들 가운데에는 생선, 소금, 미곡 등을 운송해 주고 운임을 받거나, 생산지에서 소금 등을 매입하여 운반하고 직접 소비자에게 판매하는 자들까지 여러 부류가 있었습니다. 이러한 선상의 활동 가운데 하나가 조운(漕運)입니다.

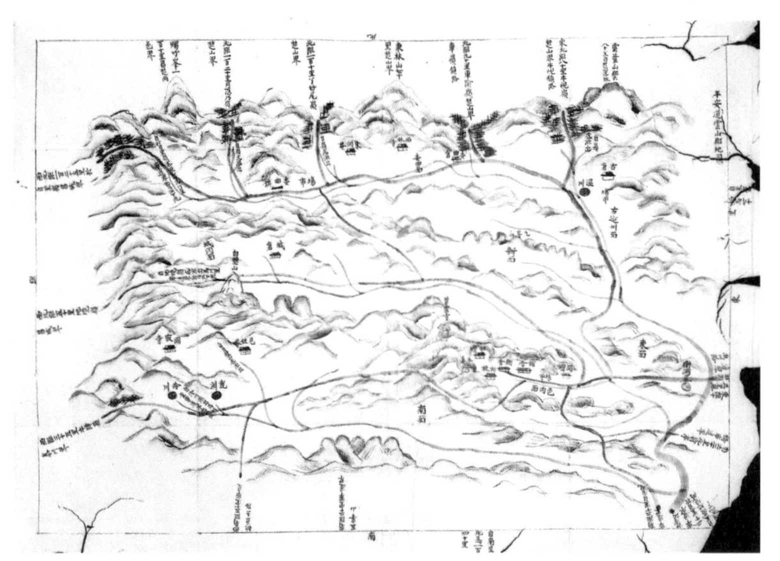

평안도 운산군 지도
평안도 운산군 지도로 읍내를 비롯한 창고, 장시, 사찰, 도로망 들이 자세히 표시되어 있다.

조운은 가장 조직적이고 규모가 큰 운송 체계였습니다. 따라서 이러한 조운망을 중심으로 지방 유통 기구도 형성되었지요.

조선 초기에는 양반 지주층이나 관청이 지방 행상들의 주요 고객이었지만, 농민을 대상으로 점차 확대되었습니다. 그에 따라 상업에 종사하는 농민 수도 늘어났고, 농민들은 유통 경제에 더욱 익숙해졌습니다.

화폐 – 면포에서 상평통보로

17세기 후반까지 물건을 교환할 때 주로 이용한 화폐는 무엇일까요? 물품 화폐인 면포, 곧 목면입니다. 물품 화폐란 물품이 본래 지닌 용도로 사용할 수 있고, 더불어 화폐로도 이용되는 물건을 말합니다. 대표적인 물품 화폐인 면포는 옷을 만들 때 옷감으로 이용되면서, 시장에서는 다른 물건을 사고 팔 때 기준이 되는 화폐 역할도 했지요. 17세기 후반까지 면포가 주된 화폐였다면, 17세기 후반부터는 금속 화폐인 상평통보가 본격적으로 화폐 자리를 차지합니다.

15세기에 조선 정부는 저화(楮貨)라는 지폐와 마포, 곧 삼베인 정포를 나라의 공식 화폐로 지정했습니다. 하지만 면화 생산이 크게 늘어나면서 면포가 물품 화폐로 널리 이용되었지요. 면포는 조선 전역에서 가치 면에서 커다란 차이가 없고, 일상 생활에서 반드시 필요한 동시에 세금 납부에도 쓰였습니다. 따라서 모든 물품의 상대 가치를 판별하고 결정하는 데 기준 물품이 될 수 있었지요. 이런 물품이 또 있지요? 그렇습니다. 쌀입니다. 면포가 쌀처럼 다른 물품들의 가치를 판별해 주는 기준 물품이 된 것입니다.

면포는 주로 16~17세기에 물품 화폐로 이용되었고, 지방 장시를 통해 농민층이 유통 경제에 참여하는 데 이바지했습니다. 《조선 1》에서 자세히 설명했듯이, 정포 말고 거친 추포를 만들어 소액 화폐로 이용하기도 했지요. 또한 면포는 16세기에 중국, 일본과 벌인 국제 무역에서 수출품이자 지불 수단으로 쓰이기도 했습니다. 전답을 사고 파는 경우에도 면포는 화폐 구실을 했습니다. 매매 기준이 되는 토지 가격을 매기는 단위가 바로 면포였지요. 17세기 후반에 들어서야 비로소 금속 화폐인 상평통보가 토지 가격을 매기는 단위로 등장합니다.

면포와 같은 물품 화폐가 쓰인 것은 상품 화폐 경제가 발달한 결과였습니다. 하지만 기본적으로 물품 화폐는 본래 쓰임새가 있어서 그 자체의 값어치가 계절이나 지역 또는 풍흉에 따라 오르락내리락했기 때문에 더욱 안정된 가치를 지닌 화폐가 필요했습니다. 예를 들어 날씨 때문에 벼농사가 흉년이 된다든지, 같은 이유로 면화 생산에 차질이 생기면 쌀과 면포의 가격이 크게 오르고, 이에 따라 다른 상품의 교환 비율이 달라집니다. 이를테면 면화 생산의 풍흉에

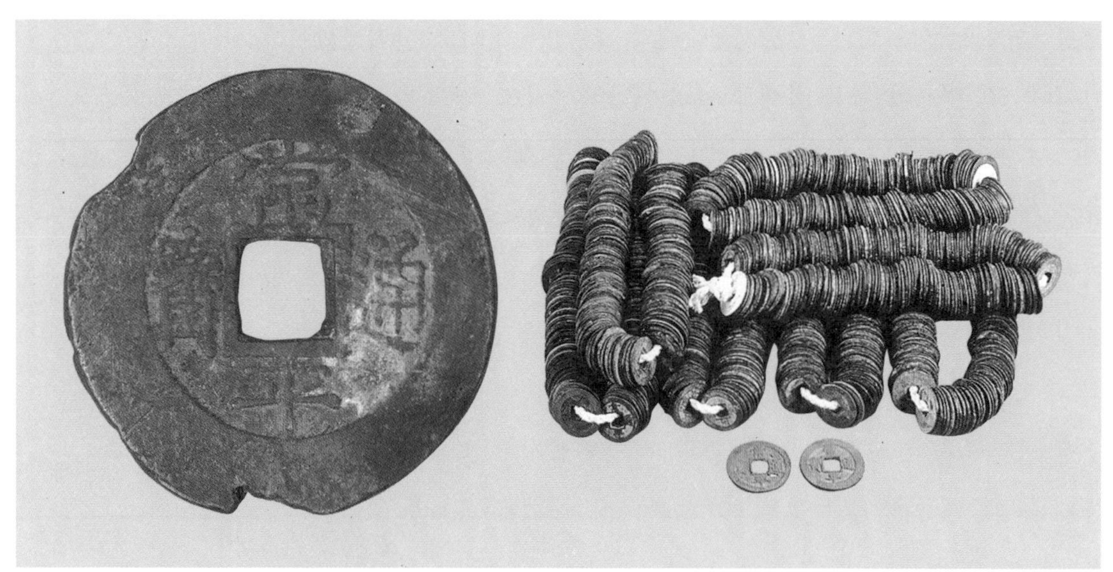

상평통보
1633년(인조11)에 만들어 사용하기 시작하여 200여 년 동안 통용되던 엽전이다.

따라 생선 한 마리 가격이 달라진다면 이상하겠지요? 따라서 상품 유통이 활성화됨에 따라 상품 교환 비율을 일정하게 유지할 수 있는 금속 화폐가 필요했습니다.

이미 고려 시대에 금속 화폐를 써 본 경험이 있기 때문에, 여건이 마련되고 동전을 만들자는 주전론이 일어나기만 하면 금속 화폐를 유통시킬 수 있었습니다. 면포가 화폐 기능을 하는 상황에서도 조정에서는 중국이나 일본처럼 금속 화폐를 활용하자는 동전 주조론이 제기되기도 했습니다. 실제로 인조와 효종 때 여러 번 동전을 발행하여 유통을 시도했는데 실패했지요. 그러다가 1678년(숙종 4), 영의정 허적, 좌의정 권대운의 주장에 따라 상평통보를 다시 만들어 유통시키면서 금속 화폐 유통이 본격화되었습니다.

상평통보는 우리 나라 화폐 역사상 전국에서 유통된 최초의 동전인 금속 화폐입니다. 처음에는 서울과 평안도 지역에 유통시키다가 서서히 전국으로 보급되었고, 고종 때까지 200여 년에 걸쳐 다양한 상평통보가 만들어졌습니다. 주전을 담당한 관청에 따라, 동전에 새겨진 글자체에 따라, 천자문의 글자 순서에 따라, 목화토금수라는 오행의 순서에 따라 만들어 모두 3000여 종류가 발행되었지요.

전국에 걸친 상평통보 유통은 상공업이 거듭 발달하고, 농업 생산에 의존하는 데 따른 국가 재정의 어려움을 해소하는 데 이바지했습니다. 하지만 관청 등에서 고리대금업을 성행시켜 농민의 몰락과 농촌 사회의 분화를 가져오고, 지방 관리가 농민을 착취하는 데 동전을 이용하는 등 사회 문제를 낳기도 했습니다.

그렇다면 상평통보가 조선 시대 말기까지 약 2세기에 걸쳐 화폐의 일반 기능을 수행할 수 있었던 이유 무엇일까요? 첫 번째는 국내의 교환 경제(상업 유통)가 발달하기 시작하면서 일반적인 교환 수단이 필요했기 때문입니다. 두 번째는 조정에서 끊임없이 동전 통용을 추진했고, 개성 등지를 비롯한 일부 지방에서 화폐 유통을 계속 시도하여 화폐에 대한 백성들의 인식이 높아졌기 때문입니다. 그리고 세 번째는 국가 재정을 보완하기 위함이었습니다. 국가의 지출이 계속 늘어나자, 그것을 보충할 수 있는 방법의 하나로 화폐를 주조하고 유통시킨 것입니다.

4

양반 중심으로 움직이는 조선

양반 지배 체제의 운영과 변동

중인 형성과 반상제 정립

중인 계층이 형성되다

조선 사회는 기본적으로 양인과 천민이라는 두 신분이 큰 줄기를 이룹니다. 그러나 세월이 흐르면서 문반과 무반 관리를 일컫던 말인 양반이 하나의 신분으로 굳어지고, 이 양반층에서 떨어져 나온 중인 또한 하나의 신분층으로 자리를 잡아 갑니다. 결국 양인은 양반, 중인, 상민으로 나뉘고, 다시 양반과 중인으로 이루어진 지배층과 상민과 천민이라는 피지배층으로 구분됩니다. 그럼 하위 지배층에 속했던 중인 계층을 먼저 살펴보겠습니다.

중인(中人)이란 법률로 규정된 계층이 아니라, 조선 사회에서 새롭게 만들어진 특정한 신분 계층을 가리킵니다. 좁은 의미로는 중앙의 기술 관청에 근무하는 기술 관원을 일컫습니다. 질병 치료와 약 처방을 담당하는 의원, 중국어와 일본어를 통역하는 역관, 형률을 담당하는 율관, 천체 관측과 달력 제작을 담당하는 천문관 등 잡과 출신이 대부분이지요. 그리고 넓은 의미로는 앞서 열거한 좁은 의미의 중인에다가 향교에 소속된 생도인 교생, 향리(아전), 서얼을 포함한 사람들을 가리킵니다. 향리는 주로 지방 관아에 근무하는 수령 보좌를 맡은 사람들인데, 중앙 관아에 근무하는 자는 '서리'라고 불렀습니다. 그리고 서얼은 양반의 첩이 낳은 자손을 가리킵니다.

중인이라는 명칭은 양반과 상민의 중간 신분이라는 의미를 지닙니다. 중인이 하나의 신분 계층으로 자리 잡는 시기는 대략 16세기 후반으로 설정할 수 있습니다. 중인들 스스로는 중인 칭호가 17세기 전반인 인조 때 나왔다고 설명하지만, 이는 중인의 기원을 가능하면 사족과 밀접하게 연관시키려는 의도에서 나온 발상으로 보입니다. 중인이 맨 처음에는 사족의 일원이었으니 다시 제자리로 돌아가는 게 마땅하다는 이야기이지요.

중인들은 여러 가지로 차별을 받았습니다. 가장 대표적인 차별이 청현직*으로 불리는 요직 임명에서 제외된 것입니다. 사실 의원(의사)이나 역관(통역사) 같은 중인은 오늘날의 직업관에서 보면 사회에서 인기도 높고 중요한 역할을 하는 직업인데 말입니다. 중인은 관료로 일하더라도 일정한 품계 이상은 올라가지 못했습니다. 이를 법률 용어로 '한품거관'이라고 하는데, 법전상 기술 관원은 정3품 당하

청현직(淸顯職)
사헌부, 사간원, 홍문관, 승정원 같은 주요 관청의 관직 자리.

관까지만 승진할 수 있었습니다.

이처럼 처음에는 사족과 같은 양반층이었으나 중인 대부분에 속하는 기술 관원과 서얼이 차별받은 이유는, 양반층의 범위를 가능한 한 제한하려 했기 때문입니다. 양반층의 범위를 좁혀 놓아야 기존의 양반들이 누려 오던 특권을 계속 지켜 나갈 수 있었겠지요. 서얼의 승진 품계를 제한하고, 기술직 중인의 승진을 반대한 일 등이 그러한 움직임이었습니다. 그리고 중인 신분 성립 자체가 양반층 내부에서 일정한 부류를 떼어 내는 일이기도 했습니다.

양반과 중인, 상민 사이에는 신분 장벽이 엄격했지만, 절대로 무너지지 않는 철옹성은 아니었습니다. 조선 왕조에서 양반, 중인, 상민 사이의 신분 이동은 여러 이유로 끊임없이 이루어졌습니다. 그리고 이러한 신분 변동은 조선 후기로 갈수록 더욱 심해집니다.

재지 양반의 자리 잡기

향촌 사회에서 으뜸 가는 지위를 지닌 재지 양반은 조선 시대 지배층의 일부분을 차지했습니다. 그런데 17세기 후반 이후 환국이 자주 일어나면서 붕당 정치가 격화되고, 이후 탕평 정치, 세도 정치가 나타나면서 재지 양반의 관직 진출이 힘들어집니다. 서울 양반과 시골 양반의 분화는 한쪽의 일방적인 우세였지요. 당시 서울 양반은 '경화사족(京華士族)', 시골 양반은 '향반(鄕班)'이라고 불렸습니다. 물론 서울과 지방의 격차가 심각해지기 전에는 서울 양반이라고 해서 재지 양반을 무시할 수 없었고, 오히려 서로 밀접하게 교류했습니다.

소를 이용한 외출
소를 농사에만 이용한 것이 아니라 사람과 물건을 실어 나르는 데에도 활용했다. 물론 이 때에도 남자 종이 소 고삐를 잡아 주었다. 정선이 그린 《경교명승첩》 중 〈사문탈사〉. '사문탈사(寺門脫蓑)'란 말 그대로 절 문에서 도롱이를 벗는다는 뜻이다.

재지 양반은 먼저 입향조(入鄕祖)에서부터 특정한 지역에 터전을 잡습니다. 입향조는 처가로 들어와 자리 잡은 인물, 아예 새로운 거주지를 잡은 개척 인물, 처음부터 고향 근처 가까운 곳에 거주지를 잡은 인물 들을 가리킵니다. 특이하게 섬에 자리 잡은 인물은 '입도조(入島祖)'라 부르기도 하지요.

재지 양반, 곧 재지 사족은 자신들만의 살아가는 방식을 마련했습니다. 먼저 과거 합격자나 과거에 합격하지 않았지만 당대를 대표하는 저명 학자를 조상으로 모셨습니다. 그리고 조상에서 후손에 이르는 계보 관계를 명확히 하고, 이러한 사실을 확인시켜 줄 족보를 만들었습니다. 이들은 여러 대에 걸쳐 한 마을에 집단으로 거주하면서 양반 마을을 이루었습니다. 이를 '반촌(班村)'이라 하여 일반 백성들 중심인 민촌(民村)과 구별합니다. 반촌의 경우 분명한 이사 시기 등으로 마을이 생긴 역사를 전해 주기도 합니다.

재지 사족이 꾸려 나간 주요한 삶의 모습 가운데 하나는 양반다운 생활 양식을 지켜 나가는 것이었습니다. 특히 제사를 지내고, 손님을 접대하고, 학문을 익혀 지역 사회의 같은 부류 사람들과 교류하는 데 많은 힘을 쏟았지요. 혼인도 중요한 일이었습니다. 지역 안에서 또는 다른 지역에서 혼인 상대자를 고를 때 자기 가문의 눈높이에 맞는 가문을 고르는 데 무척 신경을 썼습니다.

재지 양반이 입향조 이래 향촌 사회에 자리를 잡고 나중에 반촌을 이루는 배경에는 무엇보다도 경제력이 놓여 있었습니다. 조선 시대 사람들의 경제력이란 토지와 노비이지요. 양반들은 대부분 토지를 소유하고, 노비를 부려서 경작하거나 소작인에게 빌려 주어 소작료를 받으며 살아갔습니다. 따라서 양반들은 토지에 관련된 일을 세심하게 관리했습니다.

양반이 남긴 문서 가운데 '분재기(分財記)'라는 문서가 있습니다. 자손들에게 토지 등 재산을 나누어 줄 목적으로 만든 문서인데, 이를 살펴보면 양반들이 소유한 토지를 얼마나 세세히 파악하고 있었는지를 알

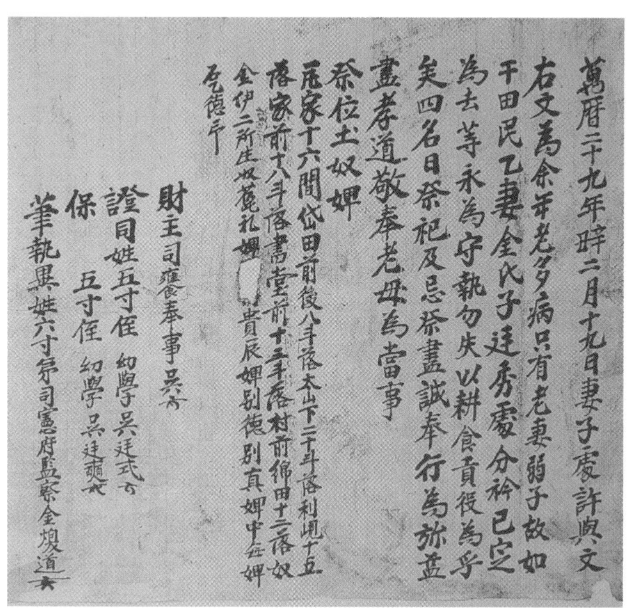
萬曆二十九年辛丑二月十九日妻子處許與文
右文為余年老多病只有老妻弱子故如
干田民乙妻金氏子廷秀處分衿已定
為去等永為守執勿失以耕食貢役為乎
矣四名日祭祀及忌祭盡誠奉行為旀並
盡孝道敬奉老母為當事
祭位土奴婢
居家十六間伏田前後八斗落太山下二斗落利峴十五
落家前十八斗落書堂前十三斗落村前綿田十三落奴
金伊二所生奴[illegible]礼婢[illegible]貴辰婢別德別真婢中[illegible]婢
乭德[illegible]
財主 司饔奉事 吳[illegible]
證 同姓五寸侄 幼學 吳廷式[illegible]
保 五寸侄 幼學 吳廷顒[illegible]
筆執 異姓六寸弟 司憲府監察 金[illegible]道[illegible]

아들에게 재산을 내려주는 문서 〈허여문기〉.
1601년에 작성된 문서로, 토지와 노비를 내려주면서 노모에게 효도할 것과 제사를 제때에 제대로 올릴 것을 당부하는 내용이다.

수 있습니다. 또한 해마다 가을이면 어느 땅에서 얼마를 수확하여 소작료를 얼마 받았는지를 정리한 '추수기(秋收記)'를 작성했습니다. 물론 자신들이 소유한 토지의 위치와 크기 등을 정리한 전답안을 기본으로 갖추었지요.

양반이 양반이기 위해서는 반드시 노비가 필요했습니다. 생산에 종사하지도 않고 집안일에 스스로 땀을 흘리지 않는 양반에게 노비는 생산 활동과 집안의 잡일을 대신해 주는 요긴한 존재였습니다. 뿐만 아니라 노동력을 제공하는 노비 말고 1년에 얼마씩 정해진 신공(身貢)을 내는 노비도 있었습니다. 주인에게 노동력을 제공하는 노비를 '입역 노비', 정해진 신공을 내는 노비를 '납공 노비'라 불렀습니다. 결국 노비는 주인에게 노동력을 제공하거나 일정한 액수의 신공을 납부하는 존재였고, 그렇기 때문에 소유하고 있는 노비 숫자는 곧 재력의 크기였습니다.

재지 사족, 향촌을 장악하다

양반 중심의 향촌 지배 질서를 세우다

향촌 사회에 살고 있던 양반들을 재지 양반 또는 재지 사족이라고 합니다. 재지 사족들은 밖으로는 왕조 초기에 집권 세력과 맞서고, 안으로는 지주적 기반을 뿌리내리고 향촌 사회를 안정시키는 과정에서 사족 중심의 향촌 지배 질서를 만들었습니다. 이들은 강력한 도전 세력이었던 향리층의 권한을 줄이고, 상민이나 천인 등 하민(下民)들을 통제하고 결속시키기 위해 노력합니다. 하민이라는 표현에서 자신들과 상민, 천인의 관계를 상하 관계로 규정했음을 알 수 있습니다.

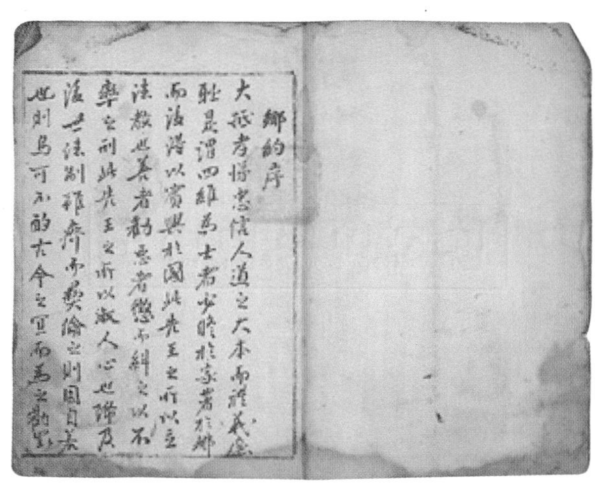
鄕約序

향약서(鄕約序)
전라도 보성군 노동면 마산촌 강정리에서 실시된 향약의 서문.

향촌에 거주하던 재지 사족들은 여러 방식을 동원하여 향촌 사회의 지배 질서를 장악합니다. 이들이 사는 군현에는 저마다 왕명을 대행하는 수령이 파견되었고, 수령을 보좌하는 향리들이 있었습니다. 사족 중심으로 향촌 지배 질서를 만든다는 것은 곧 수령, 향리와 어떤 관계를 맺어야 한다는 것을 의미했지요.

그러나 사족 중심의 향촌 사회 지배 질서가 만들어졌다고 해서 사족이 수령과 같은 권한을 누리지는 못했습니다. 아무리 재지 사족의 위세가 크다 해도 국왕을 대신하는 수령과 대적할 수는 없었지요. 재지 사족들은 수령과 줄 것은 주고 받을 것은 받는 타협 관계를 만들었습니다. 사족들은 어디까지나 수령이 협조해야 권세를 누릴 수 있었기에 특히 수령의 부세 행정에 적극 동조했습니다. 그리하여 부세를 성실히 납부할 것을 강조했는데, 이러한 내용은 당시 만들어진 향규, 향약, 동약 들에서 찾아볼 수 있습니다. 이것들은 모두 지역 단위로 사람들이 지켜야 할 규약이나 약속을 정해 놓은 것입니다.

한편 수령도 군현에 근무하는 동안 좋은 평가를 받아야 승진할 수 있었고, 가장 중요한 요소인 부세 수취를 잘 수행하려면 재지 사족의 협조가 필요했습니다. 이렇게 사족들과 수령들은 서로 인정하고 인정받는, 그리하여 서로 의지하는 관계를 맺었습니다.

재지 사족들은 향리를 견제하고 향촌 사람들에게 합당한 권위를 내세우기 위해서도 관권의 도움이 절실히 필요했습니다. 또한 수령과 재지 사족은 언제든지 자신이 상대방과 같은 처지가 될 수 있다는 동류 의식이 있었지요. "가재는 게 편"이라는 말은 어느 시대에나 통용되는 말입니다. 향촌 사회의 사족들은 굳게 결속하여 지배력을 강화해 나가면서 특히 향리를 엄격히 통제했습니다. 향촌 사회 운영의 주도권을 놓고 다툴 수 있는 경쟁자를 억누르자는 계산이었지요. 고려 시대에는 향리가 지방 사회의 행정 담당자 구실을 했는데, 이를 되살리지 않으려 했지요. 또한 향촌 사회의 행정 실무자인 향리를 잘 다스려야 권세를 누리는 데 어려움이 없었기 때문입니다. 그러기 위해서 향규 등의 규약으로 향리를 통제하여 까닭 없이 동리(洞里)에 돌아다니지 못하게 했습니다.

임진왜란과 병자호란 이후 사족 중심의 향촌 지배 질서는 다시 편성되었습니다. 전국의 많은 사족들이 지배층의 의무이자 사명을 다하기 위해 의병에 참여했고, 이를 통해 지배층으로서의 명분을 지켰지요. 또한 향촌 지배 질서를 다지기 위해 향촌 사회의 사족 명부인 향안을 수정 복구하고, 동계(洞契)를 강력하게 만들었습니다.

향안이나 동계를 통해 사족이 얻고자 한 것은 달리 표현하면 향권(鄕權)입니다. 향촌 사회에 대한 지배 권한을 '향권'이라고 할 수 있지요. 얼핏 향권은 자세한 내용이 없는 막연한 권한인 듯 보입니다. 하지만 바로 그렇기 때문에 향권은 향촌 사회 주민들에게 마치 공기처럼 자연스럽게 스며들었고, 사족의 존재가 절대 불변의 대상인 듯 여겨졌습니다. 이러한 사족의 향권이 천년 만년 무너지지 않을 듯 보였지만, 사회의 점진적 변동 속에서 사족 중심의 향촌 지배 질서도 서서히 변화합니다. 바로 조선 후기의 사회 변동과 더불어 사족의 향권 상실도 현실로 다가오지요.

향안 질서가 자리 잡히다

16세기에서 17세기에 걸쳐 큰 위세를 떨치던 사족 중심의 향촌 지배 체제는 달리 '향안 질서'라는 말로 불리기도 합니다. 향안이 사족 중심의 향촌 사회를 이끌어 나가는 데 커다란 의의가 있었기 때문입니다. 향약, 향회 같은 여러 기구와 규약도 마찬가지였지요.

'향안'은 군현이라는 커다란 지역 단위로 만들어진 재지 사족의 명부입니다. 향안에 실린 내용은 성명과 사는 곳, 관직 등 아주 간략한 정보였지만, 무엇보다도 이 명부에 자기 이름이 들어가는 것 자체가 중요했습니다. 요즈음 같은 학교 동창이나 같은 지역 출신들이 동창회나 향우회를 만들어 동류 의식을 쌓는 것과 비슷한 의미입니다. 조선 시대에도 향안에 이름이 오른 사람들 사이에는 동류 의식이 무척 끈끈했겠지요.

좁은 의미의 향안은, 향촌 사회의 자치 기구인 유향소에서 실무를 담당하는 사람들과 그 일을 담당할 예비 인력의 명단을 뜻했습니다.

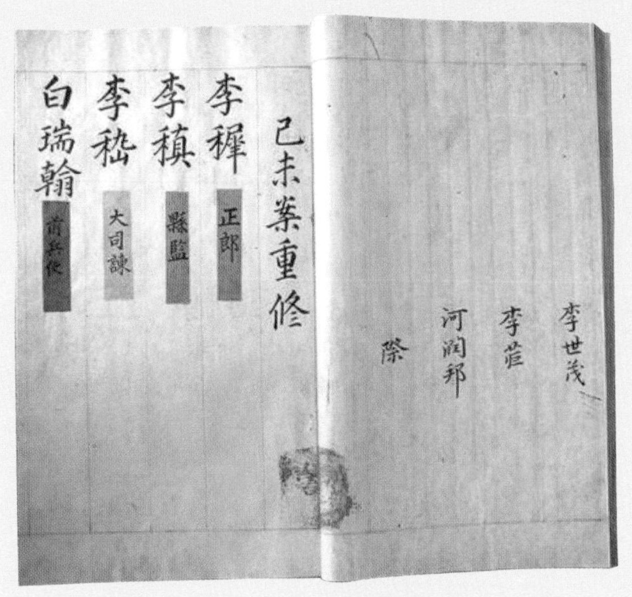

지방의 유향소를 통제하던 서울의 경재소에 마련된 경안(京案)과 대비되는 이름이지요. 그런데 사족이 향리, 곧 이족(吏族)을 통제하고 향촌 사회의 주도 세력으로 자리 잡으면서 향안의 성격이 바뀝니다. 16세기 중반이 되면, 향안은 유향소의 옛날 담당자와 지금 담당자를 포함하여 향촌 사회에 거주하는 재지 사족의 명부가 되지요.

향안은 살아 있는 사람들의 명부이기 때문에, 20~30년 또는 수시로 새로운 인원을 보충하거나 추가해야 했습니다. 이 때 이미 향안에 소속된 사람들은 대체로 같은 부류에 속하는 사람만 향안에 들어올 수 있도록 제한했습니다. 특히 혈연을 중시하여 향안에 새로 들어올 사람의 친가, 외가, 처가의 계보에 수군(水軍)이나 향리의 자손,

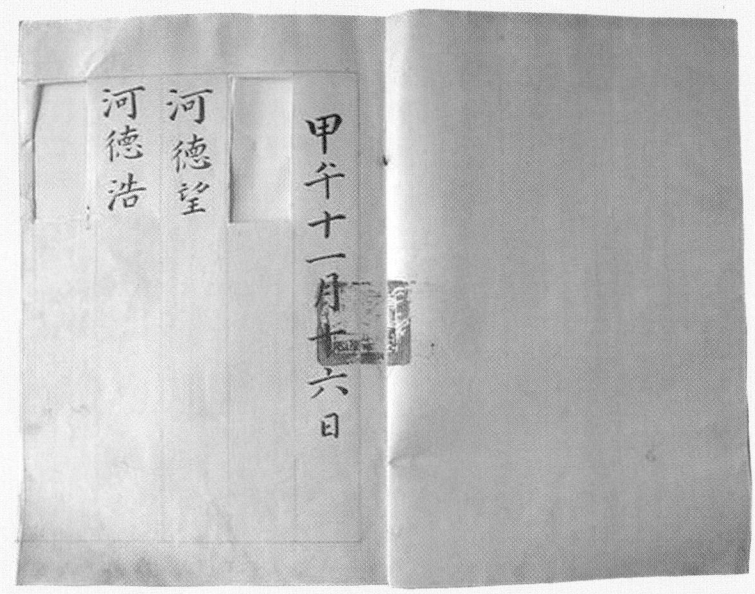

진주 연계재 향안 가운데 '기미안 중수' 첫장, 병진년 향안의 표지, 도삭된 부분(왼쪽부터)

진주 연계재(晋州蓮桂齋)의 향안은 특히 대과나 소과 급제 출신자들의 명단이라는 점에서 특별한 성격을 띤다. 그런데 진주 연계재 향안 가운데 일부 향안은 상당 부분 칼로 도려진 채로 전한다. 또한 일부 향안에는 향안이 훼손된 상황을 알려 주는 글이 있어 당시 향안 입록을 둘러싸고 각 가문과 계층 간에 첨예하게 대립한 모습들을 알려 준다. 경남 진주시 옥봉동.

서얼이 없어야 동의했습니다. 혈연 계보에 향리의 흔적이나 서얼의 자취, 양인의 낌새가 있어서는 안 되었지요. 그리고 개인에게 중대한 허물이 있을 때도 가입을 제한했고, 가입을 만장일치로 정하는 경우도 있었습니다. 한 마디로 100퍼센트 완벽한 양반이라야 향안에 새로 들어갈 수 있었지요. 이러한 폐쇄적인 가입 규정은 대개 혈통에 따라 신분이 상속되던 당시 사회에서는 당연한 규정이라고 할 수 있겠지요.

향안은 향촌의 기강을 바로잡고 민의 풍속을 바르게 하는 구실도 했습니다. 이를 위해 자체 규약을 만들고 이를 실현할 수 있도록 '향회'라는 기구를 설치했지요. 향회의 규약에는 향안 만드는 방식, 사족 내부를 통제하고 규제하기 위한 조목, 향리를 다스리기 위한 내용, 부역 체제 운영에 대한 내용 들이 들어 있습니다. 지역에 살고 있는 하층민에 대한 규제도 주된 내용으로 실려 있고요.

사족들은 향안 질서를 유지하기 위해 서원을 설립하기도 했습니다. 뒤에서 살펴보겠지만, 서원이 우후죽순으로 생겨나고 나중에는 제사 기능만 남긴 사우가 크게 번져 나간 것은 서원과 사우가 사족의 위세를 떨치고 지역을 통제하기 위해서 만들어졌음을 보여 줍니다. 사우는 개별 사족 집안에 만들어 두었던 사당을 더 넓은 지역 단위로 끌어올린 형태입니다. 대개 '○○사'라는 이름이 붙어 있는데, 향촌 사회의 여론에 따라 자기네 고장에서 숭상할 만한 인물을 기리는 제사 공간으로 설치되었지요. 하지만 실제 운영은 그 인물이 속한 가문에서 주도하는 경우가 많았습니다.

그리고 이들은 사족 가문끼리 혼인을 하여 사족 중심의 향촌을 만들고자 했습니다. 사족 사이의 혼사를 강조하는 생각은 현재까지 전하는 사족의 가훈에서도 찾아볼 수 있습니다.

동계와 동약을 통한 하층민 통제

향안을 중심으로 결속체를 만든 사족들은 여러 방법으로 향촌 사회에서 지배력을 다져 나갔습니다. 향안에 든 사족의 합의체 조직인 향회도 그러한 기구로, 향회를 통해 유향소의 좌수 별감 등 향임(鄕任, 실무자)을 선출하고 통제했지요. 그런데 사족들이 관심을 기울여야 할 또 하나의 과제가 있었으니, 지역에 같이 사는 하층민을 규제하는 일이었습니다. 이를 위해 그들은 동계와 동약을 만들었습니다.

자연촌 성격의 동(洞)을 단위로 편성된 동계는 사족 중심으로 하층민 중심의 촌락 조직을 흡수하는 형태였습니다. 동약은 동계의 규약이었고요. 군현과 같은 큰 지역 단위나 행정 단위에서 시행되는 향약과 견주어 볼 수 있겠지요.

16세기 후반부터 사족들이 주도하여 자발적으로 시행한 군현의 자치 규약이 향약이라면, 작은 지역 단위의 규약이 동약입니다. 처음에는 송나라 주자가 수정한 여씨 향약을 그대로 사용하다가, 후반에는 재지 사족들이 지역 실정에 맞게 발전시켰지요. 향약과 동약의 주된 강령은 중국 여씨 향약의 덕업상권*, 과실상규*, 예속상교*, 환난상휼*에서 비롯합니다. 하지만 이황이 만든 〈예안 약조〉와 이이의 〈해주 향약〉에는 독창적인 내용이 추가되었고, 두 향약은 이후 다른 지역 향약에 모범이 됩니다.

향약은 말 그대로 '향촌의 약속'입니다. 그 약속은 향촌에서 바람직한 일을 꾀하기 위한 약속이라고 할 수 있지요. 민주주의 사회라면 향촌에 살고 있는 사람들이 서로 논의하고 토론하는 과정을 거쳐 그러한 약속을 만들겠지요. 하지만 신분 차별이 뚜렷했던 조선 시대 향촌에서 사족과 일반 양인이 평등한 입장에서 합의를 끌어내기란 불가능했습니다.

예를 들어 17세기 후반 충청도 금산에서 사족으로 이름이 높았던 이유태는 나름대로 향약을 정리했습니다. 〈초려 향약〉이라고 이름 붙은 이 향약은 향촌민들이 합의하여 만든 게 아니라 이유태가 율곡 향약을 참조하여 만들어 낸 것입니다. 여기에 향촌민 통제를 위한

덕업상권(德業相勸)
좋은 행실을 서로 권장함.

과실상규(過失相規)
나쁜 행실을 서로 규제함.

예속상교(禮俗相交)
서로 사귐에 있어서 예의를 지킴.

환난상휼(患難相恤)
걱정거리나 어려운 일이 생겼을 때 서로 도와 줌.

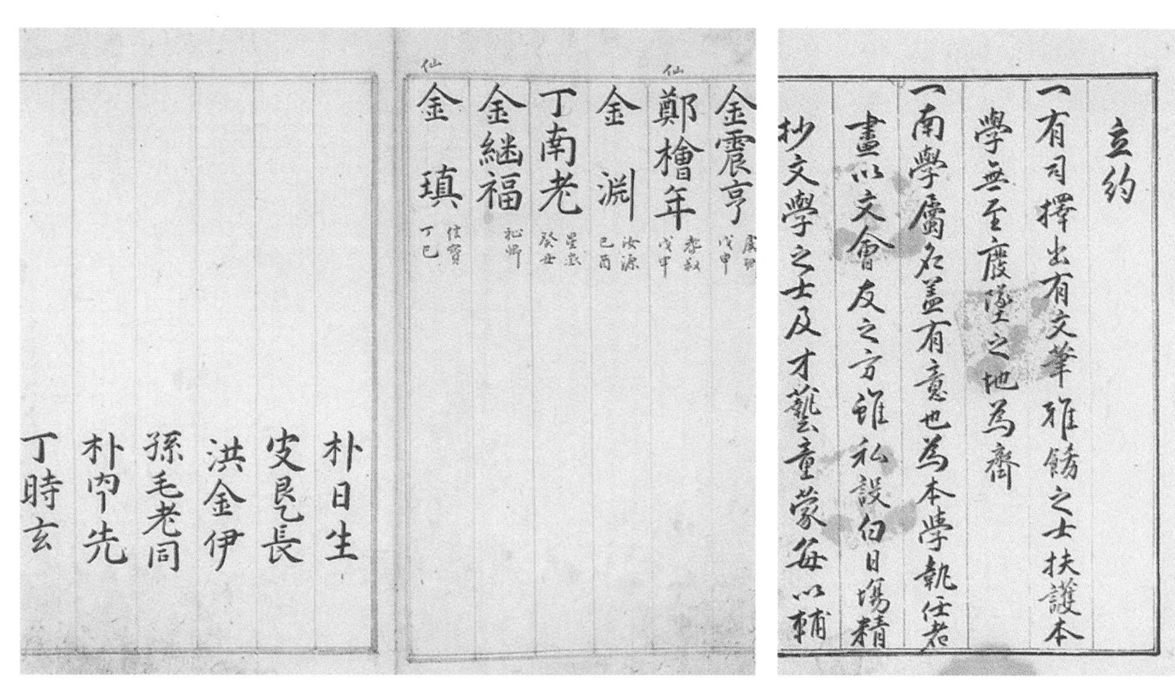

立約
一有司擇出有文筆雅飭之士扶護本
學無至廢墜之地爲齋
一南學屬名蓋有意也爲本學執任者
盡心文會友之方雖私設白日塲精
抄文學之士及才藝童蒙每以輔

金震亨
鄭檜年
金淵
丁南老
金繼福
金瑱

朴日生
安邑長
洪金伊
孫毛老同
朴巾先
丁時玄

전라도 태인 고현동 향약 관련 자료
임진왜란을 전후한 선조 연간에 시작하여 최근에 이르기까지 약 400여 년 동안 전라도 태인현 고현동에서 결성하고, 시행힌 향약에 관한 자료이다. 계원 사이에 지켜야 할 규약인 '입약'과 계원 명단이다. 전북 정읍시 고현향약회중, 보물 1181호.

오가통 조직, 향촌의 경제 안정을 위한 사창법, 관학 교육으로 학교 제도를 포괄하는 등 종합적인 방책이 들어 있습니다.

동계와 동약은 한 마디로 지역의 기본 생활권 안에서 위아래 신분 질서를 유지하고 동민을 통제하기 위한 대책이있습니다. 동계에서 사족들 조직인 상계(上契)와 일반 백성 조직인 하계(下契)로 구별하여 신분적 위계를 분명히 한 것도 그러한 방편이었지요. 동약의 주요한 조목을 살펴보면, 나이에 따른 서열을 강조하고 부모에게 불손한 자를 처벌하는 규정, 주민에 대한 처벌 규정도 있었습니다. 처벌 규정에는 동네에서 쫓아내는 '출동(出洞)'이라는 규약도 있었는데, 이는 거주의 권리, 게다가 친족 사이의 유대 관계까지 빼앗는 아주 가혹한 처벌이었습니다.

17세기 후반 이후에는 군현 단위 향약보다는 동 단위 동계가 성행합니다. 재지 양반들이 사는 소규모 동을 단위로 신분 질서를 유지하고자 한 것이지요. 동계는 상례(喪禮)에 서로 부조하는 일이 중심 활동이었습니다. 그리하여 상여나 가마를 공유 재산으로 확보하여 필요할 때 사용했고, 동 단위로 세금을 공동 납부하는 일도 추진했습니다.

서원 건립에 나선 양반들

서원(書院)은 학문이 뛰어난 유학자의 제사를 모시고, 유생들이 모여 독서하면서 학문을 닦는 곳입니다. 제사 지내는 '사(祠)' 기능과 학문을 배우는 '재(齋)' 기능을 함께 갖춘 곳이지요. 서원 가운데 임금이 편액*을 내려준 곳을 사액 서원이라고 하는데, 사액 서원에는 나라에서 서적, 토지, 노비 들을 내려주었습니다. 서원을 유지하는 데 필요한 위세와 경제력을 보충해 준 것이지요. 양반 자제들은 원생이 되어 서원의 동재와 서재에 모여 학문을 닦았습니다. 서원은 재지 사족의 집결지, 또는 학파의 중심지가 되었지요.

선조에서 현종에 이르는 시기는 서원의 중흥기였습니다. 선조 때 사림이 주도권을 잡으면서 서원이 본격적으로 발전하여 전국에 124개가 세워졌고, 이후 현종 때까지 106년 동안 연평균 1.8개씩 모두 193개소가 설립되었습니다. 그리고 그 절반이 사액 서원이었지요. 서원은 전국으로 확산되어 한강 이북에도 세워졌습니다. 숙종이 재위하던 시기에 전국에 166개소(사액 105개소)의 서원이 설립되기에 이르

편액(扁額)
건물의 이름을 적어 넣은 현판을 말한다.

소수서원의 경렴정
1542년(중종 37)에 풍기 군수 주세붕이 안향을 제사하기 위해 사당을 세웠다가, 1543년(중종 38)에 유생들을 교육하면서 백운동서원이라 했다. 1550년(명종 5)에는 풍기 군수 이황의 요청에 따라 소수서원이라는 이름을 국왕에게 내려받았다. 조선 시대 서원 건립의 막을 연 최초의 사액 서원이다. 경렴정은 담장 바깥 시냇가에 세워진 정자이다. 경북 영주시 순흥면 내죽리 소재.

고, 결국 1703년(숙종 29) 서원 금령이 내려져 서원 건립이 금지됩니다. 그러나 제사를 모시는 곳인 사우가 넘쳐나게 세워졌지요.

서원에서 원생들은 무슨 공부를 했을까요? 일반적으로 사서 삼경과 《심경》, 《근사록》 등 성리학 위주로 공부했습니다. 독서와 제술(글쓰기), 강송(講誦, 글의 뜻을 밝히며 읽음)을 주로 했지요. 특히 강송은 5단계로 구분되었는데, 끊어 읽기와 설명에 막힘이 없고 근본 취지를 넓고 깊게 알고 있는 단계인 대통(大通), 끊어 읽기와 설명에 막힘이 없는 단계인 통(通), 밝고 분명하게 통하지는 못한 단계인 약통(略通), 큰 뜻은 알지만 설명이 미진한 경우인 조통(粗通), 낙제에 해당하는 불통(不通)입니다.

교육 기능을 수행하는 서원에는 원장을 비롯한 임원이 있었습니다. 그 중에서 원생을 가르치는 책임자를 훈장 혹은 강장이라고 불

훈장과 함께 강송에 열중하는 서원의 원생들

도봉서원

서울시 도봉구 도봉동에 위치한 서울 주변의 대표 서원인 도봉서원. 창건 당시 모습을 확인해 주는 작자 미상의 그림이다. 1573년 조광조를 추모하기 위해 창건했다. 서울, 경기 지역의 학통을 둘러싸고 송시열을 배향하여 조광조의 정통 맥을 잇는 것을 확인하려는 노론과, 이러한 의도에 반발하는 소론이 충돌하여 경종 때에는 송시열의 위패가 내팽개쳐지기도 했던 서원이다.

렀고, 동서재의 사무를 담당하는 재장, 원생의 훈육을 담당하는 집강, 서원에서 일어나는 크고 작은 일을 관장하는 도유사가 일을 나누어 맡았습니다. 원생들은 그저 공부만 열심히 하면 되었지요.

초기의 서원은 인재를 키우고 선현과 향현을 제사 지내며 유교적 향촌 질서를 유지하는 기능을 나름대로 잘 수행했습니다. 또한 재지 사족 사이에 시정(時政)을 비판하고, 특정 문제에 공론을 형성하는 장소이기도 했습니다. 하지만 숙종 이후 환국 등 붕당 사이의 정쟁이 격화되면서 서원과 사우는 정쟁에서 희생된 자기 편 인물의 행적을 정당화하고 합리화하려는 목적으로도 만들어졌습니다. 또한 17

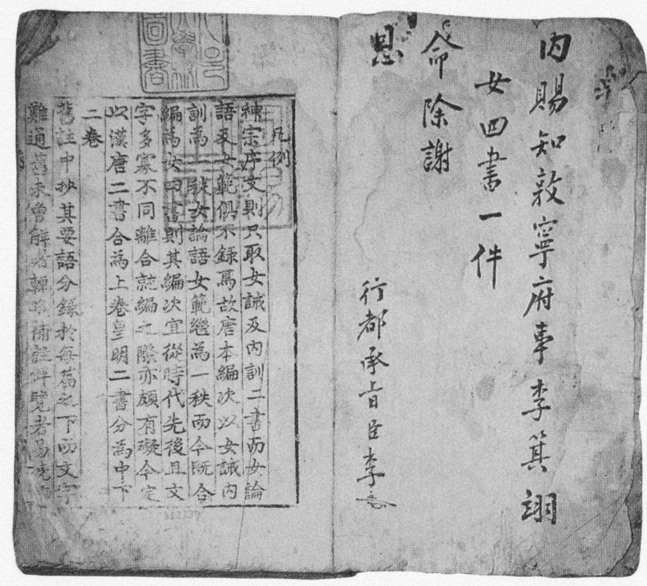

內賜知敦寧府事李箕翊
女四書一件
命除謝恩
行都承旨臣李

凡例
神宗序文則只取女誡及內訓二書而女論
語及女範似不錄焉故唐本編次以女誡內
訓為二卷女論語女範繼為一秩而今既合
編為女四書則其編次宜從時代先後且文
字多寡不同難合就編之際亦頗有礙今定
以漢唐二書合為上卷皇明二書分為中下
二卷
諺註中抄其要語分錄於每篇之下而文字
難通處未曾解者輒添補註俾覽者易曉

사대부집 여성의 필독서 《여사서언해》
1736년 여성들의 마음가짐과 생활 규범을 제시한 중국의 《여사서》를 한글로 풀어 쓴 책. 가정에서 여성의 역할, 여성이 지켜야 할 예의 범절 등을 정리했다.

정선이 그린 《경교명승첩》 중 석실서원(가운데)
병자호란 때 척화를 주장한 김상헌과 김상용 두 사람의 위패를 모신 석실서원. 경기도 미금시 수석동에 있었는데, 대원군 때 서원 철폐령으로 폐철되었다.

세기 후반 이후에는 사족 내부의 동족 혹은 가문 의식이 강화되면서 자기 집안 조상을 제사하거나 가문의 위세를 드러내기 위한 기반으로 서원을 건립하기도 했습니다.

서원이 혈연과 지연에 따라 특정 인사들의 집결지가 되거나, 학벌, 스승과 제자, 당파와 연결되어 이익 집단 성격을 띠게 된 것입니다. 이러한 사정은 서원이 제 궤도에서 벗어났음을 보여 주는 예입니다. 당시 학자들 중에서 서원에 출입하는 사람이 유학 공부는 뒷전이고 단지 봄가을에 지내는 제사에만 관심을 쏟고 있다는 비판이 나오기도 했습니다.

양반들의 생활사 엿보기

가족과 친족 생활

개인을 중심으로 가족을 이루고 점차 혈연 범위가 넓어져 친족에 도달하는 관계망은 그리 단순하고 자연스러운 과정이 아닙니다. 가족을 규정하는 방식을 가족 제도라 하듯이, 친족을 구성하는 방식을 친족 제도라고 합니다. 따라서 가족 제도나 친족 제도도 다른 정치·경제적 제도와 마찬가지로 한 사회에 일관되게 적용되는 엄격한 제도로서 형성, 발전, 변화합니다. 조선의 가족 제도, 친족 제도는 고려 시대 혹은 더 앞선 시대부터 내려온 관계를 출발점으로 삼았고 점차 변화해 나갔습니다.

조선 시대 가족 제도를 설명하면서 빼놓을 수 없는 종법은 고려 말 성리학 도입과 함께 본격적으로 소개되었습니다. 성리학 또는 유학의 기본 원리에서 비롯한 친족 제도의 핵심이 바로 적장자, 곧 맏아들 중심의 종법 질서입니다. 종법에서는 먼저 적자(嫡子, 본부인이 낳은 아들) 중에서 장자(長子, 맏아들)를 가족 관계의 핵심에 놓습니다. 맏아들이 최고라는 의미이지요. 그런 다음 이를 좀더 넓은 범위의 친족 관계에 확장시킵니다. 그러면 친족이 모인 집단에서도 다시 적장자를 찾아낼 수 있고, 다시 맏아들의 맏아들로 이어지는 종손(宗孫)을 지목할 수 있습니다.

어느 범위의 친족 집단 안에서 종손, 그리고 다음 종손으로 이어지는 관계를 종가의 계통으로 삼는 것이 종법 질서입니다. 종손은

무첨당(無忝堂)
조선 시대의 성리학자이며 문신이었던 회재 이언적 선생 종가의 사랑채인 무첨당. 보물 411호, 경북 경주시 강동면 양동리 양동 마을 소재.

기본적으로 재산 상속과 제사 상속에서 으뜸 대우를 받는 대신, 가족·친족 관계에서 중심 노릇을 잘 해 나갈 것이라는 기대도 받았습니다. 성리학자들은 적장자 중심의 종법 질서를 뿌리내리려고 노력했는데, 17세기 중반 이후에야 자리를 잡습니다.

종법에 따른 친족 제도는 특히 집안의 사당인 가묘를 통해 다져졌습니다. 고려 말부터 도입된 《주자가례》에 따라 가묘를 만들고 적장자가 중심이 되어 제사 지내는 풍토가 국가 정책에 적극 반영되었습니다. 조선 건국 뒤 가묘 정책을 더욱 밀어붙여 태종과 세종 때에는 시기를 정해 가묘 설립을 강제했으며, 세종 9년에는 가묘가 있는 가사(家舍)는 제사를 맡은 자손이 이어받게 하여 가묘 건립을 유도하기도 했습니다. 성리학에서 받드는 《주자가례》는 종법에 근거하므로,

혼서(婚書)
혼인 증빙 문서로 신랑 집에서 예단을 갖추어 신부 집으로 보내는 서간. 예서(禮書), 예장(禮狀) 또는 납폐서(納幣書)라고도 한다.

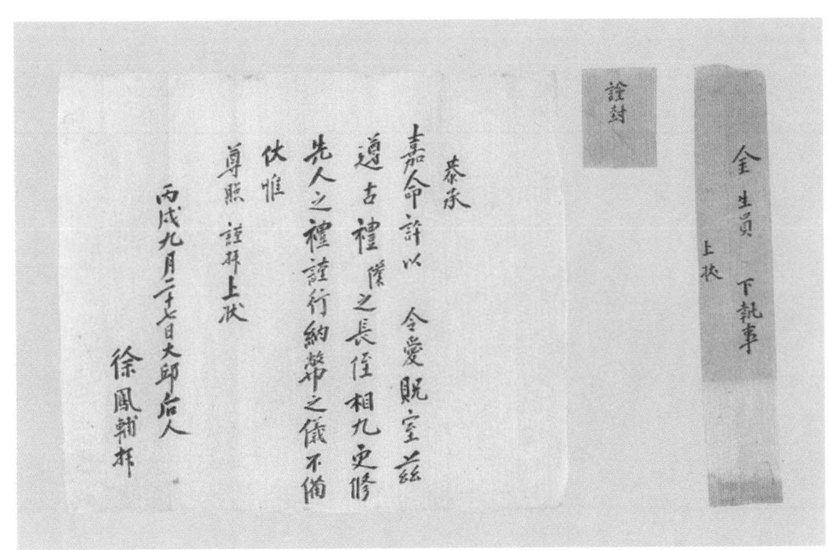
金生員 下執事 上狀

謹封

奉承
嘉命許以 令愛旣室茲
遵古禮 [illegible]之長侄相九吏修
先人之禮謹行納幣之儀不備
伏惟
尊照 謹拜上狀
丙戌九月二十七日大邱后人
徐鳳輔拜

적장자 중심의 친족 조직 원리에 따라 종손은 가묘를 세우고 조상의 제사를 모셔야 했지요.

친족 제도의 한 축은 바로 혼인 제도입니다. 조선의 혼인 제도는 일부일처제가 기본이었습니다. 하지만 지위와 경제력에 따라 본부인보다 지위가 낮은 첩을 둘 수 있었습니다. 다만 처와 첩을 명확히 구별했지요. 종법에 따른 명분론에서 두 명 이상의 적처(嫡妻)를 둘 수 없었기 때문입니다. 처첩 구별은 대체로 명확했지만, 재산과 제사 상속 문제들이 얽히는 경우 구별 자체가 크게 문제되기도 했습니다. 처와 첩은 혼서가 있느냐 없느냐에 따라서 구분했으며, 혼인하여 처가 있는데도 다시 혼인하여 처를 얻는 중혼을 엄격히 금지했습니다. 처첩 구별에 따라 적자와 서자도 구별되었습니다.

가족 관계의 중심에 놓여 있던 차별의 원리 가운데 하나가 적서 차별입니다. 처의 자식을 적자라 하고, 첩의 자식을 서자 또는 서얼

정려
조선 성종 때의 대학자 정여창(1450~1504)의 옛 집 솟을대문에 걸려 있는 정려. 네 명의 효자와 한 명의 충신에게 내린 붉은 정문을 한군데로 모아 놓았다. 경남 함양군 지곡면 개평리.

이라고 부르면서 차별했지요. 서자는 관직에 나아가는 데 제한을 받았을 뿐만 아니라 재산 상속에서도 차별을 받았습니다.

여성에 대한 차별도 분명했습니다. 특히 여성의 재혼을 금기시했고, 재혼한 여성의 자식에게는 불이익을 주고 차별을 가했지요. 남편이 죽은 뒤에도 재혼하지 않고 죽은 남편에 대한 절개를 지키는 부인을 열녀, 절부로 치켜세우면서 수절을 권장했습니다. 특히 양반 가문의 딸이라면 남편이 죽어 젊은 과부가 되었을 때에도 계속 시집에서 며느리 노릇을 해야 했습니다. 고려 시대에 여성이 재산을 똑같이 물려받고 재혼도 할 수 있었던 것에 비하면, 여성의 삶의 질이 퇴보했다고 할 수 있지요. 조선 후기로 갈수록 집안에서도 열녀와 절부가 나오기를 바랐습니다. 왜냐 하면 국가에서 충신, 효자, 열녀에게 내리는 정려* 혜택을 받으면 집안에 대한 주변의 평판이 남달랐기 때문입니다.

정려(旌閭)
효자, 충신, 열녀에게 붉은 문을 내려주고, 상물(賞物)을 하사하는 것을 정려라고 했다. 붉은 문을 정문(旌門)이라고 불렀는데, 여(閭)가 마을 어귀로 들어서는 문을 가리키기 때문에 정문을 내려주는 것을 정려라고 했다.

양반들의 증표, 성씨를 쓰고 족보를 만들다

오늘날 우리 나라 사람들은 모두 성(姓)이 있습니다. '황보', '남궁'처럼 두 글자로 된 성도 있고, 아버지 성과 어머니 성을 함께 붙여서 자신의 성으로 삼은 사람도 있지만, 대부분 한 글자 성을 사용합니다. 요즘처럼 모든 사람이 성과 이름으로 자신을 나타내게 된 것은 조선 후기 이후 일제 강점기를 거치면서입니다. 조선 중기까지 우리 나라 사람들은 대부분 성 없이 이름만으로 자신을 나타냈습니다. 양반들만 성씨를 사용했고, 이로써 그들은 자신들이 대대로 내려오는 지배층이라는 위세를 한껏 드러냈습니다. 특히 그들은 족보를 만들어 자신들의 성씨 사용 특권을 더욱 자랑했습니다.

족보 편찬의 역사적 내력을 살펴보기에 앞서 족보의 근거가 되는 성, 씨, 본관에 대해 알아볼까요? 먼저 '성(姓)'은 혈통 계승이라는 흐름에서 그 근원을 가리키는 말입니다. 성(姓)이라는 글자 그대로 어머니(女)와 출생(生)의 의미, 곧 출생의 계통, 혈통 계승을 표현하는 말입니다. 반면에 '씨(氏)'는 같은 혈통을 가진 사람들이 각지에 흩어져서 살 때 그 일파를 가리키는 말이었습니다. 예를 들어 패악한 짓을 일삼던 은나라 주왕을 몰아내고 주나라가 천하를 차지하는 데 큰 공을 세운 강태공을 소개할 때, "태공은 성(姓)이 강(姜)이고 여씨(呂氏)이며 이름은 상(尙)이다"라고 했습니다. 그러나 성과 씨의 구별은 한나라 이후 흐려지고 성씨 모두 혈통을 표현하는 용어가 되었습니다. 곧 성씨가 같다는 것은 같은 조상에서 내려오는 후손이라는 뜻이 되었지요.

'본관(本貫)'은 처음에는 성씨 가운데 씨에 해당했습니다. 고려 시대에 거주지를 의미하던 본관은 점차 씨족의 시조(始祖) 고향을 가리키게 되었지요. 그리고 문벌을 중시하면서 시조의 출신지를 본관으로 사용하는 관행이 굳어졌습니다.

우리 나라에서는 삼국 시대에 왕족을 비롯한 일부 특권층이 성씨를 사용했고 이후 서서히 확산되었습니다. 신라 말 고려 초에 지방의 세력가들이 성씨를 사용했고, 고려 중기 이후 사용 계층이 확대되었으며, 조선 후기에 이르러 일반 백성까지 사용했습니다. 조선 중기에 성씨 사용이 확산되었지만 족보 편찬은 양반층으로 한정되었습니다. 족보 편찬에는 많은 시간과 노력이 들었고, 또한 사회적으로 용인될 수 있는 지위를 확보한 사람이라야 시도할 수 있는 일이었습니다.

족보 편찬 역사를 살펴볼까요? 개인을 중심으로 조상에서부터 내려오는 계보를 밝히는 기록은 족보 말고도 여러 가지가 있습니다. 먼저 '가승(家乘)'은 가첩, 가계 등으로 불리기도 하는데, '나'에게 이어지는 가계를 직계 조상만으로 한정하여 밝힌 기록입니다. 그리고 '팔고조도'가 있습니다. 말 그대로 고조가 여덟 분 들어 있는 기록입니다. 자기를 출발점으로 삼아 나의 부모, 부모 각자의 부모, 이런 식으로 거슬러 올라가 4대조까지 가면 고조가 여덟 사람 등장합니다. 팔고조도를 통해서 '나'라는 개인이 있기까지의 혈통 계보를 확인하고, 그 과정에서 어떤 성씨와 통혼했는지를 알 수 있습니다.

여러 계보 기록 가운데 '족보'는 한 개인을 중심으로 정리한 것이 아니라, 개인이 속한 씨족 집단의 공동 계보를 정리한 기록입니다. 이러한 족보는 조선 초기에 몇몇 가문이 펴내기 시작하여 17세기 후반부터 크게 확산됩니다. 그리하여 18세기 후반에 이르면 족보 편찬

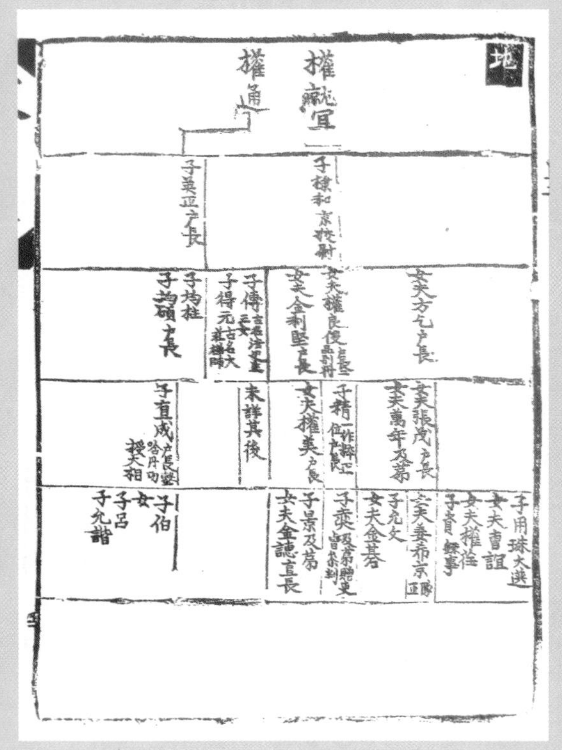

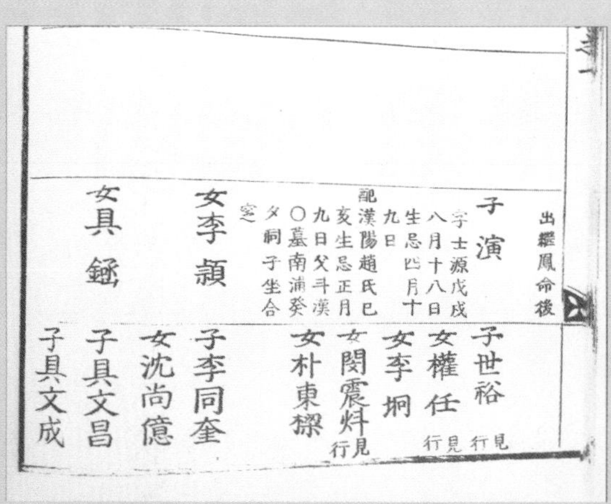

안동 권씨 성화보(왼쪽)와 경주 김씨 족보

15세기에 편찬된 《안동 권씨 성화보》와 18세기에 만들어진 《경주 김씨 족보》는 겉으로는 큰 차이가 없어 보인다. 그런데 두 족보에서 자녀(子女)를 기재하는 방식을 눈여겨보자. 《안동 권씨 성화보》는 자녀를 따로따로 구별하지 않고 나이 순서대로 실었고, 여자에서 여자로 이어지는 계통도 실었다. 반면 《경주 김씨 족보》는 먼저 아들을 쓰고 다음에 여(女)라고 표기한 밑에 사위 이름을 적었다. 이러한 기재 방식은 자녀에 대한 인식 태도, 남녀 차별 인식이 그대로 표출된 것이라고 할 수 있다.

이 번성하는데, 이는 이 시기에 나타나는 종중(宗中) 조직의 발달과 어깨를 나란히 하는 현상입니다. '종중'이란 달리 문중이라고도 하는데, 장손을 중심으로 아버지 쪽 친족이 밀접하게 연결된 조직입니다. 따라서 같은 종중인지 아닌지, 우리 종중에 어떤 조상과 후손이 있는지 파악하려면 족보가 필요했지요.

족보 편찬 흐름을 보면 16세기 후반 무렵을 전환점으로 볼 수 있습니다. 15세기에 편찬된 족보는 주로 관료층이 펴냈는데, 아버지 쪽(부계)과 어머니 쪽(모계) 자손을 모두 합친 형태였지요. 그런데 16세기 말 이후 주자 성리학이 널리 퍼져 종법 의식이 강화됨에 따라 부계를 중심에 놓는 형식으로 바뀌었습니다. 모계로 이어지는 외손을 족보에서 빼고 친손 중심으로 기록하되, 사위만 넣어 주는 방식이 자리 잡은 것입니다.

능성 구씨 보갑(凌城具氏譜匣)
고봉정사의 경내에 있는 이 보갑은 유사시에 족보를 위시한 유고(遺稿) 등을 보관하기 위해 화강암으로 만들어진 것이다. 보갑 크기는 가로 80, 세로 56, 높이 84센티미터로 위아래가 분리될 수 있도록 만들었다. 충북 보은군 마로면 관기리 능성구씨 종중.

우계 성혼은 부계와 모계의 자손을 모두 포함한 족보는 씨족지이지 족보가 아니라고 평가했습니다. 부계와 모계를 동일하게 등재한 당시의 족보를 비판한 것이지요. 그리하여 16세기 후반부터 부계 중심의 족보 체제인 이른바 성보(姓譜)가 나타납니다. 외손을 수록하지 않은 형태의 《강릉 김씨 을축보》(1565년), 《전의 이씨 만력보》(1575년), 《능성 구씨 족보》(1576년)가 성보에 해당합니다. 성보 형태의 족보가 나타난 이유는 첫째, 종법이 강화되면서 부계 중심의 족보 체제로 바뀐 추세를 따랐기 때문이고, 둘째, 현실적으로 족보에 올려야 할 내외손 숫자가 너무 많아 이를 다 기록하려면 많은 시간과 경비가 들었기 때문입니다.

족보에 대한 관심이 커지고 족보 편찬이 증가한 이유는 무엇보다도 양반 사족들이 동족 의식을 강화해 나갔기 때문입니다. 그리고 군역이 점차 양인만 지는 양역이 되면서 양반 신분을 증명해 군역 회피를 정당화하려는 사회·경제적 이유도 찾을 수 있습니다. 그리하여 나중에는 조상들의 관직과 과거에 관한 기록을 꾸며서 적은 거짓

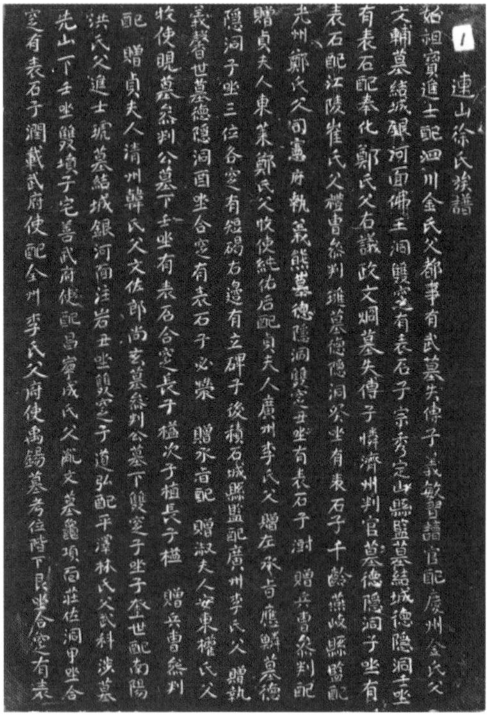

족보인 '위보'도 등장합니다. 게다가 일반 양인 가운데 부유한 사람은 양반 가문의 족보를 구해서 계파 자체를 위조하여 자신을 포함시켜 마치 양반 신분인 것처럼 꾸미기도 했습니다.

사회 전반에 족보 편찬이 퍼지면서 자기 집안의 족보뿐만 아니라 다른 성씨의 족보에도 관심을 갖게 되었습니다. 사실 같은 동네에 사는 이웃이라면 옆집의 조상님 계보 정도는 머릿속에 넣고 있는 게 당연하지요. 적어도 할아버지, 할머니는 살아 생전에 얼굴을 보았겠지요. 만약 양반 가문 일원이라면 훨씬 넓은 지역에 있는 유력한 가문의 계보를 달달 외웠습니다. 자기 집안의 계보에 관심을 갖고 이를 자랑하다 보니 다른 집안 계보도 궁금해졌지요. 이리하여 여러 성씨의 계보를 줄줄이 꿰는 게 일반적 현상이 되었습니다. 이른바 보학(譜學)에 능통하도록 사회가 요구하는 시대였지요.

홍성 연산 서씨 석보
홍성의 연산 서씨 족보로 돌에 새긴 특이한 유물이다. 충남 홍성군 구항면 지정리 연산 서씨 존준.

따라서 조선 후기에서 말기로 가면, 족보에 대한 관심이 고관대작이나 이름 높은 학자를 배출한 집안의 계보를 모두 모아 하나로 묶으려는 시도로 이어집니다. 조선의 유력한 가문들의 계보를 하나로 묶어 보려는 시도 속에 만들어진 책이 《청구씨보》, 《만성대동보》 등입니다. 이를 '만성보'라고도 하는데, 한 번 들추어 보면 주요 가문의 내력을 한눈에 알 수 있습니다.

이유태의 〈정훈〉으로 보는 사족의 생활

사족이 오랜 세월 조선 사회의 지배층으로서 지위를 계속 유지한 까닭은 과연 무엇일까요? 여러 가지 이유가 있는데 그 가운데 가장 큰 이유는, 사족들이 조선 왕조의 정치·경제·사회·문화적 권력 관계의 틀을 그대로 지속시킬 수 있는 체제를 만들었기 때문입니다. 그리고 그 체제를 유지하기 위해 스스로를 철저히 다스렸기 때문입니다.

향촌 사회의 사족들은 지배층으로서 권력을 누리는 대신 공적 의무를 저버리지 않았습니다. 그 예가 임진왜란 때의 의병 활동입니다. 임진왜란과 같은 특수한 상황에서뿐만 아니라 평상시에도 사족들은 향촌 사회를 자기네 중심으로 이끌어 나가기 위해 자기 관리를 엄격히 했습니다. 여기에서는 17세기 중반 충청도 향촌 사회에서 유력한 사족으로 활약하면서 중앙 정계에도 진출했던 이유태의 〈정훈〉을 보면서 사족들의 생활 모습을 살펴보겠습니다.

그가 쓴 〈정훈〉을 보면, 사족들이 집안 생활에서 중요하게 여긴 것이 무엇인지 자세히 알 수 있습니다. 그는 집안이 번성하고, 자손 교육을 잘 시키고, 조상의 전통을 잘 이어 나가기를 바라는 마음에서 〈정훈〉을 만들었다고 적었습니다.

〈정훈〉에서 그는 의례를 치를 때 지켜야 할 덕목들을 가장 먼저 다루었습니다. 사당을 만들어 때마다 제사 지내는 것은 기본이고, 묘소 관리와 관례, 혼례에 대한 절차와 의식도 중요하게 다루었습니다. 그리고 집안 살림을 꾸려 나가는 방침으로 절약, 토지 경영, 가옥 관리 측면에서 해야 할 일을 적고, 향촌에서 살아가려면 피할 수 없는 손님맞이와 처세 방도도 설명했습니다.

조선의 양반 사대부들은 가훈을 많이 남겼으나, 몇 개 조목에 불과하고 내용도 막연한 경우가 많았습니다. 그런데 이유태의 〈정훈〉은 먼저 체제를 갖춘 다음, 중요한 내용을 중심으로 하나하나 조목을 갖추었습니다. 예를 들어 조상 숭배에 관련한 조목, 집안 운영 방식에 관한 조목, 친족과 관련한 조목, 대인 관계 및 사회 생활에 관한 조목 들이 포함되어 있습니다.

조선 시대 사족들의 가정에서는 조상 모시기와 관련한 규범이 가장 중요했습니다. 이유태의 〈정훈〉에도 이런 규정이 많이 들어 있습니다. 크게 보아 제사에 대한 조목들이지요. 그의 가문에서 1년에 지낸 제사의 종류와 횟수를 살펴보면 굉장합니다. 사시제*, 절일*의 사당제, 묘제*, 기일제*, 삭망참 같은 크고 작은 제사가 1년에 40차례 이상 있었습니다. 그 가운데 4대 명절의 묘제, 특히 추석과 단오 때의 제수 비용이 제일 많이 잡혀 있습니다. 이유태 집안의 경우, 전체 제수 비용은 1년에 벼 320두 이상 들어갔습니다. 이 분량은 주인 부부 두 사람이 먹을 1년치 식량보다 더 많은 양이었지요.

살림 규모를 볼까요? 여기에는 주인 부부와 노비 5명의 1년치 식량, 전답 경영 방식, 주인과 노비에게 들어갈 옷감의 양 등을 아주 자세히 정해 놓았습니다. 그리하여 가정의 경제 생활 이모저모를 꼼꼼히 준비했습니다. 그는 주인 부부가 노 두 명, 비 세 명을 거느리고 소와 말을 1필씩 키우는 경우를 생각하여 1년에 드는 경비를 산정했습니다. 이를 모두 합하면 벼 39석 10두, 보리 10석, 콩 4석, 조 10두, 목화 116근입니다. 그리고 다른 곳간을 마련하여 쓰고 남은 잉여곡 40석 정도를 모아 두고 언제 찾아올지 모를 어려움에 대비했습

사시제(四時祭)
계절에 따라 1년에 네 번 치르는 제사. 음력 2, 5, 8, 11월 상순에 지낸다.

절일(節日)
한 철의 명절을 가리키는데 구체적으로 정월 대보름(1월 15일), 3월 삼짇날(3월 3일), 단오(5월 5일), 유두(6월 15일), 칠석(7월 7일), 추석(8월 15일), 중양(9월 9일), 동지, 납일(동지 후 세 번째 말일) 등 1년에 아홉 차례 있다.

묘제(墓祭)
조상의 묘소에 가서 지내는 제사.

기일제(忌日祭)
고인이 돌아가신 날에 모시는 제사.

이유태의 삶

이유태의 본관은 경상도 경주이며, 충청도 금산에서 태어나 자랐다. 18세부터 김장생, 김집 부자의 문하에서 문인이 된 그는 송준길, 송시열을 만나 학문과 정치에 인연을 맺고 윤선거, 유계와도 널리 교류했다. 병자호란을 겪은 뒤 과거를 통한 관료의 길을 포기하고, 학문을 익히고 제자를 키우는 데 전념했다. 하지만 충청 지역의 산림(山林)으로 추앙받아 중앙 정치 무대에 나섰다.

41세 때 세자 시강원 자의(諮議, 세자를 모시고 경사를 강독하며 도의로 계도하는 책무를 맡은 세자 시강원의 정7품 벼슬. 조선 후기에 산림을 조정으로 불러들일 때 내려주던 벼슬)에 임명된 그는 서인과 남인이 첨예하게 격돌한 현종 때, 상복제를 둘러싼 예송에서 서인을 대표하는 산림으로 활약했다. 현종 15년 효종의 부인 인선 왕후 장씨의 사망으로 2차 예송이 일어났을 때, 대공설(大功說, 상복을 9개월 동안 입어야 한다는 주장)을 주장한 서인이 실각하면서 이유태도 함경도 영변으로 귀양을 갔다. 그리고 유배된 지 3년째인 1677년(숙종 3) 71세 때 〈정훈〉을 지었다. 이미 고희를 넘긴 이유태는 경신 환국으로 서인이 다시 집권하면서 귀양에서 풀려났고, 향촌에 머물다가 78세의 나이로 세상을 떠났다.

니다. 뿐만 아니라 잉여곡으로 교역을 하여 재산을 늘리는 방법에 긍정적인 입장을 보였습니다.

의생활을 볼까요? 주인 양반과 노비의 의복에는 분명한 차이가 보입니다. 주인 부부에게는 1년치 옷감으로 목화 50근을, 사환 노비 2

소쇄원의 양공처사지려
스승인 조광조가 기묘사화로 유배된 뒤 전라도 담양에 은거하던 양산보가 꾸민 정원. '소쇄원'은 깨끗하고 시원한 정원이라는 뜻이고, '양공처사지려'는 처사 양산보가 거처하는 작은 집이라는 뜻이다.

인에게는 목화 28근과 삼 9근으로 모두 37근을 정해 놓았습니다. 그리고 노와 비에게 각각 책정된 옷감 양에도 차이가 있습니다.

다음으로 식생활을 보면, 주인 부부 2인의 1년치 양식은 벼 300두, 사환 노비 2인에게는 벼 210두와 보리 86.7두로 모두 296.7두가 책정되어 있습니다. 노비의 식량은 남자와 여자 사이에 커다란 차별이 보입니다. 이 양식으로 노의 경우 6개월은 세 끼, 나머지 6개월은 두 끼를 먹었습니다. 비는 5개월은 세 끼, 나머지 7개월은 두 끼를 먹었고요.

이와 같이 의생활과 식생활에 대한 꼼꼼한 지적은 경제 생활을 규

소쇄원 제월당
소쇄원에 속한 건물인 제월당은 경치를 천천히 감상하며 잠시 머무는 정자(亭子) 성격보다는 주인이 거처하면서 독서와 사색에 몰두하는 정사(精舍) 성격을 띠는 건물이다. 정사는 불교 수행자의 주거지나 정신을 수양하고 학문을 가르치는 건물을 말한다. 건물 이름인 제월(霽月)은 '비 갠 뒤 하늘에 나타난 달'을 의미하는데, 마음을 어지럽히는 여러 번뇌에서 벗어난 모습을 비유적으로 나타낸 것 같다.

모 있게 꾸려 나가 쓸데없이 낭비하는 일이 없어야 한다는 이유태의 생각을 보여 줍니다.

이유태는 또 사족이 살기에 가장 적합한 주거 공간을 제시하기도 했습니다. 모두 20간 안팎 규모의 기와집입니다. 먼저 여성들의 공간으로는 안채 5간, 방사* 2간, 중옥* 3간이 주요 건물로 배치되었고, 남성들의 공간으로는 사랑채 3간, 서실 2간, 마구간 3간, 사당 1간(또는 3간), 제고(祭庫) 2간 등이 주요 건물로 배치되었습니다. 남녀를 엄격히 구분한 생활관이 주거 공간에 그대로 드러나 있지요?

방사(旁舍)
안채 옆 거처용 공간.

중옥(中屋)
창고나 땔감 저장소로 쓰는 공간.

김홍도가 그린 홍계희의 평생도
평생도는 사대부의 이상적 삶을 그린 그림으로, 과거 급제 3일 유가 장면, 부임이나 행차 장면 등 벼슬살이 장면으로 구성된다. 홍계희(1703~1771)는 1737년(영조 13)에 별시 문과에 급제한 뒤 평양 감사, 좌의정 등을 지냈으며, 영조가 균역법을 시행할 때 실무 관료로 참여한 인물이다. 특히 실무에 밝기로 이름이 높고 권력을 좇아 처세한 인물로 평가받기도 했다. 홍계희가 세상을 떠난 뒤, 두 손자가 정조 시해 미수 사건에 연관되는 바람에 관직을 빼앗기는 일을 무덤 속에서 겪었다.

《택리지》의 가르침과 양반들의 집터 잡기

조선 시대 양반 사대부들은 집터를 정할 때에도 여러 가지를 고려했습니다. 기본적으로 자연과 인간의 조화로운 관계를 먼저 따져 봤고, 인간의 생산 활동이나 일상 생활에서의 실용성을 고려하여 입지 조건을 살폈습니다. 집터 잡기는 고려 시대에 유행한 풍수지리설에 따른 집터 잡기와 크게 다르지 않았습니다. 풍수설에서 살피는 산수, 바람과 방향이란 결국 자연 환경을 이해하고 분석하는 것으로

① **과거 급제 삼일 유가** 과거에 급제한 뒤 거리를 행진하는 모습.
② **홍문관 수찬 행렬** 홍문관 수찬이 되어 출근하는 길.
③ **평양 감사 부임** 평안도 관찰사(평양 감사)로 부임하는 행렬.
④ **좌의정 행차** 의정부의 둘째 자리인 좌의정이 되어 들어가는 길.
⑤ **치사** 관직에서 물러나는 모습.
⑥ **회갑** 태어난 해의 간지가 다시 돌아오는 회갑연을 치르는 모습.

이어지니까요.

청담 이중환이 지은 《택리지》는 양반 사대부가 집터를 잡는 데 지침서 구실을 했습니다. 《택리지》에 나와 있는 양택* 자리 잡기에 관련된 사항은 양반 사대부가 일반적으로 따져 보던 것으로 보아도 무방합니다. 이러한 점에서 《택리지》는 여러 이름으로 불리면서 사방으로 보급된 조선 시대의 베스트셀러였습니다.

《택리지》는 1730년 앞뒤 시기에 만들어진 지리서로, 활자나 목판

양택(陽宅)
풍수지리에서 음택(陰宅)으로 표현하는 무덤의 상대적인 의미로, 사람이 사는 집을 달리 이르는 표현이다.

으로 간행되지 못하고 필사본으로 계속 전해졌습니다. 그 과정에서 《팔역지》, 《팔역가거지》, 《동국산수록》, 《진유승람》, 《동국총화록》, 《동악소관》, 《형가요람》 등 여러 가지 다른 이름이 붙었습니다. 이름이 많다는 것은 그만큼 많은 사람들이 책 내용에 공감하여 베껴 적었다는 말이겠지요. 오랜 세월 동안 필사본으로 통용되던 이 책은 1912년 최남선에 의해 비로소 활자책으로 나왔습니다.

그런데 이 책은 왜 이렇게 많은 이름으로 불렸을까요? 그 이유는 책 이름 자체에서 알 수 있습니다. 《팔역가거지》에서 가거(可居)라는 말은 '거처할 만하다'라는 뜻이니까 집 지을 만한 곳을 찾는 데 도움이 되는 책으로 성격을 규정한 것입니다. 그리고 《동국산수록》이라는 이름은 우리 나라의 산천 경개를 알려 주는 책이라는 뜻을 지녔습니다. 이와 같이 《택리지》는 사람들이 필요하다고 여긴 정보를 여러 방면에서 제공했습니다. 실제로 책 내용을 살펴보면, 우리 나라 지리에 대한 정보뿐만 아니라 역사, 정치, 경제, 사회에 관한 내용을 폭넓게 담고 있습니다.

《택리지》는 사민총론, 팔도총론, 복거총론, 총론, 이렇게 네 부분으로 구성되어 있습니다. 그 가운데 본론에 해당하는 부분은 팔도총론과 복거총론입니다. 하나씩 살펴보면, 먼저 '사민총론'에서 사대부의 신분이 농·공·상으로 달라지게 된 까닭을 설명했습니다. 그리고 '팔도총론'에서 인문 지리적 접근 방법을 사용하여 국토의 역사와 지리를 설명하고 팔도의 산과 강의 흐름, 인물과 사건을 밝혀 놓았습니다. 계속해서 '복거총론'에서 사람이 살아가기에 좋은 조건을 실례를 들어 가며 설명했는데, 특히 지역의 상업과 경제에 대한 설명이 많습니다.

복거총론에서 사람이 살기에 적합한 곳, 다시 말해서 양반 사대부가 이상적인 곳으로 생각한 입지 조건을 설명해 줍니다. 이중환은 사람이 살 곳을 정하는 데 가장 중요한 것은 지리라고 말합니다. 지리를 살피는 조건에는 물의 흐름(水口 : 수구), 들의 모습(野勢 : 야세), 산의 형상(山形 : 산형), 흙의 빛깔(土色 : 토색)이 있습니다. 결국 집터를 잡기 위해서는 적당한 자연 환경을 갖추어야 하고, 이러한 점을 꼼꼼히 살펴보라고 권하지요.

이중환이 둘째로 지적한 입지 조건은 생리입니다. 여기서 생리(生利)란 인간 생활에 필요한 여러 가지 물질적·경제적 재화(재물)를 가리킵니다. 경제적 재화는 학문에 몰두하는 가문에게도 집안의 품격을 유지하고 주변 사람들과 원활히 교류하기 위해서는 꼭 필요한 요소였습니다. 위로 조상과 부모를 모시고, 아래로 처자와 노비를 기르기 위해서 재물과 이익을 두루 챙겨야 했습니다. 옷을 헐벗고 밥을 빌어먹게 된다면, 조상에 대한 제사나 부모 모시기 등을 마음먹은 대로 할 수 없기 때문입니다. 이중환은 특히 생리를 갖추는 조건으로 토지의 비옥함과 교역의 편리함을 강조했습니다.

셋째로 중요한 요소는 인심(人心)이라고 이중환은 말합니다. 옛날에 맹자의 어머니가 세 번이나 집을 옮긴 것도 아들 교육을 위해서였습니다. 옳은 풍속을 가리지 않으면 자신에게만 해로운 것이 아니라 자손들도 반드시 나쁜 물이 들어서 그르칠 수 있기 때문에, 살 터를 잡을 때 그 지방 풍속을 살펴야 한다는 지적입니다.

마지막으로 이중환은 산수(山水)에서 우리 나라 전역에 걸쳐 구체

명승지 유람

1711년 정선이 그린 〈백천교〉. 사대부들이 외금강 유점사 아래에 있었다는 백천교에 모여 경치를 즐기는 모습. 왼쪽 아래에는 유점사 승려들로 보이는 삿갓 쓴 승려들이 있고, 오른편 아래에는 말과 시종들이 있다.

적인 지리 조건을 자세히 설명합니다. 중요한 산의 연결과 물의 흐름을 설명하고, 각 지역의 중요한 산과 강, 섬, 호수, 정자, 사찰, 고을 들을 서술했지요. 더불어 해안 지방보다 내륙의 분지나 계곡 아래 평야 지대가 살기에 적당하다고 말합니다. 그리하여 기름진 땅과 넓은 들을 갖추고 있으며 지세가 아름다운 곳을 가려 집을 짓고 사는 게 좋다고 결론을 내렸습니다.

오늘날 우리가 《택리지》의 가르침대로 살기란 쉽지 않지만, 한 번쯤 그 뜻을 되새겨 보는 건 어떨까요.

양반들의 집, 그 구조와 쓰임새

가옥, 곧 집은 사람들이 살아가는 생활 공간입니다. 그런데 생활 공간은 머무는 사람이 누구냐에 따라 다르게 마련입니다. 이러한 점에서 조선 시대 사족들의 생활 공간인 양반 가옥은 분명한 특색을 보여 줍니다.

첫째, 양반 가옥은 거주하는 사람에 따라 공간이 뚜렷이 구별되었습니다. 대체로 '신분에 따른 공간 배치'라는 원리가 지켜졌지요. 조상에게 배정된 공간인 사당, 주인 남자의 공간인 사랑채, 주인 여자의 활동 공간인 안채, 그리고 노비 등 하인의 공간인 행랑이 명확히 구분되었습니다. 여기에 집안을 꾸려 나가는 데 필요한 기능 공간으로 부엌, 뒷간, 곳간, 헛간, 마루, 마당 들이 곁들여졌습니다.

둘째, 양반 가옥의 구조는 유교 윤리가 잘 구현된 공간이기도 합니다. 효 의식에서 나온 사당은 조상의 신주를 모시는 곳으로 사당

제 같은 제례를 치르는 곳이었습니다. 그리고 사랑채와 안채의 구별에는 부부유별이 반영되었음을 볼 수 있습니다. 물론 사랑채와 안채는 사족들에게 반드시 필요한 공간이었습니다. 대개 열 살 즈음부터 여성과 남성의 주된 생활 공간이 분리되었지요. 안채로 접근하는 출입문을 따로 만들고, 바깥채에서 안채로 향하는 시선을 차단하기 위해 벽을 쌓기도 했습니다. 이처럼 안채와 사랑채 사이의 출입은 꽤나 제한되었고, 특히 외부인의 안채 출입은 철저히 금지되었습니다. 안채를 중심으로 벌어지는 안살림은 가장의 부인, 곧 안주인이 맡고, 사

정여창 고택의 사랑채, 안채, 안채 가는 길(왼쪽부터) 사랑채와 안채로 크게 구별되는 양반 가옥의 전형적인 모습을 경상 남도 함양에 있는 정여창 고택에서 볼 수 있다. 사랑채에서 안채로 들어가는 오르막길은 높다란 담장 사이에 난 큰 문으로 이어진다.

랑채 중심의 바깥살림은 가장, 곧 바깥주인이 책임졌지요.

셋째, 신분 차별은 주거 생활에서도 예외 없이 드러나 가옥의 공간 구조에도 신분 관계가 그대로 반영되었습니다. 시선을 주고받는 데서 주인과 하인의 상하 관계가 대번에 드러나도록 가옥의 구조가 짜였습니다. 높다란 축대에서 다시 몇 걸음 올라간 대청 마루에 서 있는 주인과 저 아래 마당에 서 있는 하인을 떠올려 보세요. 시선을 주고받는 위치는 두 사람 사이의 지배와 예속 관계를 확실히 확인시켜 주는 자리였습니다.

노모 회갑연

1605년(선조 38) 음력 4월, 지금의 삼청동에 있던 예조의 공관에서 재신들이 노모(老母)를 위해 연 회갑연 모습을 그린 그림 다섯 장면. 당시 70세 이상 된 노모를 모시고 있던 13명의 재신들이 봉로계를 결성하고 경수연(慶壽宴)을 벌였는데, 이 행사의 전체적인 모습을 그린 그림이다. 그림 제목 〈선묘제재경수연도〉.

① 음식 준비
음식을 만드는 조찬소의 모습이 생생하다. 맨 위에 큰 가마솥이 두 개, 그 아래에 뚜껑 없는 무쇠 솥이 세 개 있다.

② 손님 도착
외바퀴 수레, 가마, 말 들을 타고 손님들이 속속 도착하고 있다.

③ 재신 회동
서쪽에는 6명, 동쪽에는 7명의 관리들이 앉아 았고, 그 앞에 8명의 젊은 관원이 앉아 있는 가운데 악공들이 춤을 추고 있다.

④ 헌수
나이 든 부인에게 분홍색 관복을 입은 남자가 무릎을 꿇고 술잔을 올린다. 15명의 관복 입은 남자들이 줄 맞춰 앉아 있다.

⑤ 부인 연회
안채 대청마루에 친 차일 아래에 부인들이 앉아 있고, 마당에서는 악공들의 음악에 맞춰 분홍색 관복을 입은 남자 둘이 춤추는 모습이 보인다.

사랑채
구례 운조루의 사랑채는 높다란 기단 위에 자리한 사랑채와 마당의 높낮이를 잘 보어 준다.

가옥은 대개 집 안쪽으로 갈수록 위치가 높아지고 권위가 높은 공간이 자리 잡았습니다. 제일 안쪽 높은 곳에 사당이 자리했고, 계속해서 안채, 사랑채, 행랑채 순서로 배치되었지요. 행랑채는 주인집에 딸린 하인들의 거처로, 이들을 행랑아범, 행랑어멈이라고 불렀습니다. 행랑채는 온돌 없이 흙바닥에 자리를 깔아 사용했으며, 문도 겹문이나 삼겹문이 아닌 홑문이었습니다. 행랑채가 가옥 안에 있는 하인의 거주 공간이라면, 가옥 바깥에도 호지집이라고 불린 하인의 거주 공간이 있었습니다. 호지집이란 지역에 따라 가랍집, 호제집, 마가리집 등으로 불렀는데, 대개 주인집 대문 한쪽 옆이나 후미진 뒷담 밖에 있었습니다. 지금은 거의 찾아보기 어렵지만, 1970년대까

지도 오래 된 양반 가옥이 담장 밑에 자그마한 호지집을 거느린 풍경을 그리 어색하지 않게 만났지요.

넷째, 집 안 곳곳에는 오래 된 민간 신앙이 자리해 있었습니다. 집 자체의 신인 성주신은 최상의 대우를 받는 신으로, 새 집을 짓거나 이사하면 가장 먼저 성주맞이 굿을 벌였습니다. 성주는 대청의 들보 위나 기둥 윗부분 등 집 안에서 높은 곳이나, 대청이나 안방과 같은 집 안의 중심에 모셔 두었습니다. 그리고 토지신인 터신, 아이를 낳게 해 주고 건강하게 키워 주는 삼신, 부엌신인 조왕신 들을 같이 모셨습니다. 이 밖에 집의 재물 운을 관장하는 신인 업, 뒷간을 맡은 신인 칙신 등도 사람들과 같이 집 안에 머물렀습니다.

가랍집
양동 민속 마을 관가정 아래에 자리한 가랍집. 가랍집은 가옥 안에 자리 잡은 행랑채와 달리 가옥 바깥에 딸린 하인들의 거주 공간이다. 군데군데 이가 빠진 지붕과 너덜너덜해진 창호에서 세월의 무상함을 느낄 수 있다.

상민들의 집터 잡기

재지 사족들이 반촌을 형성한 것과 마찬가지로 상민들은 민촌을 이루었다. 마을 안에 집이 있기에 백성들의 집터 잡기는 마을 터 잡는 것과 같은 맥락에서 살펴볼 수 있다. 마을이 성립되는 우선적인 조건은 물이다. 가물어도 마르지 않는 샘이 있거나, 또는 아무리 퍼 써도 계속 물이 솟는 우물을 만들 수 있는 곳에 마을이 생겨났다. 마을 어귀에 있는 샘물이나 우물물을 잘 간수하기 위해 둘레에 나무를 심어 두기도 했다.

사람들이 모여들어 마을을 이루려면 물만 있어서는 안 된다. 그에 걸맞은 지리 조건이 필요했다. 이웃 마을 또는 관청이 모여 있는 읍내 등과 잘 연결되는 곳에 마을 터가 만들어졌다. 그리고 생산 현장인 농경지에 접근하기 쉬운 곳이어야 했다. 그런데 오히려 교통 조건이 아주 나쁜 곳에 마을이 만들어지기도 했다. 피란처에 형성된 마을, 그리고 청학동 전설*처럼 여러 전설에 등장하는 별천지가 그런 곳이다.

지금까지 남아 있는 여러 가지 옛날 마을 형태를 보면, 집과 집 사이의 도로가 거미줄같이 연결되어 있는 집촌(集村)과 도로나 강·하천을 따라 열을 지어 이루어진 선촌(線村)으로 크게 나누어 볼 수 있다. 그런데 일반 백성들에게 살기 좋은 마을이란 앞에서 살펴본 《택리지》의 기록과 크게 어긋나지 않았다. 사람의 삶의 조건이란 신분 차별에 앞서 자연적 성질을 띠기 때문이다. 이 때 명당 여부를 떠나 가장 중요한 조건이 바로 배산임수(背山臨水)였다. 북서쪽에서 불어오는 찬바람을 막아 주고 많은 햇빛을 받을 수 있으며, 마을 앞에 시냇물이 흘러 여러 가지로 이용할 수 있는 자연 조건이 필요했다.

그리고 마을 앞을 가려 주는 자연물이 너무 없어 허전하면 이를 인공적으로 보완했다. 이를 마을 숲 또는 동수(洞藪)라고 할 수 있는데, 마을 분위기를 정감 있게 해 주었다.

지리산 청학동 전설
푸른 학이 노닌다는 청학동은 원래 도교의 이상향이다. 그런데 이 청학동이 바로 지리산에 있다는 전설이 있다. 옛날에 어떤 사람이 산에 가서 나무를 하는데 사슴이 나타났다. 사슴 뒤를 쫓아가다가 해가 질 무렵 굴 속에 들어가게 되었는데, 그 속은 사람이 모여 살고 있는 별천지였다. 그 사람들은 아주 옛날 난리를 피해 들어와 살게 되었는데 지금까지 죽지 않고 행복하게 살고 있다고 알려 준다. 얼떨결에 들어온 사람은 푸짐한 대접을 받고 집에 돌아왔다가 다시 찾아가려고 했으나 찾을 수 없었다는 전설이다. 세상의 혼란과 고통을 피해 숨어 살려는 사람들이 만든 마을을 이상적인 마을로 생각하는 데에서 나온 전설이 아닐까 한다.

왕실과 관료들, 여름철에도 얼음을 사용하다

조선 시대 왕실과 관료들의 특별했던 생활을 하나 엿볼까요? 겨울철에 얼음을 이용하는 것은 자연의 이치에 따른 자연스러운 일입니다. 그런데 얼음은 여름철에도 필요합니다. 하지만 얼음을 인공으로 만들 수 없었던 그 때, 여름철에 얼음을 사용하려면 겨울에 얼음을 채취하여 잘 보관했다가 이용하는 수밖에 없었습니다. 그리하여 여름철에 궁중 및 중앙의 고위 관리들이 사용할 얼음을 관리하는 관청이 만들어졌습니다. 바로 장빙고입니다.

장빙고에서 겨울철에 한강의 얼음을 채취하는 일을 담당했고, 채취한 얼음을 궁중의 얼음 창고인 내빙고, 한강 동쪽에 있던 얼음 창고인 동빙고, 한강 서쪽에 있던 창고인 서빙고에 저장했습니다. 빙고에서 얼음을 꺼내 나누어 주는 것을 '반빙'이라고 불렀습니다. 그리고 겨울에 얼음을 채취하는 것을 '벌빙', 빙고로 얼음을 옮겨 저장하는 것을 '장빙'이라고 불렀습니다. 한강에서 얼음을 채취하는 벌빙은 해마다 음력 12월이나 1월에 강가에서 벌어졌는데, 두께 14센티미터 이상인 얼음을 잘라 내어 빙고로 운반했습니다.

얼음 채취하는 모습
한강에서 얼음을 채취하는 작업은 20세기 초까지 계속되었다.

나라에서는 관료들에게 얼음을 나누어 주기 위해 규정을 마련했습니다. 《경국대전》 〈예전〉을 보면, 해마다 음력 6월에 여러 관청과 종친 및 문무관 중 당상관에게

창녕 석빙고와 내부
창녕군 교육청 앞 개울 건너편에 언덕처럼 보이는 구조물이 얼음을 보관하던 석빙고이다. 석빙고 입구에 서 있는 비석의 기록을 통해 1742년(영조 18)에 이 곳 현감이었던 신후서에 의해 세워졌음을 알 수 있다. 경남 창녕군 창녕읍 송현리, 보물 310호.

얼음을 나누어 주었습니다. 또한 내시부의 당상관, 70세 이상의 퇴직 당상관, 활인서에 머무르고 있는 병자들, 의금부와 전옥서에 갇혀 있는 죄수들에게도 지급하는 규정이 있습니다. 당상관 이상의 고위 관리들이 반빙의 대상이었으며, 이 밖에 환자들과 죄수들의 건강을 위해서도 얼음을 나누어 주었음을 알 수 있습니다. 그리고 시제 때에도 당상관 이상 고위 관리에게 얼음을 나누어 주어 우대하는 뜻을 보였습니다.

여름철에 얼음을 나누어 주기 위해서는 빙고에 얼음을 잘 저장해야 했습니다. 현재까지 알려져 있는 빙고 가운데 경북 경주, 경남 창녕 등 경상도 지방에 돌로 만든 석빙고가 남아 있습니다. 이들 석빙고를 통해서 더운 여름철에도 얼음을 저장한 비법을 살펴볼 수 있습니다. 석빙고는 반지하 구조이고, 내부 길이 12미터, 폭 5미터, 높이 5미터 안팎 정도입니다.

아! 그렇구나

석빙고에 얼음을 어떻게 저장했을까?

석빙고는 한여름에도 얼음을 이용하기 위해 얼음 저장소로 이용했던 구조물이다. 전기와 냉매를 이용한 지금의 냉장고 대신, 돌과 자연 환경을 이용하여 얼음 저장고를 만들었다. 한겨울에 강가에서 얼음을 10센티미터 이상의 두께로 잘라서 저장한 뒤 6월부터 10월까지 수시로 그 얼음을 꺼내 더위를 물리치는 데 활용했다. 현재까지 남아 있는 석빙고는 18세기에 만들어진 것인데, 경북 경주, 경남 창녕 등 경상도 지역에 몰려 있다. 반지하 구조물이고, 내부 공간의 크기는 길이 12미터 , 폭 5미터, 높이 5미터 안팎이다.

석빙고에 얼음을 저장하는 일은 두 단계로 이루어졌다. 1단계는 얼음 저장에 앞서 겨울 내내 내부를 냉각시키는 것이고, 2단계는 얼음을 넣은 뒤 7~8개월 동안 차갑게 유지하는 것이다.

먼저 1단계에서 창과 내부를 냉각시킨 방법의 열쇠는 바로 출입문 옆에 붙어 있는 날개 벽이다. 겨울에 부는 찬바람은 이 날개 벽에 부딪쳐 소용돌이로 변한다. 소용돌이는 빠르고 힘차게 석빙고 내부 깊은 곳까지 밀고 들어가 찬 기온을 유지시켜 준다. 그리하여 겨울철에 지하가 지상보다 온도가 높은 것과 반대의 상황을 만들어 냈다.

2단계는 얼음을 넣고 보존하는 단계이다. 물론 얼음이 하나도 녹지 않은 것은 아니고 표면이 약간 녹는 정도였는데, 이렇게 얼음이 녹지 않도록 석빙고 안의 기온을 유지하는 것이 비법이었다. 이를 위해 화강암 천장에 내부의 더운 기운을 빨아들여 내보내는 구멍을 만들었다. 더운 공기가 상승하여 천장에 도달하면 석빙고 외부로 배출되는 구조를 만든 것이다. 또한 물과 습기가 석빙고 내부에 들어오지 못하게 배수로를 잘 정비했다. 이와 같은 석빙고 덕분에 여름철에도 얼음을 이용할 수 있었다.

5

한층 무르익은 조선의 문화

조선 중기의 사상과 문화 예술

조선 중기 사상의 흐름

양란 이후 사상계는?

16세기 이후 성리학이 지도 이념으로 뿌리내리면서 여러 학파가 만들어졌다고 《조선 1》에서 말했습니다. 이를 주도한 사람들은 학계와 정계를 이끌면서 특색 있는 학파와 학풍을 만들었고, 조선 건국 이래 처음 겪은 전쟁(임진왜란과 병자호란)에 따른 후유증 극복을 최우선 과제로 삼았습니다. 두 차례 큰 전쟁을 치른 조선 사회는 현실적인 삶의 여건뿐만 아니라 정신 면에서도 다시 가다듬을 필요가 있었지요. 또 명나라가 망하고 청나라가 건국됨에 따라 오랫동안 유지해

온 중국과의 사대 외교 관계도 다시 설정해야 했습니다.

인조 반정을 주도한 서인은 북벌론을 제기하며 명나라에 의리를 지켜야 한다는 대명 의리론을 내세웠습니다. 그리고 명나라의 적통, 곧 중화(中華)를 이어받은 나라가 조선이라는 점을 강조했습니다. 이들이 제기한 북벌론과 대명 의리론의 밑바탕에는 반청 의식이 깔려 있었습니다. 이와 더불어 안으로는 소중화 의식을 더욱 강화하여 조선이 곧 중화라는 의식과 문화 자존 의식을 확고히 하려 했습니다.

조선 성리학은 예론과 심성론 중심으로 발달했습니다. 예론은 조선 사회에 맞는 예법을 찾아내려는 성리학 실행 방안에 관련된 것이고, 심성론은 성리학 이론을 더욱 정교하게 가다듬기 위한 것이었습니다. 18세기에는 노론 학파 안에서 조선 성리학의 큰 논쟁이었던 호락 논쟁*이 일어나기도 했습니다.

숙종 때 설치된 대보단은 서인이 주도하여 만든 대명 의리론을 구현하는 장치로, 민간에서 받들던 만동묘를 국가 차원의 제사 의례에 수용한 것이었습니다. 그러나 청나라가 중원을 확실히 손에 넣자 북벌론의 실현 가능성은 남김없이 사라졌습니다. 게다가 18세기 말에 청의 문물 제도를 들여오자는 북학 운동이 일어나면서 청에 대한 생각이 크게 바뀝니다.

호락 논쟁(湖洛論爭)
18세기 초반 이후 노론 학계 안에서 충청도 지역 유생이 주장한 호론(湖論)과 서울 지역 유생이 주장한 낙론(洛論) 사이의 논쟁을 말한다. 심성(心性)에 대한 구체적인 설명을 놓고 논쟁이 벌어졌는데, 주요한 주제는 인성(人性)과 물성(物性)이 같은가 다른가, 성인의 마음과 보통 사람의 마음이 같은가 다른가 등이었다.

학파에 따라 예론이 달라지다

조선의 학자들은 성리학 이론을 심화 발전시키면서 수준을 높여 갔습니다. 그리하여 성리학의 여러 특정 분야에서 수준 높은 이론을 세웠지요. 그 가운데 하나가 바로 예(禮)에 대한 학문인 예학입니다. 따라서 유학에서 말하는 예가 무엇인지 먼저 정리해야겠지요?

성리학을 비롯한 유학에서 중요하게 생각하는 '예'란 사람이 지켜야 할 올바르고 정당한 행동 규범입니다. 특히 특정한 사건이나 시기에 모름지기 해야만 하는 정당한 행동 규칙을 정리한 것이기도 합니다. 지금이 조선 시대라고 가정해 볼까요? 어떤 지방에 양반 이름을 얻어 지내는 집안이 있었는데, 어느 날 나이 많으신 아버지가 세상을 떠났습니다. 이제 다른 친지들을 비롯하여 많은 사람에게 연락하여 장례를 치러야 합니다. 이 때 어떻게 해야 장례를 잘 치를 수 있을까요? 장례 기간을 며칠로 잡아야 할지, 입관부터 발인까지 모든 의식은 어떻게 해야 할지, 그 밖에도 결정해야 할 일이 굉장히 많습니다. 게다가 향촌 사회의 양반으로서 모든 행동과 의식이 다른 사람에게 모범이 되어야 합니다. 따라서 장례를 잘 치르려면 평소에 예학을 아주 잘 알고 있거나, 예학에 능숙한 성리학자를 주변에서 수소문해 찾아야 했습니다.

사람들이 지켜야 할 모범적인 행동, 의식 등이 성리학에서 이야기하는 '예'입니다. 예는 탐구와 실천의 대상이기 때문에 그때 그때 달라질 수밖에 없고, 조선 시대의 예를 지금 그대로 실천하는 것은 당연히 어렵겠지요. 성리학이라는 이념이 강하게 작용하던 조선 사회에서는 나름대로 예에 대한 주장이 마련되어 있었습니다. 문제는 예에 대한 주장, 예론이 학파와 붕당에 따라 가지각색이었다는 점에 있었지요.

달리 설명하면, 예는 도덕의 규범인 동시에 사람의 행동에 대한 가치 기준입니다. 한 마디로 일상 생활과 사회 생활을 해 나갈 때 지켜야 할 행동 규칙이지요. 지금도 '예의바른'이란 말로 몸가짐이 단정하고 행동에 어긋남이 없는 사람을 칭찬하는데, 여기에서 예가 우리 사회에 뿌리 깊게 자리 잡고 있음을 엿볼 수 있습니다. 조선 시대에는 더욱 예를 중시했고, 따라서 예를 어떻게 지켜 나가야 할지를 연구하고 공부하지 않을 수 없었지요. 이에 따라 예에 대한 이론인 예론, 그리고 예를 학문으로 다루는 예학이 발달했습니다.

조선 성리학의 발달은 이기론과 심성론의 발달을 가져왔고, 이는 다시 예론의 발달로 이어졌습니다. 성리학에서는 수기와 치인을 강조합니다. '수기(修己)'는 자신이 해야 할 일을 잘 닦는 것이고, '치인(治人)'이란 다른 사람을 잘 다스리는 것을 말합니다. 이기론과 심성론 같은 이론 탐구가 주로 수기에 중점을 두었다면, 예론은 치인에 관한 것이라고 할 수 있습니다.

조선의 국가적 예제는 이미 조선 초기인 성종 때 〈국조오례의〉 체제로 다졌습니다. 〈국조오례의〉는 송나라 예제를 중심으로 여러 예제를 빈영했는데, 삼국 시대 이래 이어져 온 예법을 많이 빈영했지요. 반면에 당시 사림들은 《주자가례》를 전적으로 받아들여 실천했습니다. 특히 상례에서 부모가 돌아가셨을 때 3년 동안 상복을 입는 3년상을 원칙으로 삼았습니다. 성리학을 들여오고 뿌리내리는 과정에서 《주자가례》를 가장 높이 받든 것이지요. 《주자가례》는 어린아이에서 어른으로 올라가는 관문에 해당하는 관례(冠禮), 두 가문의 남녀가 부부의 인연을 맺는 혼례(婚禮), 세상을 떠난 사람을 이 세상에서 저 세상으로 보내는 상례(喪禮), 죽은 사람을 위해 제사를 올리는 제례(祭禮), 이 네 가지 예를 중심으로 정리했습니다. '가례(家禮)'라는 책 제목에서 알 수 있듯이 사대부, 사족, 양반 들이 스스로를 성리학자로 내세우거나, 그러한 평판을 계속 지켜 나가려면 집안 구성원 모두가 지켜야 할 예였습니다.

16세기 조선의 예학은 일상 생활에서 《주자가례》의 본뜻을 그때그때 정확히 실천할 수 있는 지침서를 만드는 쪽으로 나타났습니다. 이렇게 만든 이른바 가례서는 각 가문 안에서 동질감을 이끌어 내는 생활 규범서 성격이 강했지요. 가문 범위를 넘어서는 붕당의 예론서는 17세기 인조 때에 이르러 남인과 서인이 예서를 앞다투어 펴내면서 등장했습니다. 서인과 남인의 예서는 대부분 《주자가례》를 바탕으로 옛날 예절 또는 조선에서 현실적으로 시행하고 있는 관습인 시제(時制)를 덧붙이는 방식으로 만들어졌고, 각 붕당의 독특한 특색을 담았습니다.

성리학자들이 심성에 대한 이해에 따라 학파를 만들었다면, 학파의 결속을 다져 가는 과정에서 예론 또는 예설에 차이가 생겼습니다. 각 학파의 중심 학자들이 심혈을 기울여 예를 탐구했고, 이 과정에서 학파에 따라 예설이 조금씩 달라진 것입니다. 그리고 조정에서는 어떤 예설을 따라야 할지 여러 차례 논쟁을 벌였습니다.

서인과 남인의 예론이 서로 달랐고, 이는 예학의 차이로 뚜렷이 드러났습니다. 서인의 영수 김장생은 《가례집람》을, 남인의 대표 학자 정구는 《오선생예설분류》라는 책을 펴냈는데, 이 두 책을 보면 이런 상황을 잘 알 수 있지요. 이제 학파를 바탕으로 한 붕당의 예론이 학문적 근거를 마련하자, 정치 사건을 중심으로 예설과 예론의 대립

이 빈번하게 일어났습니다.

《오선생예설분류》라는 책에서는 남인 예설의 특색을 읽을 수 있습니다. 책 제목에 나오는 오 선생은 다섯 선생이라는 뜻인데, 주자의 선배인 북송의 여러 유학자를 가리킵니다. 정구는 《주자가례》에서 관심을 더 넓혀 북송 유학자들의 예설을 분류, 정리하여 서로 비교했습니다. 이러한 학풍은 나중에 사서*보다 더 오래 된 경전인 육경*을 중시한 허목이라는 학자로 이어져 근기 남인학파의 바탕이 됩니다. 《주자가례》를 모체로 하되 여러 학설과 우리 나라의 속례(俗禮)까지 참작하여 현실에 맞는 예를 만들려고 노력한 것입니다.

서인의 예설은 김장생과 김집 두 부자의 예서에서 찾아볼 수 있습니다. 김장생이 지은 《가례집람》은 《주자가례》를 조선 사회에 어떻게 적용할까 하는 문제 의식에서 쓰여진 책입니다. 거의 상례와 제례에 관한 내용이지요. 특히 김장생이 지은 《의례문해》와 아들 김집이 펴낸 《의례문해속》은 17세기 전반기에 세워진 서인학계 예설의 기반이라 할 수 있고, 17세기 후반의 예송에 여러 차례 활용되었습니다. 책 이름에서 알 수 있듯이, 두 책은 예에 대한 의문점을 질문하고 답하는 형식을 갖추었습니다.

예를 둘러싼 논쟁을 의미하는 '예송(禮訟)'은 단지 예만 가지고 다

임리정
1626년(인조 4) 김장생이 지은 정자로 학문을 닦고 제자들을 가르치던 곳이다. 충남 논산시 강경읍 황산리, 광산 김씨 종중 관리.

사서(四書)
성리학에서 기본으로 습득해야 할 책으로 정한 4종의 책. 공자와 맹자의 학실을 정리한 《논어》, 《맹자》는 예부터 중요하게 평가된 책이었다. 그런데 《대학》과 《중용》은 본디 《예기》의 한 항목에 불과했는데, 주자가 독립된 하나의 책으로 뽑아 내어 중시하면서 성리학의 기본 경서가 되었다.

육경(六經)
시경(詩經)·서경(書經)·예기(禮記)·역경(易經)·춘추(春秋)에 악경(樂經)을 더한 여섯 가지 유가(儒家) 경전.

툰 게 아닙니다. 앞에서 살펴봤듯이, 효종과 효종비의 장례 때 인조의 계비가 몇 년 복을 입어야 하는가가 주요한 쟁점이었습니다. 주자학적 예학이 크게 발달했기 때문에 이러한 예론 논쟁이 활발히 전개되었다고 볼 수 있지요. 하지만 예송은 정파간 정권 획득을 목적으로 한 다툼이기도 했습니다.

논산 돈암서원
김장생을 기리기 위해 1633년(인조 11)에 건립한 서원이다. 원래 이 곳은 김장생의 아버지 김계휘가 경회당을 세워 학문 연구에 힘쓰고 이후 김장생이 양성당을 세워 후진을 양성하던 곳이다. 1660년(현종 원년)에 왕이 돈암이라는 현판을 내려주어 사액 서원이 되었으며, 김집, 송준길, 송시열을 추가로 모셨다. 1871년 흥선 대원군의 서원 철폐령 이후에도 남아 보존된 47개의 서원 가운데 하나이다. 충남 논산시 연산면 임리.

사문난적으로 몰린 윤휴와 박세당

17세기 이후 조선 사회는 성리학이 깊이 뿌리를 내려 권력의 밑바탕을 이루었고, 조선의 성리학자들은 주자가 주석을 붙인 경전 해석을 아무 비판 없이 받아들였습니다. 우리는 자칫 이 시기의 사상계가 성리학 일색이라고 말할 수 있지만, 그렇게만 볼 수 없는 구석도 있습니다. 주자 성리학을 무조건 받아들이는 사상계를 비판하는 움직임이 있었으니까요. 성리학을 비판하다가 사문난적으로 몰린 윤휴와 박세당. 그들 이야기를 살펴볼까요?

'사문난적(斯文亂賊)'이란 유학의 기본 바탕을 어지럽히고 기본 원리에 어긋나는 언행을 하는 사람을 가리킵니다. '사문'이란 바로 공자의 말을 가리키는데 유학 자체를 의미하지요. 처음에 사문난적은 유학을 반대한 사람을 비난하는 말로 사용되었지만, 예송 이후에는 유학의 주요 경전에 붙인 주자의 주석을 따르지 않는 사람까지 일컫게 됩니다.

17세기 이후 사상계에서 사문난적으로 몰린 윤휴와 박세당은 어떤 연유로 사문난적이 되었을까요? 윤휴는 예송이 벌어졌을 때 서인측과 크게 논쟁을 벌이면서 남인측 맹장으로 활약한 인물입니다. 그는 조정에서 오가작통 사목 제정, 지패법* 실시, 세법 개혁을 주장했습니다. 그리고 조선 사회를 뿌리째 흔들던 양역 문제를 바로잡기 위해 가장 근본적 개혁 방안인 호포법* 실시를 강력히 주장했습니다. 그는 1680년 경신 환국으로 남인이 물러날 때 갑산에 유배되었다가 사약을 받았습니다.

윤휴는 주자가 성리학 발전에 최대의 공로를 세웠다고 높이 평가하면서도 주자의 주석에 새로운 해석을 시도했습니다. 주자의 주석에 의문을 품고 새로 궁리하여 《중용》, 《대학》, 《효경》 등 경전을 스스로 해석한 것입니다. 그리하여 당시 서인들은 그를 "돼먹지 않게 스스로 잘난 체하는 버릇이 있으며, 경전의 글에 있어서는 주자의 주석을 쓰지 않고, 혼례와 상례에 있어서는 《주자가례》를 쓰지 않으며, 심지어 《중용장구》를 잘못이라고 하면서 고쳐 해설하여 한 세상을 바꾸려 한다"고 몰아세웠습니다.

《중용》에 대한 주자의 주석서 가운데 하나가 《중용장구(中庸章句)》라는 책입니다. 송시열이 직접 윤휴의 집으로 가서 "공은 지금 주자의 《중용》 해석이 틀렸다고 생각하느냐"라고 하자, 윤휴가 발끈해서

지패법(紙牌法)
조선 후기에 종이로 만든 일종의 호패(號牌)를 지패(紙牌)라고 불렀고, 지패를 만들어서 사용하게 하는 법이 지패법이다. 윤휴가 건의한 지패법은 양인은 지패에 주소, 성명, 나이를 적고, 공노비와 사노비는 신상 정보와 더불어 관인(官印)을 찍어서 만드는 것이었다.

호포법(戶布法)
조선 후기 양역 변통론에서 제기된 방안의 하나이다. 호주와 구성원으로 이루어진 호(戶)를 부과 단위로 하여 상민뿐 아니라 양반에게도 포를 징수하자는 법이다. 사족들의 반대로 시행되지 못하다가 19세기 말 대원군 정권 시기에 실행에 옮겨졌다.

“자사*의 뜻을 주자 혼자 알고 나는 알지 못한다는 말인가”라고 반문했다고 합니다. 자신도 주자처럼, 또는 주자만큼 유학의 본질에 대해서 의견과 이론을 갖추어 제시할 수 있다고 생각한 거였지요. 이러한 태도 때문에 사문난적으로 몰렸고요.

그렇다고 오로지 이 문제만으로 윤휴가 사문난적으로 몰렸을까요? 여기에는 노론의 영수 송시열 문인들이 소론의 영수 윤증과 그의 아버지 윤선거와 친하게 지낸 윤휴를 이번 기회에 몰아내고 주도권을 쥐려 한 정치적 이유가 더 크게 작용했습니다.

또 한 명의 사문난적인 박세당은 소론측 대표 관료입니다. 그는 1660년(현종 1) 증광 문과에 장원하면서 본격적인 관료 생활을 시작했습니다. 송시열과 대립 관계에 있던 그는, 대외 정책에 있어서 친청 정책으로 실리를 추구하자고 주장하여 송시열을 비롯한 강경론자들의 거센 공격을 받았습니다. 1668년(현종 9) 이후 관직에서 물러나 양주군 수락산 서곡의 석천동에 은거한 그는 원나라 때 편찬된 《농상집요》를 대본으로 삼고, 은거지에서 보고 들은 농사 견문을 보태서 《색경》이라는 농서를 편찬하기도 했습니다.

1694년(숙종 20) 갑술옥사로 소론이 다시 세력을 잡자, 초야에 묻혀 있던 박세당도 조정으로 복귀했습니다. 그런데 1703년 박세당이 사서에 대해서 주자와 다른 자신의 주석을 모아 지은 《사변록》이 논란거리가 되었습니다. 박세당이 주자의 학설을 비방했다는 비판이 크게 일었지요. 그리하여 박세당은 사문난적으로 몰려 관직을 빼앗기고 전라도 옥과로 유배되었다가 얼마 뒤 세상을 떠났습니다.

《숙종실록》의 사신(史臣)은 “박세당이 말한 바가 주자의 주석과 많

자사(子思)
공자의 제자로, 《중용》을 저술했다.

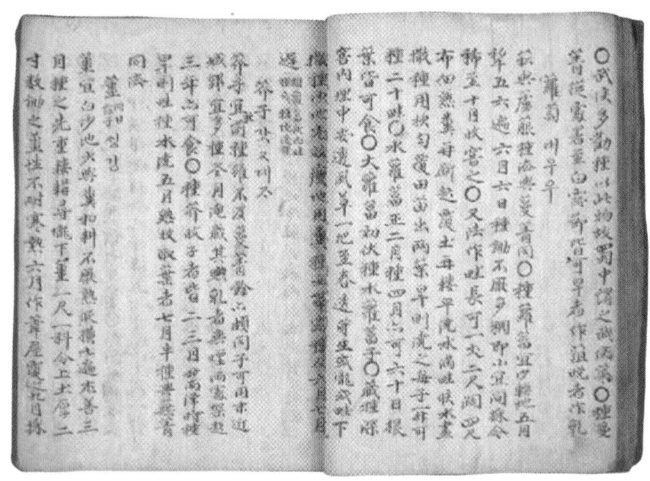

박세당이 지은 《색경》
박세당이 17세기 후반에 《농상집요》를 대본으로 삼아 지은 농서.

이 달랐으니, 깊이 배척하는 자들은 이를 지목하여 이단이라 했다. 그러나 박세당은 한갓 문장에만 깊었으니 이단이라고 할 수는 없다"라는 평가를 남기기도 했습니다. 학문이란 보는 각도에 따라서 얼마든지 다르게 생각할 수 있습니다. 하지만 당시 노론에게는 정치적 반대자 박세당을 몰아낼 절호의 기회였겠지요.

그렇다면 경전에 대한 주석을 새롭게 만든 게 왜 문제였을까요? 이 문제는 학문을 탐구한 당시의 방식을 알아야 이해하기 쉽습니다. 유학에서 《시경》, 《서경》, 《주역》과 같은 삼경은 떳떳하게 지켜야 할 도리를 담은 책입니다. 지금까지 전해 오는 삼경을 한번 들추어 보면 구성이 굉장히 복잡함을 알 수 있습니다. 큰 글씨로 된 본문이 있고, 그 밑에 한 칸 들여쓰거나 작은 글씨로 두 줄을 만들어 적어 넣은 주석이 있습니다. 삼경의 본문은 옛 성인이 지은 것으로 여겼기 때문에 본문의 구절을 바꾸는 것은 있을 수 없는 일이었습니다. 다만 그 본문의 뜻을 해석하여 자기 의견을 제시할 수 있었습니다. 바로 주석을 다는 것이지요. 그래서 경전에 대한 주석이 유학의 큰 흐름을 형성하는 발판이 되었습니다. 유학의 발전 과정 속에서 여러 유학자가 남긴 주석서가 쌓였고, 주석서는 곧 하나의 학설과 학파가 되었습니다.

주자는 사서(四書)에 대해서 '집주(集注)'라는 이름을 붙인 주석을 달았고, 삼경(三經)에 대해서는 제자들과 같이 '전(傳)'이라는 이름을 붙인 주석을 달았습니다. 이러한 주석서가 주자 성리학의 밑바탕이 었지요. 따라서 주자의 주석을 따르지 않고 자기 생각으로 주석을 바꾸는 것은 새로운 성리학을 창립하려는 것이나 마찬가지로 볼 수 있었습니다. 물론 새로운 주석이 주자의 해석을 보충하는 내용으로 파악될 여지도 있었지만요.

조선의 사회 개혁론자, 유형원

17세기 조선의 학자 가운데 그 당시 사회가 나아가야 할 방향에 대해 자신의 해법을 제시한 인물이 있었습니다. 바로 유형원입니다. 자신의 호를 따서 지은 《반계수록》은 조선 사회에서도 으뜸으로 평가받았고, 아직까지도 실학 저작물 가운데 최고봉으로 꼽힙니다. 유형원은 《반계수록》 말고 많은 책을 지은 학자로 알려져 있지만, 아쉽게도 10여 년에 걸쳐 지은 《반계수록》만 온전히 전합니다. 따라서 그의 사상, 특히 사회 개혁 사상을 이해하기 위해서는 이 책을 꼭 살펴봐야 합니다. 유형원은 17세기에 활동했지만 18세기 이후 활발히 전개된 실학의 선구자로 평가받고 있습니다.

유형원은 아버지를 두 살 때 여의고 경기도 지평, 여주 등지로 옮겨 다니며 어렵게 자랐습니다. 그러다가 1653년(효종 4) 이후 전라도 부안현 우반동에 정착했지요. 이듬해 진사시에 합격했으나 과거를 단념하고 학문 연구와 저술에 몰두하면서 수차례 전국을 유람합니다. 1665년과 1666년 두 차례에 걸쳐 학행(學行, 학문과 덕행 또는 실행)이 뛰어나 임금이 직접 관직을 내렸으나 모두 마다합니다.

《반계수록》은 31세에 쓰기 시작하여 49세에 완성했다고 전하는데, 토지 문제 개혁 방안인 전제(田制)에서 시작하여 군사 제도 개혁 방안으로 완결되는, 방대한 국가 운영 계획안이라고 평가할 수 있습니다. 《반계수록》에 실린 유형원의 사회 개혁 사상은 토지 제도, 조세 제도, 교육 제도, 관리 임용 제도, 국방 체제 및 군사 제도, 군현제 등 국가 체제 전반에 걸쳐 있습니다. 그가 이토록 방대한 저서를 펴낸 목적은 나라를 부유하게 하고 백성들의 삶을 넉넉하게 만드는 데 있었습니다.

유형원의 사회 개혁론은 토지 제도 개혁에서 출발합니다. 그는 직전제가 무너지고 궁방전과 둔전 등이 확대되고 은결*이 빠르게 늘어나는 현실을 고치지 않으면 나라의 존립이 어렵다고 했습니다. 그러면서 모든 토지를 국유화하여 정전법을 모범으로 하는 균전제 시행을 주장했습니다. 이는 신분제 틀을 유지한 상태에서 사대부에게는 2~4경, 농민에게는 1경씩 토지를 나누어 주는 방안이었습니다. 스스로 정전제*를 따랐음을 강조했으나 실제로는 균전제였지요. 이러한 균전제를 바탕으로 결부법을 없애고 경무법을 사용하여 토지를 정확히 측량하여 조세, 역역(力役), 신역, 공물을 균등하게 거두는 조세 제도 개혁 방안도 같이 제시했습니다.

그는 또 문란한 과거제를 폐지하고 읍학(邑學)-영학(營學)-태학(太學)-진사원(進士院)에 이르는 단계적 교육제에 따른 공거제 실시를 주장했습니다. 관료 제도에 대해서도 문무 일치, 비변사 폐지, 겸직

은결(隱結)
양안에 기록되지 않은 토지로, 수령이나 향리 등이 여기에서 거둔 전세 등으로 지방 관청을 운영하거나 개인 용도로 활용했다.

정전제(井田制)
중국 주나라에서 시작했다고 전해지는 이상적인 토지 제도로 우물 정(井) 자 모양으로 토지를 9등분하여 가운데 한 곳은 공전(公田)으로 삼고 나머지는 사전(私田)으로 삼았다. 사전을 맡아 경작하는 농민 여덟 집이 힘을 모아 공전 한 곳을 경작하고 가을에 공전의 수확물을 국가에 납부하는 방식이었다.

제 철폐, 궁중 관계 관청 폐지 등을 기초로 하여 관직 및 관아의 간소화를 주장했고요. 결국 합리적인 교육 제도를 바탕으로 능력 중심의 관료 임용 제도로 개혁할 것을 주장한 것입니다. 군사 제도도 병농 일치의 원칙 아래 신분에 따라 병종을 정리하고, 조선 초기의 오위제로 되돌리고 진관 체제를 강화할 것을 주장했습니다.

유형원 묘
조선 시대 실학자로 유명한 반계 유형원(1622~1673) 선생의 묘소이다. 경기도 용인시 외사면 석천리.

유형원이 제시한 사회 개혁론에서 우리는 신분제에 대한 그의 생각을 쉽게 지나칠 수 없습니다. 신분제를 없앨 수 있는 가능성을 실제로 제시했기 때문입니다. 예를 들어 “옛날에는 사(士)와 민(民)의 구별이 있었지만, 그것은 행실과 학업에 있어서 현명함과 어리석음으로 구별한 것이지, 그 집안의 화려함과 초라함으로 구별한 것이 아니다”라고 했고, 또한 “공경(公卿)의 아들이 일반 백성이 되고, 귀천이 대대로 계승되지 않는 것이 옛날의 도이다”라고 말했습니다. 이러한 언급은 신분 세습을 부정하는 성격을 보여 주는데, 반상 구분을 불변으로 여긴 당시의 인식 태도와 크게 다릅니다.

이렇게 조선이라는 왕조 국가를 꾸려 나가기 위한 여러 개혁안을 마련했다는 점에서 유형원의 《반계수록》은 커다란 역사적 평가를 받습니다. 특히 영조 이후 조정 대신들과 국왕도 이 책을 높이 평가하고, 주자와 제자들의 문답을 모은 《주자어류》 대신 《반계수록》을 경연에서 읽어야 한다는 주장도 나왔습니다.

양명학에 빠진 학자들

조선 성리학이 뿌리내리면서 여러 학파가 이론의 깊이를 더해 가는 가운데 유학자들 일부는 양명학을 받아들이고 연구에 몰두합니다. 당시 양명학을 체계화한 명나라의 왕수인은 성리학 이론이 주자의 입장 이외의 다른 해석을 수용하지 않는 점, 현실 사회와 결합하지 못하고 형식적 논리만 중히 여긴다는 점을 크게 비판했습니다. 그리하여 성리학의 성즉리(性卽理) 대신 심즉리(心卽理)를 내세워 인간의 주체적 측면인 마음을 중시했습니다.

그리고 모든 인간은 양지(良知)라는 것을 타고나는데, 이를 사물을 접할 때 실행해야 한다고 했습니다. 그렇기 때문에 양지를 타고난 일반 백성을 피동적 존재로만 보지 않고 적극적이고 실천적인 존재로 파악했습니다. 양명학을 성리학과 비교하자면, 성리학의 영역 가운데 내적 수양을 근본으로 삼고 지적 탐구, 곧 학문의 의의 부분을 더 강조한다고 할 수 있습니다.

특히 양명학에서 강조하는 부분은 지행합일(知行合一)입니다. 아는 것(知 : 지)과 행하는 것(行 : 행)이 일치되어야 한다는 주장이지요. 태어날 때부터 지니고 있는 도덕에 바탕을 둔 마음을 수양하고 발현하여, 타인을 바르게 하고 나아가 인간 세계와 우주를 성실하고 바르게 하자는 이상을 내세웁니다. 이렇게 앎의 진정성을 확인할 수 있는 게 행함이고, 행함의 진실성을 찾아볼 수 있는 게 앎이라고 밝혀 양명학은 앎과 행함의 공부는 분리할 수 없다는 결론을 내립니다.

양명학은 16세기 말부터 알려졌습니다. 그리고 임진왜란 당시 조선에 건너온 명나라 지휘관은 대부분 양명학자들이었는데, 이들이 조선의 성리학자들에게 많은 영향을 끼쳤습니다. 그런데 조선에서는 성리학의 위상이 무척 강했기 때문에 양명학이 뿌리내리기가 쉽지 않았지요. 스스로 양명학을 존숭한다고 공개한 학자들은 장유, 최명길, 정제두 등 몇 사람뿐이었습니다. 그리고 겉으로는 성리학자라고 하면서 안으로 양명학을 신봉한 학자들로는 이광사, 이영익, 이충익을 들 수 있습니다.

정제두를 비롯한 양명학자들을 강화학파라고 부르는데, 이들이 주로 강화도를 중심으로 양명학의 계보를 잇는 학자들이었기 때문입니다. 강화학파는 주로 소론계 인사들로 어려운 처지에 놓인 종친이 많았습니다. 하지만 양명학의 흐름은 조선 왕조 끝 무렵까지 이어지면서 이건창, 김택영, 박은식, 정인보 등 유력한 학자들에게 계승되었습니다.

정제두가 양명학자임은 당대의 유명한 학자 윤증의 문집《명재집》에서 찾아볼 수 있습니다. 윤증이 1697년 정제두에게 보낸 편지를 보면 "가지고 있던 양명의 책은 예부터 스승과 벗들이 걱정하던 바인데 지금은 내버렸는지 알지 못하겠다"는 내용이 있습니다. 정제두가 양명학 관련 서책들을 갖고 있다가 화를 입지 않을까 걱정하는 내용이지만, 윤증 자신이 양명학의 내용을 잘 알고 있음을 보여 주기도 합니다. 1704년에 보낸 편지에도 "양명에 빠져서 끝내 돌아오지 않으면, 우리 친구들이 벗으로서 비록 편지로 설득했다 하더라도 후세의 질책을 받을 것"이라는 내용이 보입니다.

그런데 여기에서 주의할 점이 있습니다.《명재집》에 실린 윤증의 편지는 후대의 편집 과정에서 상당 부분 수정되고 발췌되었다는 점

윤증 선생 고택
윤증이 살았다고 전하는 집이다. 높은 기단 위에 앞면 4간, 옆면 2간 규모의 사랑채가 있고, 왼쪽 1간 뒤로 일자형 중문간채가 자리 잡고 있다. 중문간채는 안채가 바로 보이지 않도록 1간 돌아서 들어가게 중문을 내었다. 중문을 들어서면 ㄷ자 모양의 안채가 있어서, 중문간채와 함께 튼 ㅁ자 모양을 이룬다. 집 앞에는 넓은 바깥 마당이 있고 그 앞에 인공 연못을 파고 가운데에 둥그런 섬을 만들어 정원을 꾸몄다. 또한 안채 뒤쪽에는 완만한 경사지를 이용하여 독특한 뒤뜰을 가꾸어, 우리 나라 살림집의 아름다운 공간 구조를 보여 준다. 충남 논산시 노성면 교촌리 소재.

입니다. 그러므로 윤증이 양명학을 연구하는 정제두를 걱정하는 내용은 두 사람이 양명학에 대해 공유하는 부분이 많았음을 보여 준다고 해석할 수 있습니다. 당시 성리학의 우두머리였던 윤증이 정제두가 양명학에 빠져 있다고 언급한 편지 내용은 당시의 학문 풍토를 잘 보여 줍니다. 실제로 윤증의 학문적 성취를 살핀 연구들은 양명학과 관련된 윤증의 사상을 많이 지목했습니다.

이렇게 성리학 일변도의 학문 풍토에서도 양명학을 비롯한 여러 학풍이 자라고 있었습니다. 또한 윤증 같은 대학자가 편지에서 언급할 정도로 당시 양명학의 내용은 많이 알려져 있었습니다.

승병의 활약으로 다시 일어서는 불교

고려 말 조선 초 이후 계속된 배불 정책으로 불교는 명맥이 끊길지도 모르는 상황이 되었습니다. 14세기에 2800여 곳에 이르던 사찰은 16세기 들어 겨우 250곳 정도였습니다. 이 무렵 불교계에 등장한 사람이 문정 왕후와 승려 보우입니다. 명종의 생모이자 중종의 세 번째 왕비인 문정 왕후는 명종을 대신해서 수렴청정하던 시기에 불교 부흥을 위해 팔을 걷어붙입니다. 이 때 문정 왕후와 더불어 불교 부흥을 시도한 인물이 보우인데, 후대에 요사스런 중이라는 평가와 성인이라는 상반된 평가를 한꺼번에 받지요. 그리고 조선 불교사에서 커다란 위치를 차지하는 서산대사 휴정도 등장합니다. 이 시기는 조선 왕조에서 불교 중흥기라고 할 수 있지요.

명종이 즉위한 다음 수렴청정하던 문정 왕후는 1551년 승과를 시행하여 도첩*을 주었고, 봉은사를 선종의 본산으로, 봉선사를 교종의 본산으로 삼았습니다. 이 때 보우는 문정 왕후에게 접근하여 선종의 판사*에 올라 봉은사에 머물렀습니다. 그리고 봉은사를 당시 불교의 중심지로 삼기 위해 중종의 능묘를 봉은사 근처로 이장하려고 시도했습니다.

한편 서산대사 휴정은 성리학의 도통관*에 대비되는 불교 법통설을 제시했습니다. 법통설은 불교의 명맥이 당시까지 꾸준히 이어져 왔음을 강조하기 위한 것으로, 선종이 스승과 제자 사이에 불법이 전수되는 것이라서 가능한 논리였지요. 게다가 휴정은 교리 중심의 교종을 피하고, 수련을 위주로 하는 선종 방식을 선호했으며, 나아가 유교, 도교, 불교를 조화시키려고 노력했습니다.

도첩(度牒)
고려와 조선 시대에 나라에서 발행한 출가를 공인하는 문서. 승려 신분 증명서에 해당하는 일정한 조건을 갖추어야 예조에서 발급해 주었다. 조선의 경우 불경 시험에 합격해야 하고 많은 양의 면포를 내야 했다.

판사(判事)
본디 도평의사사나 의금부의 최고 책임자가에게 주는 직책 명칭이다. 명종 때 불교계를 개편하면서 교종과 선종의 대표자가 맡은 직책의 명칭으로 활용되어 각각 판사 1명을 두었다.

도통관(道統觀)
도학 계통에 대한 생각을 뜻한다. 사학파 입장에서 정몽주와 길재 이후 성리학을 발전시키고 확대한 사람이 스승과 제자로 이어지는 계보를 정리하고 이를 정통으로 파악하는 관념이다.

정선이 그린 금강산 정양사
금강산의 명찰 가운데 하나인 정양사 모습. 〈금강산팔폭병〉에서.

명종 때의 불교 중흥은 문정 왕후와 보우 등 몇몇 사람에 의한 것이었기 때문에 오래 지속되지 못했습니다. 1565년 문정 왕후가 죽은 뒤 승과는 곧바로 폐지되었고, 보우는 제주도에 유배되었다가 죽었습니다. 구름처럼 모여들었던 승려들도 뿔뿔이 산 속으로 사라져 버렸지요. 짧은 기간이었지만 이 시기의 불교 중흥에 힘입어 임진왜란 때 승병이 활약할 수 있었습니다.

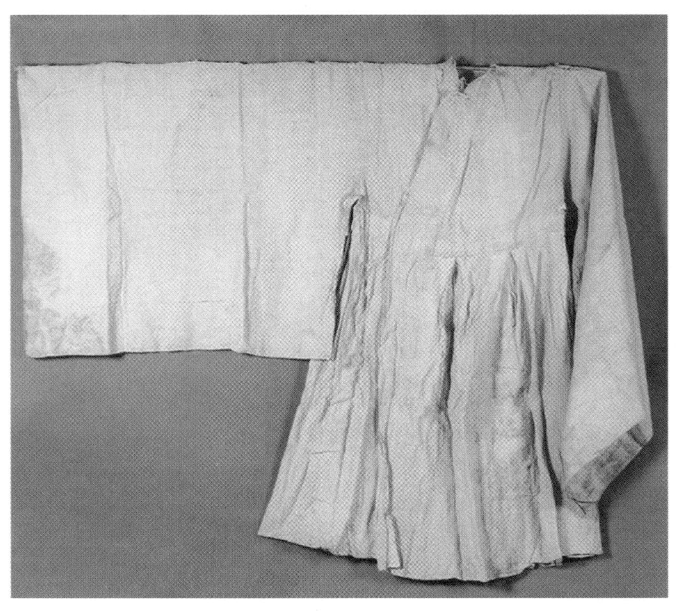

사명대사의 장삼
사명대사(1544~1610)가 입던 장삼. 장삼이란 검은 색이나 흰색으로 만든, 길이가 길고 소매가 넓은 승려의 옷을 말한다. 상의와 하의가 연결되어 있으며, 군데군데 훼손되긴 했으나 원형을 보존하고 있다. 길이 144, 품 55, 등솔에서 소매 끝까지의 길이가 143센티미터이며, 짧은 고름이 달려 있다. 중요민속자료 29호. 경남 밀양시단장면 표충사.

승병은 승려들로 이루어진 군대입니다. '살생하지 말 것'이라는 불교의 기본 교리를 놓고 보면, 사실 전투에 나가 적을 죽여야 하는 승병은 말 자체가 어색합니다. 그럼에도 조선의 승려가 군대를 조직한 것은 우리 나라 불교에 호국이라는 민족적 성격이 강하게 들어 있기 때문입니다. 고려 시대는 말할 나위 없고, 조선 왕조에서도 임진왜란과 병자호란 때 승병이 크게 활약했습니다. 임진왜란 당시 서산대사와 사명대사는 승병을 이끌고 관군이나 의병과 함께 왜적에 맞서 싸웠습니다. 승병은 의승병(義僧兵)이라고 불렸습니다. 의병에 버금가는 성격을 부여한 것이지요.

사명대사는 사명당이라는 당호로 더욱 유명한 인물입니다. 그가 남긴 《송운대사시집》에 박이장이 지은 서문에서 알 수 있듯이 임진왜란 때 승병을 이끈 사명대사의 충절은 당대에 높은 평가를 받았습

해인사 사명대사 부도
합천 해인사 홍제암에 있는 사명대사 부도이다. 보물 1301호.

니다. 그리고 이덕형, 이항복, 이정구 같은 당대의 문장가들은 사명대사의 시를 높이 평가했습니다.

양란 이후 승려들은 국가 차원의 노동력 징발에 동원되었습니다. 특히 국방 요충지에 산성을 만들 때 승군(僧軍)이라 하여 승려들을 동원했습니다. 조선의 많은 성곽이 승려들의 손에 탄생했지요. 또한 다 만든 산성을 관리하는 데에도 승려들의 도움이 필요했습니다. 승려들은 특히 사고*를 지키는 임무를 담당했습니다. 임진왜란 이후 평지에서 산 속으로 자리를 옮긴 사고 주변에 수호 사찰을 세웠습니다. 태백산 각화사, 정족산 전등사, 적상산 호국사, 그리고 오대산 월정사가 사고 수호 사찰이지요. 이 사찰의 승려들이 바로 사고 지킴이를 떠맡았고요.

조선 시대 이전에 사찰은 도시와 지방에 나뉘어 있었습니다. 도시 사찰은 신도들이 모여 불교 관련 집회를 여는 기능이 강했고, 교종의 영향 아래 있었습니다. 지방 사찰은 깊은 산 속에 위치했고, 참선을 하거나 승려들이 집단으로 수도하는 곳으로 선종에 바탕을 둔 사찰이 많았지요. 그러나 조선 왕조가 들어선 뒤 불교 배척과 승려 탄압이 계속 이어져 도시의 평지 사찰들은 없어지고 깊은 산중의 산지 사찰들만 살아남았습니다. 이제 산중 사찰은 승려만의 공간이 아니었고, 신

사고(史庫)
《조선왕조실록》을 비롯한 주요한 서책을 보관하던 곳.

오대산 사고 터
《조선왕조실록》과 왕실의 족보인 《선원보략》 등을 보관하기 위해 지었던 조선 후기 5대 사고 가운데 하나이다. 한국전쟁으로 모두 불탔으나 1992년에 사각과 선원 보각으로 이루어진 사고 건물을 다시 지었다. 강원도 평창군 진부면 동산리 월정사.

도들과 서로 결합해야 살아남을 수 있었습니다. 승려만의 사찰이란 이론으로는 가능해도 현실적으로 유지될 수 없었습니다. 승려들의 경제력은 매우 제한되어서 신도들의 협력이 필요했기 때문입니다.

임진왜란 중에 다행스럽게도 승병들이 빛나는 전공을 세워 불교의 명맥을 유지해 나갈 수 있는 명분이 마련되었습니다. 그 뒤 실제로 수많은 사원들이 다시 세워졌고 대다수 건물들이 복원되었습니다. 지역의 지주들과 다수의 농민층이 사찰 중흥의 후원자들이었지요. 사찰은 대부분 짧게는 수십 년, 길게는 200년에 걸쳐 조금씩 건물을 새로 짓고 규모를 넓혀 나갑니다.

묏자리 다툼으로 번진 풍수지리설

고려 시대에 유행한 풍수지리설은 조선 왕조에 와서도 위세가 그리 꺾이지 않았습니다. 성리학자들은 풍수를 미신으로 생각하기보다는 생활의 원리로 받아들였지요. 사실 풍수지리설 가운데 음택 풍수(묏자리 잡기)는 조상 제사를 극진히 모시는 유학자들의 태도와 관계가 깊습니다. 제사를 줄기차게 모시는 만큼 무덤 자리를 대충 잡을 수는 없었지요. 따라서 좋고 나쁜 무덤 자리의 원리와 그에 따른 길흉화복을 강조하는 풍수지리설을 따를 수밖에 없었겠지요.

자연을 지배와 정복의 대상으로 생각하는 서양의 인식 방식으로는 풍수설을 이해하기란 어려운 일입니다. 동양에서 기본적으로 품고 있는 인간과 자연의 합일이라는 관점에서 접근해야 풍수지리설을 이해할 수 있지요. 풍수의 기본 원리는 땅 속에 모든 생물을 낳고 성장시키는 힘을 가진 생기(生氣), 곧 음양의 기가 흐르고 있다는 데에 있습니다. 따라서 살아 있는 사람이 사는 양택과 죽은 사람을 모시는 음택에 각각 좋은 땅((吉地 : 길지)과 나쁜 땅(凶地 : 흉지)이 있다고 합니다. 이러한 길지와 흉지를 음양오행에 기초하여 여러 방법으로 찾아내는 게 풍수지리설이지요. 달리 생각하면 풍수지리설이란 더 좋은 자연 환경을 찾아내서 살 곳으로 정하려는 의지에서 출발한다고 할 수 있습니다.

풍수설에서 양택과 음택의 길지를 찾아내는 방법에는 여러 가지가 있습니다. 크게 보아 산(山), 수(水), 풍(風) 세 가지 요소를 가장 중요하게 파악합니다. 세 가지 가운데 바람과 물을 합해 풍수라는 말이 나왔지요. 《고려 1》에 풍수지리설의 원리가 자세히 설명되어 있

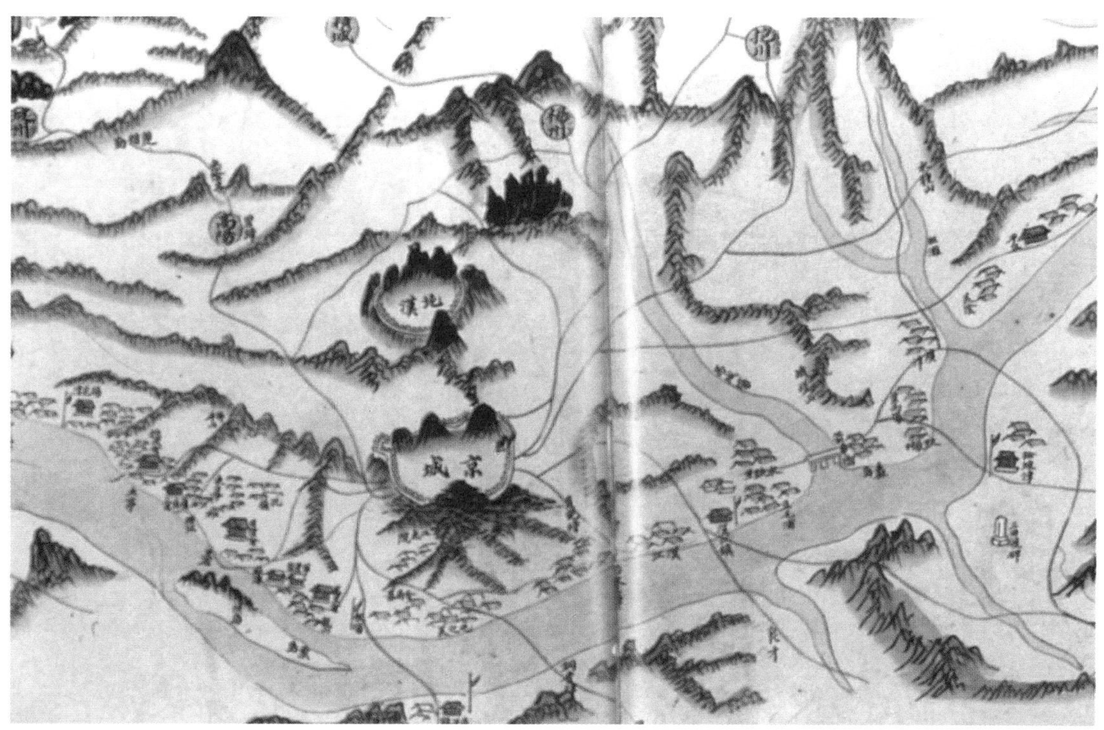

한성부의 성장
19세기 초에 그려진 한성부 지도이다. 한성부 도성 안쪽에 빨간 선으로 표시된 도로가 마치 미로 찾기에 나오는 길처럼 보인다. 도성 바깥으로 이어지는 도로망도 잘 표시되어 있어 한성부의 성장 모습을 잘 담고 있는 지도이다. 작자 미상, 〈한성 도성도〉, 19세기 초.

어 여기에서는 바로 조선의 사정을 살펴보겠습니다.

조선 왕조의 왕도로 한양을 정하는 과정은 고려 왕조에 비해 풍수지리설의 위세가 약해진 사정을 보여 줍니다. 무슨 뜻이냐면, 조선 왕조 개창 세력이 고려 왕조 당시에 이미 왕도 후보지였던 한양에 천도한 이유로 통치의 이점과 교역의 장점을 꼽았다는 점이 바로 풍수지리설의 위세가 꺾였음을 보여 준다는 말입니다. 만약 조선 왕조 개창 세력이 한양 천도를 합리화하기 위해 풍수지리설을 동원하려

숭례문 편액
세로로 길게 씌어진 숭례문 편액. 관악산의 불 기운을 누르기 위해 세로로 걸었다고 한다.

했다면, 예부터 내려오던 도참설 등을 내세웠을 텐데 그러한 모습이 보이지 않습니다. 결국 새로운 왕조를 개창한 신진 사대부들은 한성부가 지닌 정치·경제적 중요성을 중심으로 왕도 이전의 당위성을 설명했습니다. 곧 유교적 합리주의에 따라 왕도를 결정한 것이지 풍수지리설의 영향을 받은 게 아니라고 내세웠습니다. 풍수지리는 이제 성리학의 위세에 눌려 수면 아래로 내려갈 수밖에 없었지만 사람들의 삶에는 커다란 영향을 주었습니다.

풍수지리설을 동원했다면, '송도는 땅 기운이 쇠진했다'거나 '송도는 신하가 임금을 폐출하는 곳'이라는 이유를 들어 송도에서 벗어나야 한다고 설명했을 것입니다. 그리고 "(고려) 개국 후 160년이 지나면 도읍을 목멱양, 곧 한양으로 옮기라"는 언급과 "고려국에 세 곳의 서울이 있으니 송악이 중경이 되고, 목멱양이 남경이 되며, 평양이 서경이 된다"라고 한 풍수지리의 대가 도선의 주장을 한양 천도의

흥인지문 편액
두 글자씩 두 줄, 모두 네 글자로 된 흥인지문 현판. 타락산의 산새를 보완하기 위해 현판을 네 글자로 짓고 앞에 옹성을 쌓았다고 한다.

근거로 제시했을 것입니다.

물론 한양 곳곳에는 풍수설을 따라 만들어진 유적들이 지금까지 남아 있습니다. 관악산의 불 기운을 꺾으려고 숭례문 현판을 가로 방향으로 걸지 않고 세로로 걸었다는 이야기가 전합니다. 또 같은 이유로 경복궁 정문인 광화문 앞에 해태상을 놓았다고 합니다. 그리고 한양의 내사산 가운데 타락산 쪽 허술한 산세를 보호하기 위해 동대문의 현판을 흥인지문이라고 붙여 네 글자로 했고, 앞에 옹성을 쌓기도 했습니다. 이 밖에도 한양의 형국 자체가 풍수설에서 요구하는 산, 수, 풍이란 모든 요건에 들어맞는 명당이라는 말도 전합니다.

그런데 조선 왕조의 풍수지리설은 집터보다는 묏자리 잡기에 더 쏠렸고, 이에 따라 여러 사건이 일어났습니다. 조선 후기의 사상가 정약용의 지적에 따르면, "묏자리를 놓고 서로 다투는 소송이 가장 커다란 폐단이 되었다. 서로 싸우고 구타하여 발생하는 살상의 절반

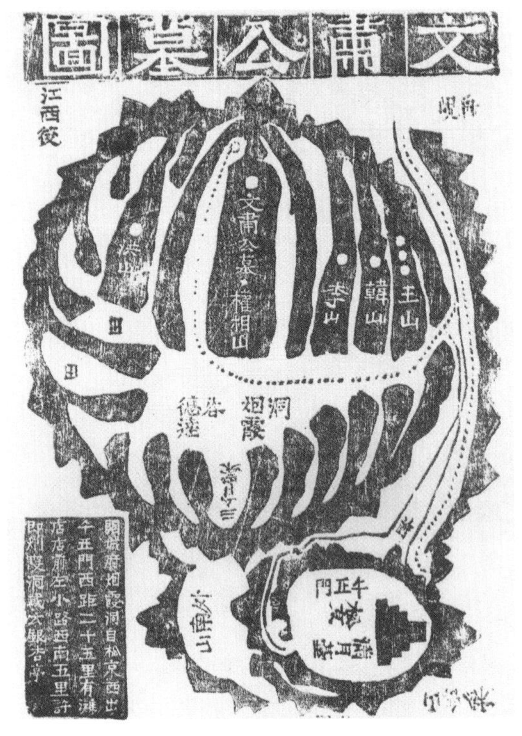

문숙공 묘도(文肅公墓圖)
문숙공 권상의 묘소 위치를 목판으로 표시한 묘도. 묘도의 목적은 후손들이 지도를 보고 찾아갈 수 있도록 하고, 묘역의 지형을 잘 알아볼 수 있게 하는 데 있었다. 출발지인 개성에서 묘지까지를 그림과 글로 표현했다.

이 묏자리 다툼 소송으로 인해 발생하고 있다. 남의 분묘를 파내고 자기 조상 묘소로 삼는 행위를 효도라 생각하고 있다"는 상황이었습니다.

묏자리 다툼은 당시 표현으로 '산송(山訟)'이라고 합니다. 산송이야말로 풍수지리설이 조선 시대 사람들에게 얼마나 영향을 끼쳤는지를 보여 주는 좋은 예입니다. 뿐만 아니라 풍수지리설이 신앙이나 믿음 차원의 '사고 방식'인 동시에 사람들 사이의 정치·경제적 관계를 만들어 나가는 '가치 체계'였음을 보여 줍니다. 《경국대전》 같은 법전에는 한 묘소 주변의 일정한 범위 안에 다른 사람의 무덤을 만들지 못하게 하는 금지 규정이 있습니다. 하지만 이미 존재하는 묘소 바로 옆에 무덤을 만드는 투장이 성행하면서 묏자리를 놓고 다툼이 일어났지요.

투장은 같은 자리를 차지한 무덤 주인공들의 문제가 아니라 후손들의 싸움이었습니다. 권력까지 들이대며 서로 상대방의 무덤을 철거해 달라고 요구합니다. 물론 양쪽 권력이 비슷하면 싸움이 오래 갔지만, 그렇지 못할 경우 우세한 권력을 지닌 자에게 유리하게 결론이 났습니다. 이렇게 해서 억울한 쪽에서는 당연히 관에 호소하고, 이로 말미암아 산송이 본격화되었습니다.

조선 후기에 투장과 산송이 잦은 이유를 설명할 때에는 풍수설에 빠진 풍조를 빼놓을 수 없습니다. 물론 문중 의식이 높아지면서 좋은 묏자리를 차지하려는 노력이 커진 점도 꼽을 수 있습니다. 때에 따라서 무덤 쓴 산을 사고 팔기도 했는데, 그 과정에서 생긴 착오와 오해는 송사로 이어지게 마련이고, 결국 산송이 시작되었지요.

그런데 한편에서는 다른 이유를 들기도 했습니다. 17세기 후반 이후 난방 방식이 토방, 마룻방 구조에서 온돌로 바뀌어 나갔고, 또한 기온이 크게 떨어지는 '소빙기'가 오면서 땔감 마련을 위해 산지를 확보해야 했는데, 이 과정에서 산송이 많이 일어났다는 설명입니다.

풍수꾼에게 묏자리를 알아보는 상주
삿갓을 눌러쓴 상주와 방위 등을 알아보기 위해 쇠를 띄워 보는 풍수꾼의 모습. 김준근의 《풍속도첩》 중 〈상제〉, 19세기 말.

아무튼 18세기 이후 산송이 부쩍 늘어난 이유를 설명하려면 좋은 묏자리 찾기 풍조 혹은 풍수설이 유행한 사정을 생각해야 합니다. 풍수지리설의 많은 부분은 허황되어 믿기 어려운 논리입니다. 하지만 땅에 기운이 있다는 이론, 땅이 살아 숨쉰다는 설명은 귀 기울여 들어야 할 것입니다.

학문과 예술, 더 넓고 깊어지다

역사서 출간과 그 특색

조선 사회에서 가장 중요하게 다룬 학문은 물론 유학이었습니다. 그리고 이에 이에 버금 가는 학문이 바로 사학, 곧 역사학이었지요. 왕조 시대의 사학은 현재의 역사학과 성격이 크게 다르지 않고, 현실을 미화하고 합리화하는 수단으로 역사학을 이용하려는 정권 담당자의 의도도 비슷합니다. 다만 왕조 시대의 사학은 왕조 국가의 정당성을 합리화하려는 성격이 훨씬 강하다는 점이 특색이라 할 수 있지요.

조선 왕조를 개창한 다음 조선의 학자들은 왕조 개창을 정당화하려고 노력했습니다. 사학 측면에서도 마찬가지였고, 결국 역사 서술에서 조선 왕조 개창의 필연성을 두드러지게 강조했지요. 여기에 덧붙여 성리학에 근거한 대의명분도 중요하게 강조했고요. 그러한 시각에서 서술된 역사서가 바로 《고려국사》, 《동국사략》입니다.

15세기 중엽 이후 왕조 국가의 기반이 단단해지고 문화의 기운이 피어오르는 가운데 역사 서술의 기본 관점이 조금 변합니다. 민족적 자각을 중시하고, 왕실과 국가의 위엄을 강조하며, 조선의 문화 수준을 높이 평가하는 역사서들을 펴낸 것이지요. 또한 이전 왕조인 고려 역사 편찬에 대한 정리 작업도 오랜 시간을 거쳐 마무리합니다. 기전체 형식으로 편찬된 《고려사》, 편년체로 만들어진 《고려사절요》가 그것입니다. 그리고 삼국 시대부터 고려 시대까지 통사* 형태로 적

통사
역사 기술의 한 양식. 어떤 역사를 모든 시대나 지역에 걸쳐 개괄적으로 서술한 역사를 말한다.

은 《동국통감》이 만들어졌습니다.

조선 왕조의 역사 서술은 몇 가지 범주의 역사서를 두루 포함합니다. 정사(正史)와 야사(野史)를 구분해서 역사 서술을 나누어 보는 게 오랜 관행인데, 그리 바람직한 구분이 아니지요. 어떠한 방식으로 역사를 서술하는 것이 올바르고(正 : 정), 그와 다른 방식으로 서술하는 것은 조잡하다(野 : 야)고 가늠하는 것은, 국왕과 왕조 중심의 사고 방식과 가치 판단을 우선으로 보는 관점이기 때문입니다. 그러므로 정사, 야사로 구별하기보다는 역사 서술의 특색, 역사서의 형식을 중심으로 나누어 보는 게 더 바람직하겠지요.

그럼 역사서의 형식과 역사 서술의 특색을 중심으로 역사서를 나누어 볼까요? 먼저 형식 면에서 기전체, 편년체, 기사본말체, 강목체 등을 들 수 있습니다. 기전체는 중국의 사마천이 지은 《사기》에서 비롯한 역사 서술 방식입니다. 왕조의 연표를 두어 주요한 사건을 정리하고, 여러 성격의 지(志)에서 분류사적 접근을 하고, 열전을 두어 주요 인물의 잘잘못에 대한 평가를 본격적으로 도입한 점이 특색입니다. 이에 반해 편년체는 시간 순서에 따라 연월일로 나누어 역사적 사실을 기술하는 방식입니다. 그리고 기사본말체는 사건을 중심에 두고, 그 사건의 발생부터 결과에 이르는 과정을 서술하는 방식입니다. 마지막으로 강목체는 역사적 사실을 강(綱)과 목(目)으로 구별하고, 의리와 명분에 따라 엄정한 역사적 평가를 덧붙여 서술하는 방식을 말합니다. 이러한 형식을 갖춘 역사서들은 오늘날의 역사 연구 방법으로 평가해도 역사서로 자리매김하는 데 전혀 문제가 없습니다.

역사적 사실을 기록한 책 중에는 위와 같이 당시에 역사서로 평가받은 것 말고도 실기 따위의 이름이 붙어 있는 전기(傳記), 특정한 사건을 짧게 기록한 수록(隨錄)도 있습니다. 또 개인의 경험을 시간 순서에 따라 기록한 일기도 훌륭한 역사적 저술이라고 평가할 수 있지요.

다음으로 역사 서술 면에서 보면, 조선 왕조에서는 크게 두 가지 원칙을 지켰습니다. 하나는 역사적 사실을 자료에 근거하여 있는 그대로 서술하는 이른바 '직서(直書)의 원칙'입니다. 다른 하나는 역사적 사실을 그대로 서술하면서 그에 대한 역사적 평가를 덧붙이는 '포폄(褒貶)의 원칙'입니다.

흔히 역사적 사실은 있는 그대로 기록해야 한다고 생각하기 쉬운데, 이는 기록자의 역할에 충실한 것일 뿐 역사가가 해야 할 일은 아니라고 생각합니다. 과거의 사실에 대해서 적절한 해석과 평가를 덧붙이지 않은 역사서는 그저 자료를 모아 놓은 것에 불과할 뿐이니까요. 조금 더 설명하자면, 여러 역사적 사건 가운데 어떤 것을 선택하고 어떤 것을 제외하여 기록하는 것 자체가 이미 역사적 사건에 대한 평가를 내리는 것이고, 따라서 온전히 기록자 역할만 충실히 할 수 있다는 생각도 성립하기 어렵습니다.

그럼 역사 서술이 역사적 사실을 직서해야 하는 이유는 무엇일까요? 대답은 아주 간단합니다. 역사학이 존재하는 근본적인 이유 가운데 하나가 이전에 벌어진 일을 기록으로 남기는 것이기 때문입니다. 100년을 넘기기 힘든 인간 수명의 유한성이 역사적 사실을 후대에 전하기 위해 역사 서술, 나아가 역사학이라는 학문을 만들어 냈습니다. 그리하여 인간이 일군 정치·문화적 활동의 결과들이 역사 서술을 통해 후대에 전해져 인간의 유한성을 극복할 수 있습니다.

따라서 직서를 내던져 버린 역사 서술은 그 자체가 거짓일 뿐 존재할 가치가 없습니다. 그렇기 때문에 역사가가 역사를 서술할 때에는 무엇보다도 역사적 사실인지 아닌지를 제대로 판단하는 자세가 중요하지요. 사실인지 아닌지 분명하지 않은 내용이라고 판단되었을 때에는 그러한 의문점을 반드시 기록해야 합니다. 또한 없었던 일을 있었던 일처럼 적는 것도 역사학에서 있어서는 안 되는 자세이고요.

한편 역사가가 포폄이라는 가치 판단을 역사 서술에 넣는 것에 반대하는 견해가 있을 수 있습니다. 앞서 설명한 직서만으로도 역사가의 임무를 충분히 해냈다고 보는 입장이지요. 그렇지만 그런 경우에도 직서한 역사 서술은 반드시 누군가에 의해서 해석되고 평가됩니다. 역사 서술은 다양한 해석과 평가의 가능성에서 벗어나 하나의 완결된 대상으로 존재할 수는 없습니다. 역사란 인간이 걸어온 삶의 기록이고, 사람의 삶에는 해석과 평가가 필요하기 때문입니다. 그것이 없다면 더 진보할 가능성이 사라질 테니까요.

따라서 역사 서술을 담당하는 역사가가 역사적 사실에 대해 더욱 근원적인 해석과 평가를 내려 줄 필요가 있습니다. 이럴 경우 훨씬 더 충실한 역사적 평가를 기대할 수 있지요. 이 때 역사서를 보는 우리는 역사가의 입장에 따라 하나의 역사적 사실에 대한 해석과 평가가 달라질 수 있다는 점을 주의해야 합니다. 그리고 해석과 평가가 서로 다르다면 당연히 토론의 대상이 되고 비판적 검토와 검증을 거치게 됩니다. 그리하여 좀더 명쾌하고 분명하며 많은 사람이 공감할 수 있는 역사서를 만들게 되지요.

왕조 시대의 역사 서술은 직서와 포폄에 아주 충실했습니다. 이른바 공자의 춘추 필법*이 그것이지요. 또한 실제로 사학은 인간의 본성, 국왕과 신하의 잘잘못, 국가의 흥망을 제대로 보여 주어 한 단계 더 발전하고 진보한 이상적인 사회를 만드는 임무를 맡고 있습니다. 더불어 당대의 이상적 기준으로 사람들의 가치관을 끌어올리는 임무도 맡고 있습니다.

16세기부터 17세기에 걸친 역사 서술은 성리학 입장에 아주 충실했습니다. 사학의 존재 이유인 직서와 포폄도 충실히 이루어졌고요. 사림들은 오운이 지은 《동사찬요》처럼 자신의 정치적 입장을 드러내는 역사책을 펴내기 시작했고, 조선 왕조의 문화적 자존 의식을 뚜렷하게 반영했지요. 기자에 관련된 내용이 사서에 많이 등장했는데, 이는 동방을 문화적으로 향상시켜 중국에 버금 가는 문화적 자존심을 정립시킨 인물로 기자를 추앙했기 때문입니다. 《기자실기》, 《기자기》가 그런 역사서이지요.

또 붕당 정치가 진전되면서 붕당으로 나뉜 사림들은 명분과 의리를 강조하는 동시에 자신의 입장을 합리화하기 위한 야사(野史)를 많이 썼습니다. 그리고 특정한 정치적 사건들을 당론과 결부시켜 밝혀 내는 역사서들을 펴냈지요. 이를 후대에 당론서라고 불렀는데, 동인, 서인, 남인, 북인의 각 정파 입장에 따라 다양한 당론서가 나왔습니다.

이상에서 살펴본 것처럼 조선 지배층의 역사 서술은 큰 틀에서 볼 때 왕조 시대의 사학이었습니다. 18세기 중후반 이후 실학이라는 자기 반성적 학문이 나타나면서 학문 풍토가 크게 바뀝니다. 그러면서 사학의 지향점과 역사 서술의 특색도 많이 변화하지요. 이러한 사정은 《조선 3》에서 자세히 살펴보겠습니다.

춘추 필법(春秋筆法)
공자가 지은 것으로 전하는 역사책 《춘추》의 역사 서술 방식을 춘추 필법이라고 한다. 《춘추》는 중국 고대의 사서로 춘추 시대 노나라 은공(隱公) 초년(BC 722)부터 애공(哀公) 14년(BC 481)에 이르기까지 12대 242년 동안의 연대기이다. 242년 동안의 사적에 대하여 간결한 사실(史實)을 적고, 선악(善惡)을 논하고 대의명분을 밝히는 데에 주안점을 두고 서술되어 있다. 공자는 군신과 부자 사이의 직분을 바로잡는 정명(正名), 칭찬과 비난을 엄격히 하는 포폄의 원칙에 따라 《춘추》를 집필했다.

조선왕조실록은 어떤 책인가

《조선왕조실록》은 유네스코 세계기록문화유산으로 지정된 세계적인 기록물입니다. 태조부터 철종에 이르기까지 조선 25대 왕의 재위 시기를 정리한 사서이지요. 이렇듯 귀중한 문화 유산이지만 《조선왕조실록》이 역사서라는 사실을 잊어서는 안 됩니다. 앞에서 이야기했듯이, 역사서는 역사를 기록한 사람의 관점과 생각에 따라서 내용이 달리 기록될 수 있기 때문입니다.

① 사관과 실록 편찬 과정

사실 조선 왕조의 참모습은 《조선왕조실록》에서 찾아볼 수 있습니다. 당시의 역사가라고 할 수 있는 사관(史官)이 작성한 사초*와 다른 기초 자료를 바탕으로 국왕의 일거수 일투족에서부터 관료들의 발언과 사건에 이르기까지 당시의 역사적 사실을 기록으로 자세히 남겨 놓은 책이 실록이지요. 예문관 하위 관료로 춘추관*의 기사관을 겸하고 있던 봉교(정7품) 2명, 대교(정8품) 2명, 검열(정9품) 4명 등 모두 8명이 전임 사관으로, 이들을 '한림(翰林)'이라고 불렀습니다. 한림 말고도 승정원 주서 등 겸임 사관이 많이 임명되었지요.

실록은 사관들이 개인적으로 기록한 사초와 춘추관에서 정리한 시정기*를 바탕으로 편찬되었습니다. 이 밖에도 국왕에게 올라온 관청의 보고, 개인의 상소문, 각 관청에서 소관 업무를 수행하면서 기록한 등록(謄錄) 등의 자료도 요긴하게 활용했습니다. 또 관청 사이에 오고 간 문서들은 당시의 주요한 정책이 결정되는 과정을 보여주는데, 실록은 처음 모습 그대로는 아니지만 이러한 문서 내용을

사초(史草)
사초는 사관이 개별적으로 작성한 국정 기록을 말한다. 한림 8인으로 구성된 전임 사관은 궁중에 교대로 숙직하면서 조정의 행사와 회의에 빠짐없이 참여하여 정사의 잘잘못과 국왕의 언행, 인물의 선악 등을 보고 들은 대로 기록했다. 사초는 사관이 보관해 두었다가 실록을 편찬하거나 사관이 사망했을 때 춘추관에 제출했다.

춘추관(春秋館)
고려와 조선 시대에 나라 정치의 기록을 맡았던 관청.

시정기(時政記)
시정기는 정부 각 기관의 공문서를 받아 춘추관에서 정리한 기록이다. 시정은 국왕의 동정, 관리의 상소, 각종 의례 행사, 관리의 임면 사항을 날짜순으로 기록하여 실록의 내용과 비슷한 방식으로 정리되었다. 시정기는 해마다 연말에 책으로 국왕에게 보고되었고, 3년마다 인쇄하여 춘추관과 의정부, 사고에 보관했다.

담고 있습니다.

사관들은 국왕의 통치 행위를 비롯하여 국정 전반에 관한 사항들을 그때 그때 입시(入侍, 관리가 국왕 가까운 곳에 와서 모시면서 대기하는 것)하여 기록했는데, 이를 '입시 사초'라고 합니다. 또 퇴근해서는 집에서 사관 개인의 논평을 깃들인 사초를 따로 작성했는데, 이를 '가장 사초'라고 합니다. 입시 사초는 그때 그때 정서하여 춘추관에 제출하고, 가장 사초는 왕이 죽은 뒤 춘추관에 제출하여 시정기와 함께 실록을 편찬하는 기본 자료가 되었습니다.

실록은 해마다 펴낸 것이 아니라 국왕이 세상을 떠나면 그 국왕의 재위 기간을 모두 담아 펴냈습니다. 새 국왕이 즉위하면 임시 관청으로 실록청을 두어 실록을 펴내게 했지요. 실록청의 총책임자는 의정부의 정승이 맡았고, 실록청 관원으로는 중견 관료와 신진 관료를 조화롭게 배치했습니다.

그럼 실록청이 설치된 뒤 실록을 편찬하는 과정을 자세히 볼까요? 먼저 실록청을 전체를 총괄하는 도청과 구체적인 초고 편찬을 맡는 3~6개의 방으로 나누었습니다. 각 방은 선왕의 재위 기간을 1년씩 번갈아 가며 맡았습니다. 만약 선왕이 12년 재위했고 3방으로 나누었다면, 1방이 1, 4, 7, 10년을 맡고, 2방이 2, 5, 8, 11년을 맡는 식입니다. 실록청의 최고 책임자는 총재관이라 했고, 도청과 방에는 각각 당상과 낭청*이 있었습니다.

각 방에서 시정기와 사초를 요약하여 실록의 초초(初草, 첫 번째 초고)를 작성합니다. 그리고 도청에서 초초를 바탕으로 추가, 삭제, 수정하여 중초(中草, 수정한 두 번째 초고)를 만들지요. 이제 어느 정도

당상과 낭청
당상(堂上)은 각 관청의 고위 책임자를 가리키는 말로, 정3품 당상관 이상의 품계를 갖고 있는 관리이다. 낭청(郎廳)은 각 관청의 정3품 당상관 아래의 하위 실무 책임자를 일컫는 말이다. 육조의 정랑(正郎)과 좌랑(佐郎)이 각각 정5품, 정6품인 것과 관련이 있는데, 다른 말로 낭관이라고 부르기도 했다.

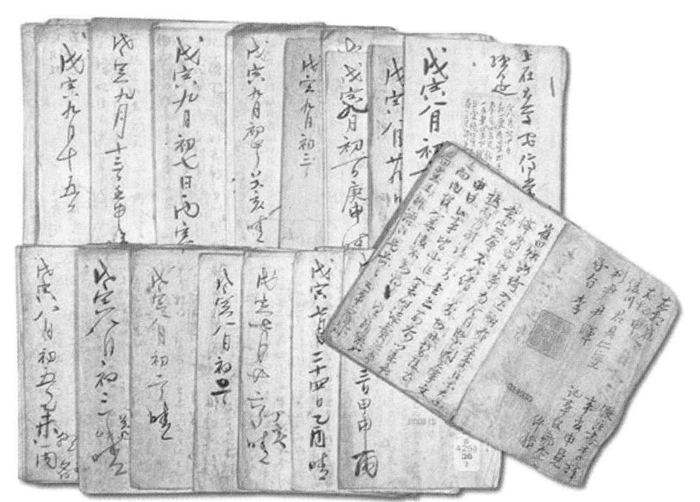

인조 무인 사초
1638년(인조 16) 사관이 기록한 사초로 세초(洗草)되지 않고 전하는 기록물이다.

《승정원일기》의 표지
승정원에서 기록한 국정 기록인 《승정원일기》.

새로운 실록의 뼈대가 완성된 셈입니다. 계속해서 정초(正草, 완성된 원고)를 만드는데, 이 정초는 총재관과 도청 당상이 모여 중초를 교정한 뒤 만든 정본입니다. 정초를 활자로 인쇄한 다음 춘추관에 봉안합니다.

흔히 여기까지가 실록 편찬 과정이라고 생각하겠지만, 조선 왕조의 실록 편찬에는 꼭 실시해야 할 다음 단계가 있었습니다. 세초 및 세초연이라는 과정이지요. '세초(洗草)'란 사초, 시정기, 초초, 중초를 세검정(당시 종이를 만드는 조지서가 이 곳에 있었다고 함) 시냇물에 씻어 종이를 재생시키는 걸 말합니다. 이 과정이 끝나면 차일암(遮日巖, 세검정 근처의 너른 바위)에서 세초연이라는 잔치를 열어 편찬에 참여한 관원의 품계를 높여 주는 등 시상을 합니다. 이제야 비로소 모든 작업이 끝난 것입니다.

실록을 편찬할 때는 국왕이나 신하들 중 어느 한쪽 입장에 치우치지 않으려고 노력했습니다. 그 가운데 가장 중요한 관행은 현재 왕위를 지키고 있는 국왕이 실록을 직접 보지 못하도록 금지한 것입니다. 물론 나라 정책을 결정하기 위해 앞 시대에 어떤 일이 있었는지 참고하려면 실록을 보는 게 마땅하지요. 하지만 이 때에도 이는 신하들이 명령을 받아 해당 부분을 살펴보고 보고하는 형식으로 이루어졌습니다. 세종 때 세운 이러한 원칙을 국왕은 지키지 않을 수 없었고, 따라서 사고에 들어 있는 실록을 절대로 꺼내 볼 수 없었지요.

이 원칙 수립과 관련한 《세종실록》의 기록을 볼까요? 세종이 춘추관에서 펴낸 《태종실록》을 보려고 하자, 우의정 맹사성 등이 국왕의 실록 열람을 금지해야 한다며 건의한 말입니다.

이번의 실록은 모두 선왕(태종)의 좋은 말씀과 바른 정치만 실려 있어 다시 고칠 것이 없으며, 전하께서 보신다고 이를 고치기야 하겠습니까? 그러나 전하께서 이를 보시면 후세의 임금이 반드시 이를 본받아 실록을 열람하고 나쁘게 기록한 내용을 찾아내어 다시 고치게 할 것입니다. 이렇게 되면 사관도 국왕이 볼 것을 의심하여 반드시 사실을 다 기록하지 않을 것이니, 어떻게 후세에 진실을 전하겠습니까?”

맹사성의 말에 세종도 동의하고 국왕이 실록을 직접 볼 수 없게 했습니다. 백번 옳은 결정이라는 생각이 드는 대목입니다.

② 《조선왕조실록》의 어제와 오늘

조선 왕조의 실록은 오랜 세월에 걸쳐 만들어진 엄연한 역사서입니다. 실록을 당대의 역사 자료를 모아 놓은 자료집이나 기록물로만 보기는 어렵습니다. 실록은 여러 종류의 기록물 가운데서 역사를 기록한 역사서입니다.

《조선왕조실록》은 당대의 임금이 죽은 뒤 사관들의 사초나 기타 시정기들을 참고하여 조선 전기에는 4부씩, 조선 후기는 5부씩 만들어 각 사고에 보관했습니다. 그런데 임진왜란으로 춘추관과 성주, 충주 사고가 불타고 오직 전주 사고에 보관된 실록만 남았습니다. 그리하여 임진왜란 이후 전주 사고본*을 바탕으로 다시 5부 만들어 깊은 산중에 보관케 하고 사고를 다섯 곳 만들었습니다. 다섯 곳의 사고는 오대산, 적상산, 정족산, 태백산에 만든 사고와 춘추관을 일컫습니다. 그러나 인조 때 이괄의 난으로 춘추관 보관분이 불에 타 4부씩 남았지요. 오대산본은 일제 강점기에 일본이 강제로 가져갔다가 관동 대지진으로 거의 불타 버렸고, 가까스로 건진 40여 책이 2006년 7월 한국의 품으로 돌아왔습니다. 정족산본과 태백산본은 각각 규장각과 정부기록보존소로 옮겨 보관하고 있습니다. 적상산본은 창덕궁 장서각에 보관해 왔는데 해방 뒤 여러 권 분실된 적이 있고, 한국 전쟁 때 북한군이 가져간 것을 김일성종합대학에서 보관하고 있다고 전할 뿐 정확한 책 수를 알지 못합니다.

서울대학교 규장각은 정족산본과 태백산본을 포함하여 모두 2159책을 보관하다가, 1984년 12월 24일 관리상 안전을 위해 태백산본 848책을 분리하여 정부기록보존소 부산 지사로 옮겼습니다. 규장각

전주 사고본
전주 사고의 실록이 불타지 않고 보존된 것은 전주 지역 사족인 안의와 손홍록의 공로 때문이었다. 이들은 1592년 임진왜란이 일어나자 전주 사고에 있던 실록 등을 내장산으로 옮겨 1년여 동안 보관하다가 조정에 넘겨 주었다.

에 있는 정족산본 1187책은 전주 사고본에서 이어진 것으로, 조선 전기에 편찬된 실록의 원형을 그대로 보여 주는 유일한 책입니다. 현재 서울대학교 규장각에는 정족산본 1187책, 오대산본 27책, 기타 97책 등 모두 1311책의 실록이 소장되어 있습니다.

그런데 정족산본 실록이 태백산본보다 책 숫자가 많습니다. 그 이유는 먼저 책으로 묶는 방식이 달랐기 때문입니다. 옛날 책은 권*과 책*이라는 단위로 세었는데, 정족산본이나 태백산본이나 1707권으로 권수는 같지만 묶는 방법이 달라 1187책과 848책이 된 것입니다.

또한 《광해군일기》 편찬 과정에서 중초본이 세초되지 않고 그대로 전하는 것도 하나의 이유입니다. 《광해군일기》가 편찬될 때 초벌 원고인 초초를 다시 중초본으로 만드는 과정에서 64책이 되었고, 이를 토대로 최종 정초본 40책을 만들었습니다. 그러나 이 시기는 이괄의 난, 병자호란 등으로 인한 혼란기라서 정초본 인쇄 과정에서 중지되고 말았지요. 따라서 정족산 사고에는 정초본을, 태백산 사고에는 중초본을 각각 봉안한 것입니다.

권(券)
글의 내용에 따라 묶어 놓은 단위이다. 예를 들어 아무개 문집 1책에 시를 엮은 1권, 상소문을 엮은 2권을 함께 묶는 경우를 떠올리면 된다.

책(册)
고서를 헤아리는 단위로 종이를 하나로 묶어 놓은 형태라서 쉽게 알아볼 수 있다.

강화 정족산 사고

전등사와 사고가 표시된 강화 지도의 부분.

③ 실록 수정본이 만들어진 배경

선조 이후 붕당이 생겨나고 경쟁이 계속되는 가운데 실록이 역사서라는 성격을 보여 주는 일이 있습니다. 바로 몇몇 국왕의 실록이 두 가지 판본으로 존재한다는 점입니다. 처음에 만든 국왕의 실록이 있는데, 나중에 그 국왕의 실록을 다시 만든 것이지요. 이렇게 만들어진 실록을 '실록 수정본'이라고 부를 수 있습니다.

붕당의 구성원인 관료들이 실질적인 편찬자였으니, 시대를 보는 붕당의 관점과 시각이 실록에 반영될 수밖에 없었지요. 한 붕당에서 다른 붕당으로 정권이 넘

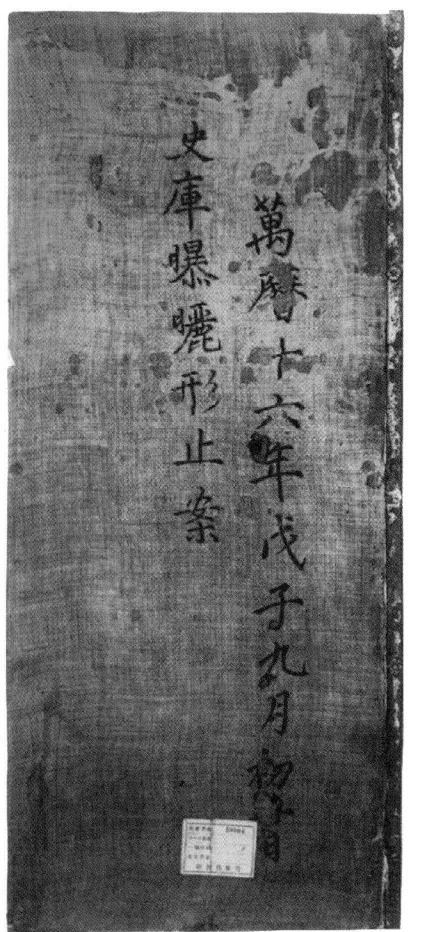
萬曆十六年戊子九月初一日
史庫曝曬形止案

전주사고포쇄형지안(全州史庫曝曬形止案)
1588년(만력 16년 무자) 9월 초1일 전주 사고에서 포쇄한 《태조실록》 등의 도서 목록을 기술한 전라도 전주 사고 포쇄형지안의 표지 및 책 수 부분.

실록 포쇄(아래)
사고에 보관 중인 실록을 꺼내어 말리는 포쇄 내력을 기록한 장부.

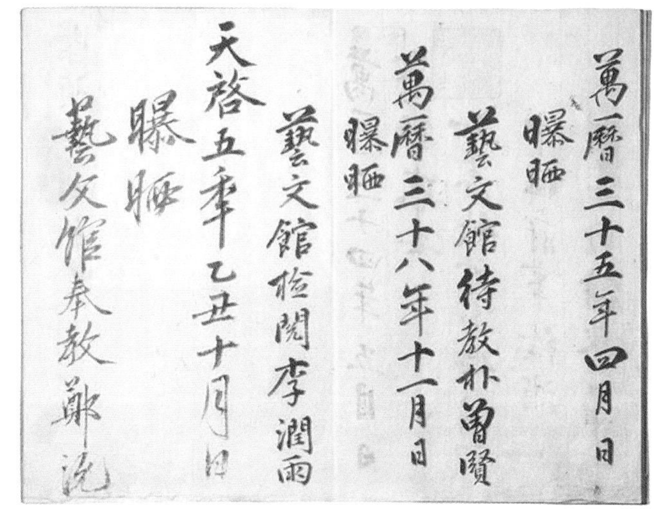
萬曆三十五年四月日
曝曬
藝文館待敎朴曾賢
萬曆三十八年十一月日
曝曬
藝文館檢閱李潤雨
天啓五年乙丑十月日
曝曬
藝文館奉敎鄭

어간 경우라도 다른 붕당의 관점과 시각이 실린 실록 자체를 없앨 수는 없었기에, 어쩔 수 없이 기존 실록 내용을 고친 수정본을 만들었지요. 그렇다고 모든 실록을 붕당의 입장에 맞게 수정할 수는 없었습니다. 또 어떤 정치 세력이 오랫동안 정권을 장악하거나 실록에 대한 관심이 이전보다 줄었을 때에는 실록을 수정할 필요성도 줄어들었습니다. 《조선왕조실록》에는 수정본이 4종 있습니다. 《선조수정실록》, 《현종개수실록》, 《숙종실록보궐정오》, 《경종개수실록》입니다.

《선조실록》을 수정한 《선조수정실록》 편찬 과정을 보면, 어떤 관점에서 수정이 이루어졌는지 쉽게 알 수 있습니다. 《선조수정실록》은 자그마치 40년에 걸쳐 이루어졌는데, 주로 대북계 인물을 제외한 인물에 대해 좋지 않게 평가한 부분을 크게 수정했습니다. 대북 세력을 몰아낸 인조 반정 세력의 의지가 반영된 결과이지요. 그런데

선조실록과 선조수정실록
인조 반정 세력이 《선조실록》을 수정해서 발간한 것이 《선조수정실록》이다.

인조 반정 초기에는 광해군 때를 역사적으로 평가하는 《광해군일기》 편찬에 초점을 두었기 때문에, 《선조수정실록》을 완성하는 데 오랜 세월이 걸린 것입니다.

그렇다면 실록이 엄연히 존재하는데도 수정본을 만든 명분은 무엇이었을까요? 무엇보다도 편찬자들이 치우친 시각으로 실록을 편찬한 사실과, 당시 사류(士類)들 사이에 《선조실록》 편찬자들의 편향성에 대한 공감대가 형성되어 있었다는 점입니다. 대북 세력은 다른 학파나 정치 세력에 배타적이었던 만큼 사류들 사이에서 고립되어 있었지요. 이와 같이 정치 세력 변동이 실록 수정본을 만든 주된 배경이지만, 이에 못지않게 사류들 사이에 실록 수정에 대한 공론도 필요했음을 알 수 있습니다.

④ 실록의 성격과 기능

《조선왕조실록》은 국왕 중심의 통치 기록으로 정치사에 초점이 맞춰져 있지만, 후기로 갈수록 사회·경제적 변화와 관련한 내용을 비중 있게 다루었습니다. 그렇기 때문에 실록은 역사서일 뿐만 아니라 나라의 정책을 결정할 때 본보기 기능도 했습니다. 위기 상황이나 처리하기 애매한 문제들이 발생했을 때, 앞선 시기에 비슷한 일을 어떻게 처리했는지 실록을 뒤져 봄으로써 실마리를 찾을 수 있었지요. 따라서 국왕은 춘추관에 신하를 보내 실록 내용을 열람하고 필요한 사항을 찾아 오게 하여 신하들의 건의를 받아들이곤 했습니다.

그러나 19세기 이후 정치 주도권이 왕실에서 벌열 가문으로 넘어

가면서 실록의 중요성이 크게 떨어집니다. 이전과 달리 현재 남아 있는 순조, 헌종, 철종의 실록은 기록의 분량이나 기사의 중요성 면에서 앞 시기 실록에 비해 낮게 평가됩니다. 실록은 주로 국왕의 행적을 다루는바, 세도 가문의 힘이 국왕권을 압도한 시기에는 실록을 중요하게 보지 않았던 것이지요. 그리하여 분량이 크게 줄어들고 주요 사건이 빠지기도 했습니다. 이 무렵 국가의 요긴한 역사 기록물로 등장하는 책이 《일성록》인데, 여기에 대해서는 《조선 3》에서 자세히 살펴보겠습니다.

조선 시대 역사를 살피는 데 이처럼 중요한 의미를 지닌 《조선왕조실록》은 얼마 전까지 일부 한문을 해독할 수 있는 사람만 내용을 파악할 수 있었습니다. 1968년부터 시작된 번역 사업이 지지부진했기 때문에 일반인이 실록에 접근하기가 더욱 어려웠지요. 그러다가 1980년 이후 번역 작업이 활발히 이루어져 1993년 완결되었습니다. 게다가 실록 번역본을 CD-ROM으로 만드는 사업도 실행되어 지금은 누구나 쉽게 도서관 등을 통해서 실록 내용을 찾아볼 수 있습니다.

시대의 유행이 된 서학

서양의 학문 또는 서양 지식을 의미하는 서학(西學)은 중국을 통해서 조선에 들어왔습니다. 그런데 이러한 서학 전래는 순전히 사람들의 교류로 이루어졌습니다. 조선 사람이 중국에 건너가서 서양 선교사와 접촉하거나, 중국에서 찾아볼 수 있는 서양 문물을 받아들이면서 서학 관련 서책들도 조선 땅에 들어왔습니다. 물론 시간이 지나면서 서양 선교사가 중국을 거쳐 조선 땅으로 건너오기도 했습니다. 이와 같이 서학은 여러 방식으로 중국에서 조선으로 들어왔는데, 특히 청나라에 파견된 연행 사신은 중요한 통로였습니다.

사신 말고도 서학이 들어온 통로는 또 있었습니다. 다름아닌 병자호란입니다. 병자호란은 나라와 사족의 위신이 크게 깎인 수치스러운 사건이지만, 서학이 들어오는 데 커다란 계기가 되었습니다. 수많은 사람들이 청나라 심양으로 끌려가 일부는 감옥에서 몇 달씩 고초를 겪기도 했지만, 일부는 청나라에서 활약하던 서양 선교사와 교류를 나누고 여러 서양 문물을 접했습니다. 대표적인 인물이 바로 소현 세자입니다.

서학 도입은 17세기 초반부터 활발히 이루어졌는데, 처음에는 몇 가지 서양 문물과 서적에 한정되었습니다. 1631년 청나라에 사신으로 갔을 때 정두원은 베이징에서 선교사들에게서 천리경, 자명종, 천문도, 홍이포 같은 서양 문물과 천문, 지리, 역산에 관한 책을 구해 왔습니다. 그리고 인질로 간 소현 세자도 서양 선교사 아담 샬에게서 많은 서양 문물을 수입하여 1645년 귀국했습니다.

처음 조선에 소개되었을 때 서학은 새로운 학문, 신기한 학문으로 지식인들의 호기심을 자극했습니다. 서학 연구가 시대의 유행이 되다시피 했지요. 마테오 리치의 《천주실의》가 서재에 꽂혀 있지 않으면 시대의 흐름에 뒤떨어진 사람이 되지 않을까 두려워할 정도였습니다. 조선의 유학자들은 중국에 가는 사신에게 부탁하거나 알음알음으로 이 책을 구해 읽고 다른 사람들과 토론을 벌였습니다. 1614년과 1615

년에 명에 사신으로 다녀온 유몽인이 나중에 지은 《어우야담》*과 이수광이 지은 《지봉유설》에 《천주실의》라는 책 이름이 실려 있는 것도 이러한 사정을 반영합니다.

《천주실의》는 명나라에 와서 선교 활동을 하던 예수회 소속 이탈리아 신부 마테오 리치가 1603년에 한문으로 저술한 천주교 교리서입니다. 가톨릭 철학과 스콜라 사상의 입장에 선 서양 선비와 전통 유학과 불교, 도교 사상을 갖춘 중국 선비가 토론하는 형식으로 서술되었습니다. 천주교 교리를 전파하기 위해서 불교와 도교를 배척하면서 유교를 적극 인정하는 태도가 들어 있지요. 따라서 조선의 유학자를 비롯한 사람들에게 학문적 토론의 대상으로 삼아도 좋은 베스트셀러였을 것입니다.

천주실의
예수회 선교사로 중국에 와 있던 마테오 리치(Matteo Ricci, 중국 이름 利瑪竇, 1552~1610)가 저술한 한역 서학서.

나중에 서학 연구자들과 일반 백성들이 서교(西敎, 천주교)에 빠져들어 신자가 되자, 유학자들은 이 책을 집요하게 비판했습니다. 서교 전파와 조정의 탄압에 대해서는 《조선 3》에서 자세히 살펴보지요.

어우야담
조선 중기의 문신 유몽인(1559~1623)이 많은 설화를 모아서 정리한 설화집이다. 유몽인은 북인 계열의 학자 관료로 중앙 정계에서도 활동했다. 1편은 인륜 편인데 충효와 혼인 등에 관한 것이고, 2편은 종교 편으로 도교, 승려, 무당 등에 관한 것이다. 이 밖에 서화, 음악, 과거, 초목 등에 대한 이야기가 담겨 있다.

한문학이 융성하다

16세기 후반 사림 세력이 중앙 정계에서 주도권을 장악한 선조 때에는 수많은 인재가 나왔습니다. 이황과 이이가 활약했고, 학문과 행실이 뛰어났던 선비 조식, 성운 등이 조정에 천거되기도 했습니다. 그리고 이러한 평가에 걸맞게 한문학 분야에서 손꼽히는 네 명의 대가가 이 무렵을 중심으로 나왔습니다. '계택상월(谿澤象月)'이라는 약칭으로 불리는 이들은 계곡 장유, 택당 이식, 상촌 신흠, 월사 이정구를 말합니다. 네 명의 대가를 중심으로 한문학은 하늘을 찌를 듯 융성했지요. 이들 말고도 많은 문인들의 시문(詩文)이 문집으로 정리되어 현재까지 전합니다. 유몽인이 지은 《어우야담》을 대표로 하는 한문학은 야화(野話) 또는 야담을 수집 정리하는 방향으로 펼쳐지기도 했습니다.

숙종 때 활약한 김만중은 《구운몽》이라는 소설을 지어 소설사에 한 획을 그었습니다. 같은 시기에 살았던 이재가 잡다한 사실을 기록한 책 《삼관기》에서 "효성이 지극했던 김만중이 모친을 위로하기 위하여 《구운몽》을 지었다"고 밝혔지요. 《구운몽》은 김만중이 유배지 평안도 선천에서 지낼 때인 1687년(숙종 13) 9월부터 이듬해 11월 사이에 지은 것으로 보입니다. 이 작품은 한문본과 한글본이 모두 전하는데, 한글 작품이 한문 작품보다 앞섰는지는 아직 알 수 없다고 합니다.

《구운몽》은 양소유라는 인물의 일생을 그린 책인데, 작품에는 불교적 세계관에 대한 믿음이 깔려 있습니다. 처음 등장하는 주인공

① 계곡 장유의 편지글
인선 왕후(효종의 부인)의 아버지인 장유(1587~1638)의 서간.

② 택당 이식의 편지글
이식(1584~1647)의 서간.

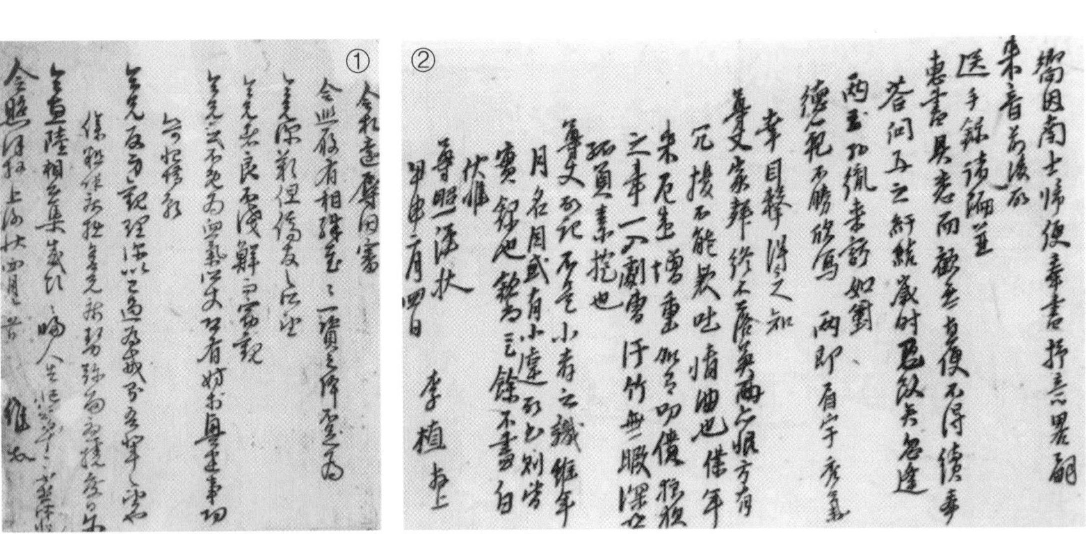

성진이 육관대사의 제자라는 점에서 불교의 세계관에 대한 호의적 느낌을 찾아볼 수 있습니다. 성진이 지옥으로 추방되었다가 양소유로 환생하는 것이나, 마지막에 양소유가 불가에 귀의하는 쪽으로 마무리되는 점에서도 그러합니다. 게다가 양소유가 경험한 부귀영화가 모두 헛된 꿈이었다는 결말은 인생을 더욱 허무하게 하면서 불교에 뜻을 두게 만든다고 할 수 있습니다.

이처럼 불교의 깨달음에 큰 비중을 둔 소설을 당대의 유력한 가문 사람인 김만중이 지었다는 점에서 색다른 의미를 찾을 수 있습니다. 일반 백성과 여성들 사이에서는 불교가 여전히 주된 신앙으로 자리 잡고 있던 사정을 반영한 게 아닌가 합니다.

서포 김만중 영정
《구운몽》을 지은 서포 김만중(1637~1692)의 영정 원본을 18세기 초엽에 옮겨 그린 이모본이다.

③ 상촌 신흠의 신도비
신흠(1566~1628)의 묘 앞에 있는 신도비. 경기 광주시 퇴촌면 영동리.

④ 월사 이정구 선생 묘
경기 가평군 상면 태봉리에 있는 이정구(1564~1635)의 묘소.

③

④

한국적 회화풍을 세우다

《조선1》에서 조선 초기의 화가들이 중국 화풍을 받아들이면서 이를 특색 있는 양식으로 발전시켰음을 살펴보았습니다. 이 흐름을 이어받아 16세기 후반 이후에는 한국적 회화풍을 정립하기 위해 더 한층 노력합니다. 임진왜란, 정유재란, 정묘호란, 병자호란과 같은 외세의 충격을 강하게 받던 시기에 조선 회화는 한국적 화풍에 뚜렷한 흔적을 남겼습니다. 사회와 시대의 혼란에도 불구하고 예술적 감수

이정이 그린 〈묵죽도〉
이정은 세종의 현손으로 그의 생애에 대해서는 거의 알려진 것이 없으나, 대나무 그림에서 당대의 명인이었음은 널리 인정받고 있다. 이정의 대나무 그림은 바람 맞는 대나무, 눈 덮인 대나무, 가는 대나무 등 소재가 다양하고 여러 기법을 소화하여 자유자재로 그렸다는 특징이 있다.

성은 발전을 거듭한 것이지요.

이 시기에는 조선 초기에 강희안이 받아들이기 시작한 절파계 화풍*이 크게 유행했습니다. 김제, 이경윤, 김명국이 이러한 화풍을 발전시킨 화가들이지요. 그리고 초기의 안견파 화풍을 이정근, 이흥효, 이징 같은 화가들이 이어 나갔습니다. 또한 이정, 어몽룡, 황집중 세 사람은 각각 묵으로 그린 묵죽·묵매·묵포도의 대가로서 이름을 드날렸습니다. 이들 그림에는 특히 수묵화의 특색이 아주 뚜렷이

절파계 화풍
중국 명나라 때 발생한 회화상의 한 화풍으로, 절(浙)은 중국 남부의 저장(浙江 : 절강)을 가리킨다. 비대칭적 구도, 흑백 대조의 강조, 활달하고 강렬한 필묵법, 평면적 화면 등이 화풍의 특색으로 꼽힌다. 또한 인물이 화면 구성의 중심이 되기도 하고, 묵법과 필법이 좀더 거칠고 대담하게 나타나기도 했다.

어몽룡이 그린 〈월매도〉
어몽룡은 벼슬이라곤 현감을 지냈을 뿐이고, 오로지 매화로 이름을 날렸다. 그의 〈월매도〉는 특이한 구도로 매화의 멋과 품격을 보여 준다. 일종의 절지법(折枝法)을 사용하여 밑동을 모두 생략하고 연륜을 자랑하는 굵고 곧은 줄기가 기백 있게 뻗어 오르고, 거기에서 잔가지 역시 대나무처럼 꼿꼿이 솟아올라 듬성듬성 매화꽃과 봉오리를 그려 넣어 고아한 분위기를 한껏 풍긴다. 가늘게 솟아오른 맨 윗가지 옆에 얇게 무리진 달을 표현하여 어떤 매화 그림보다도 시적인 분위기를 한껏 자아낸다.

① 김명국이 그린 〈달마도〉
인도 사람으로 중국 선종의 초대 조사(祖師)가 된 달마대사를 그린 그림이다. 8자 눈썹, 매서운 눈망울, 매부리코, 짙은 콧수염과 풍성한 구레나룻 등에서 달마대사의 이국적 풍취가 그대로 드러난다.

②, ③ 신사임당이 그린 〈초충도〉
신사임당은 시, 글씨, 그림에 모두 뛰어났다. 산수에서도 안견을 따랐으나 풀이나 벌레 등 일상 생활에서 친근하게 느껴지는 갖가지 소재를 섬세한 필치로 그려 자신만의 독특한 양식을 뿌리내렸다.

드러납니다.

17세기에 주로 활약한 김명국은 무척 강력한 화풍을 일군 인물로 손꼽힙니다. 그는 두 차례에 걸쳐 통신사 화원으로 일본에 다녀오면서 적지 않은 작품을 일본에 남기기도 했습니다. 그의 대표 작품은 아무래도 〈달마도〉입니다. 중국 선종을 처음으로 열어젖힌 달마대사의 얼굴과 정신 세계를 간결하고 변화무쌍한 필법으로 표현한 작품이지요.

전체적으로 조선 중기의 화풍은 초기의 전통을 강력히 계승하면서

④ 조속이 그린 〈노수서작도〉
조속(1595~1668)은 조선 중기의 대표적인 선비 화가이다. 시, 글씨, 그림 3절로 일컬어졌으며, 까치와 물새를 소재로 한 수묵 화조화(水墨花鳥畵)에서 한국적 정취가 물씬 풍기는 화풍을 이룩하여 조선 중기에 이 분야의 일인자로 손꼽혔다. 이 그림은 그의 명성과 화풍상의 특색을 잘 보여 준다.

형성되었습니다. 새로운 화풍을 수용하면서도 전통 위에 받아들인 것이지요. 이 시기 화풍의 특징은 먼저 조선의 정취를 짙게 풍기는 영모화(翎毛畵, 새털과 짐승 털을 영모라 하고, 날짐승과 들짐승을 그린 그림을 영모화라 한다)와 화조화(花鳥畵, 꽃과 새를 그린 그림)가 발달한 점입니다. 달무리진 눈매와 통통한 몸매를 보여 주는 김식의 소 그림, 애잔한 느낌을 자아내는 조속 · 조지운 부자의 수묵 화조화는 대표적인 보기입니다. 또한 이 시기는 수묵화의 전성 시대로 일컬을 정도로 다양한 주제와 서로 다른 화풍으로 발전하기도 했습니다. 다만 중국에서 들어온 남종화풍*이 아직 크게 유행하지는 않았습니다.

남종화풍
북종화풍과 더불어 산수화의 2대 화풍의 하나이다. 학문과 교양을 갖춘 문인들이 여가 활용 차원에서 수묵과 옅은 담채를 써서 내면 세계를 표현하는 데 치중한 그림이다. 반면 북종화는 주로 직업 화가들이 외면에 치중하여 기교적이고 장식적으로 그린 그림이다.

청화 백자와 철화 백자

조선 초기에 분청사기가 많이 만들어지다가 사회가 안정되면서 백자가 만들어집니다. 조선의 백자는 흰 바탕 자체만으로도 유감없는 아름다움을 뽐냅니다. 아무런 무늬도 없이 커다란 둥근 달 모양으로 만들어진 '달항아리'는 질박하면서도 세련된 멋을 풍기지요. 또 흰 바탕에 여러 색깔로 무늬와 그림을 그려 넣었을 때에도 독특한 아름다움을 자아냅니다. 조선 백자에는 순백의 아름다움을 사랑하는 조선 사람의 미적 감각이 배어 있습니다. 백자 표면은 눈 색이거나 우윳빛에 가깝고, 약간 파르스름한 기운이 감도는 경우도 있습니다. 이러한 조선 백자는 중국 원나라 말기와 명나라 초기의 백자에서 많은 영향을 받았습니다.

세종 무렵 조선 왕실에서 백자를 전용 그릇으로 사용하기 시작하면서 백자의 수요가 크게 늘어났습니다. 하얀 태토(도자기 재료로 쓰이는 흙)에 파르스름한 맑은 유약을 입힌 최상급 백자의 주된 소비자는 바로 왕실이었지요. 세조 때인 1470년대에 경기도 광주에 사옹원 분원을 설치하여 왕실용 자기를 만들었습니다. 그리하여 왕실용 분원 백자와 지방에서 만드는 백자로 나뉘어 생산되는 방식이 자리를 잡았습니다. 사옹원은 왕실과 조정에서 사용하는 그릇을 전담하여 관리하는 관청이고, 분원은 지금으로 말하면 지방 사무소에 해당되는 관아이지요. 그러니까 왕실에서 이용할 고급 백자를 생산하기 위해 좋은 흙이 생산되는 경기도 광주에 사옹원 분원을 설치한 것입니다. 그런데 분원의 관요(官窯)는 왕실용 자기뿐만 아니라 중앙 관청에서 필요한 그릇도 만들고, 민간의 부유층의 주문도 받아 백자를 생산 공급했습니다. 백자의 주된 사용층은 왕실과 지배층이었던 것이지요.

분원과 지방 가마에서 만든 조선 백자는 유교 문화와 잘 어울리는 그릇이라고 할 수 있습니다. 실용성을 강조한 단순한 형태와 꾸밈이 거의 없는 특색은 사치를 멀리하는 선비 정신이 반영된 것으로 볼 수 있지요. 성리학으로 정신을 수양하고 자신과 주변 세계를 이끌어 나가기 위해 힘을 쏟은 사족의 정신과 어울리는 그릇입니다. 조선 백자는 크게 순백자, 청화 백자, 철화 백자, 진사 백자 등으로 나눌 수 있습니다. 이 가운데 순백자와 청화 백자가 가장 뚜렷한 자취를 남겼고 지금까지 높은 예술적 평가를 받고 있습니다.

순백자는 마치 감춰 둔 순백의 속살을 부끄럽게 드러내 보이는 듯한 아름다움을 지닙니다. 담백함, 우아함, 순결함 등으로 백자의 모습을 묘사하기도 하지만, 실제 백자를 눈으로 볼 때 일어나는 느낌은 몇 개의 단어로 표현하기 어렵습니다. 순백자의 대표적인 그릇이 병과 항아리인데, 그릇의 모양도 백자의 빛깔과 마찬가지로 간결합니다. 순백자의 표면에 음각이나 양각으로 무늬를 새겨 넣은 경우도 있습니다.

조선 백자의 특색을 유감없이 보여 주는 청화 백자는 회회청(回回靑, 지금의 코발트)이라는 재료를 주된 물감으로 이용하여 흰 바탕에 파란 빛깔로 무늬와 그림을 그려 넣은 백자입니다. 청화 백자는 중국에서 처음 들어왔는데, 그 시기가 바로 15세기 초입니다. 이후 중국에서 회회청을 수입하여 청화 백자를 굽기 시작했지만 아주 많이 만들지는 못했습니다. 15세기 후반 순천에서 코발트가 채취되면서 많이 만들기 시작했지요. 청화 백자 제작은 광주 분원의 이동에 따라 세 시기로 나누어 살펴볼 수 있습니다.

15세기 중엽에서 16세기 말까지의 첫 번째 시기에는 광주 도마리, 우산리, 번천리의 가마를 중심으로 생산했습니다. 이 시기를 거치면서 청화 백자를 구워 내는 기술이 발달하여 색깔과 그릇 모양 등이 세련되게 변합니다.

1592년 임진왜란이 일어난 뒤 100년 이상 백자 제작은 침체기를 맞았습니다. 물론 그런 와중에서도 백자 생산이 아예 중단되지는 않았지요. 임진왜란으로 정국이 불안하고 전국의 많은 가마가 파괴되었습니다. 여기에다가 중국에서 수입하던 값비싼 회회청의 양이 빠르게 줄어들면서 청화 백자 생산 또한 크게 줄었습니다. 이 침체기를 극복한 뒤인 17세기에서 18세기 중반까지가 두 번째 시기입니다. 이 때는 광주 금사리 가마를 중심으로 청화 백자가 제작되었습니다. 그릇의 무늬가 앞선 시기보다 크고 넓어졌으며 용, 십장생 그림 등이 등장했습니다.

마지막 시기는 18세기 중반부터 19세기 말까지인데, 이 때 분원의 중심지는 광주 분원리입니다. 서서히 청화 백자가 물러나면서 그릇의 형태가 불안정하고 무늬도 형식화된 시기입니다.

철화 백자란 당시 철사(鐵砂)라고 불린 산화철을 주원료로 하는 물감을 이용하여 검은빛 도는 무늬와 그림을 넣은 다음 유약을 발라 구워 낸 자기입니다. 17세기 이후 청화 백자와 더불어 많이 만들어졌지요. 철사 안료는 우리 주변에서 쉽게 구할 수 있는 원료여서 철화 백자를 만들기는 훨씬 쉬웠습니다. 경기도 광주 관요를 비롯하여 지방의 여러 가마에서 두루 제작했지요. 철화 백자는 생활 자기로 양산되었고, 주로 일반 서민들이 즐겨 썼습니다. 철화 백자 이외에 산화동 성분을 안료로 쓰는 진사(辰砂)를 이용하여 붉은색으로 화려한 무늬와 그림을 넣은 진사 백자도 제작되었습니다.

백자의 문양은 청화 백자와 철화 백자를 통해서 살펴볼 수 있습니다. 색깔에 차이가 있지만, 이 둘의 그림이나 무늬는 거의 비슷했습니다. 주로 연꽃 무늬, 구름과 용 무늬, 매화와 대나무 무늬를 바탕에 새겼고, 인물이나 꽃, 나무, 새 등을 엮어서 그림을 그려 넣기도 했습니다. 이 밖에 호랑이, 거북, 산수 풍경 등도 문양으로 활용했지요. 백자에 그려진 그림에는 수(壽), 복(福), 부귀(富貴), 벽사(辟邪), 다남(多男) 등을 기원하는 뜻이 담겨 있습니다. 철화 백자는 청화 백자에 비해 힘차고 추상적이거나 익살맞은 무늬를 넣은 경우가 많아 독특한 아름다움을 풍깁니다.

① 청화 백자 송죽인물문 호(靑華白磁松竹人物文壺)
조선 전기에 만들어진 청화 백자 항아리로 높이 47센티미터, 입지름 15.4센티미터, 밑지름 16.7센티미터로 목은 짧고 어깨가 올라가서 긴장감이 느껴지는 모양이다. 보물 644호.

② 청화 백자 매죽문 호(菁華百磁梅竹文壺)
조선 전기에 만들어진 청화 백자 항아리로 높이 29.2센티미터, 입지름 10.7센티미터, 밑지름 14센티미터이다. 국보 222호.

③ 백자 병(白磁甁)
조선 시대 전기의 백자 병으로 높이 36.2센티미터이다. 벌어진 아가리에서 긴 목을 지나 몸통까지 유연한 곡선을 이루며 벌어져 풍만한 몸체를 이루었으며, 넓고 높은 굽다리를 갖춰 안정감을 준다. 묵직한 기벽에 푸른빛 도는 백색 유약을 고르게 발랐으며 광택이 은은하다. 이러한 백자는 경기도 광주에서 15세기 후반에서 16세기 전반에 걸쳐 만들어진 것으로 추정된다. 보물 1054호.

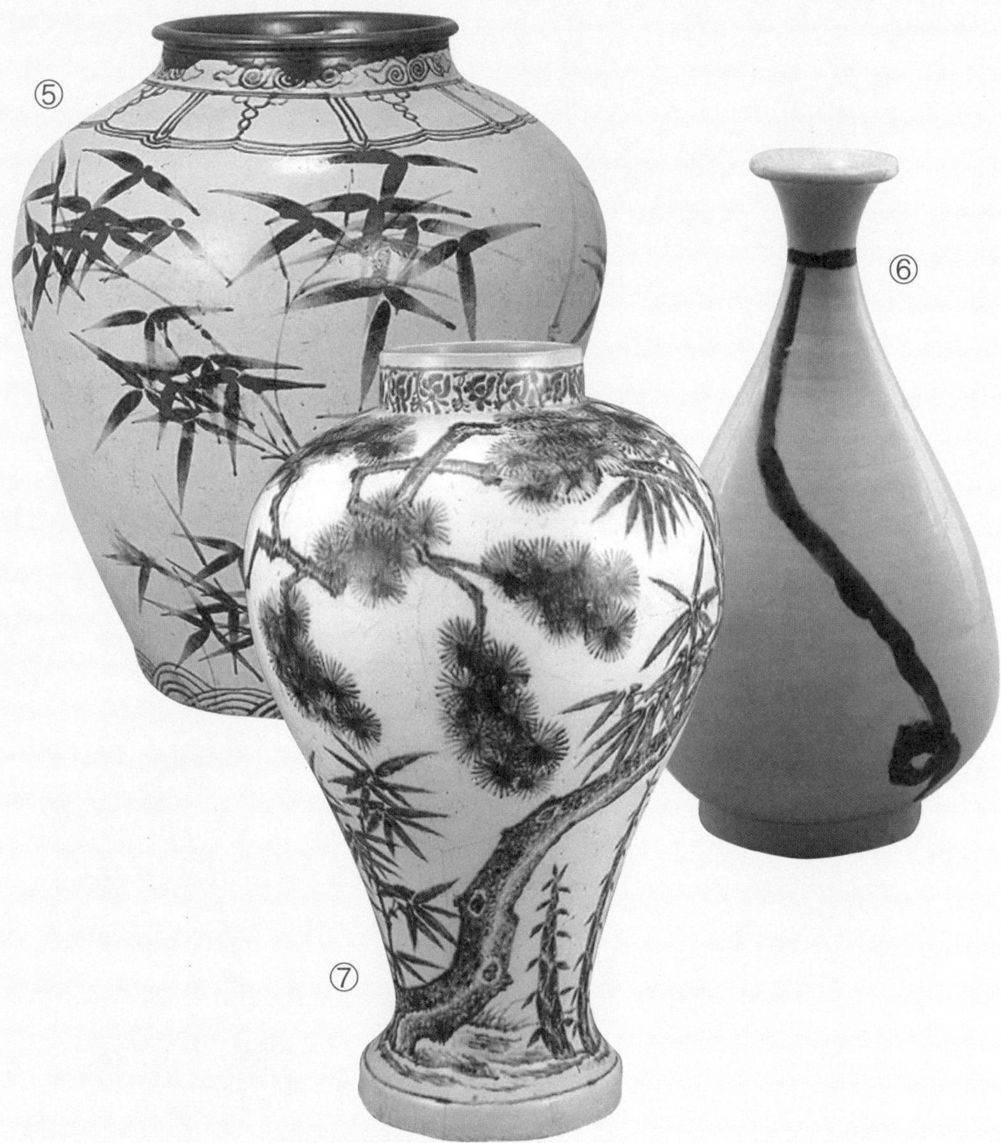

④ 청화 백자 매조죽문 호(青華白磁梅鳥竹文壺)
조선 전기에 만들어진 높이 16.8센티미터, 입지름 6.1센티미터, 밑지름 8.8센티미터의 뚜껑 있는 청화 백자 항아리이다. 국보 170호.

⑤ 백자 철화 매죽문 대호(白磁鐵畵梅竹文大壺)
조선 시대 백자 항아리로 높이 41.3센티미터, 입지름 19센티미터, 밑지름 21.5센티미터이다. 입 가장자리가 밖으로 말렸고, 목 부위 경사면부터 풍만하게 벌어졌다가 서서히 좁아진 둥근 몸체의 항아리이다. 국보 166호.

⑥ 백자 철화 승문 병(白磁鐵畵繩文甁)
조선 시대 16세기 후반 무렵에 만들어진 백자로 검은색 안료를 사용하여 줄무늬를 그려 놓은, 높이 31.4센티미터, 입지름 7센티미터, 밑지름 10.6센티미터인 술병이다. 끈을 목에 매고 밑으로 늘어뜨린 특이한 문양으로 조선 초기의 대표적 작품이다. 보물 1060호.

⑦ 청화 백자 홍치명 송죽문 호(青華白磁弘治銘松竹文壺)
조선 성종 20년(1489)에 만들어진 청화 백자 항아리로 소나무와 대나무를 그렸다. 높이 48.7센티미터, 입지름 13.1센티미터, 밑지름 17.8센티미터이다. 주둥이 안쪽에 '홍치'라는 명문이 있어 만든 시기가 분명하다. 국보 176호.

과학적인 삶을 위한 노력들

지도 제작이 활발해지다

16세기 후반 왜란과 호란이 이어진 시기에는 군사적 목적에 따른 관방 지도*가 아주 많이 만들어졌다는 특징이 있습니다. 서울 주변과 북방 지역, 그리고 해안 지역에 성을 쌓고 진을 설치하는 사업이 이어졌고, 이러한 사업과 함께 지도를 만들었지요. 군사 방어를 목적으로 지도를 만드는 건 일반적인 일로, 조선 후기에는 이러한 필요성에 따른 지도 제작이 많아집니다.

이 시기에 민간에서도 지도를 만들어 보급하기 시작했습니다. 조선은 국가 정책으로 민간에서 지도를 소유하는 걸 금지했지만, 《동국여지승람》에 실린 전국 지도인 〈팔도총도〉와 도별도의 영향을 받아 임진왜란 이전에 이미 민간에서 이와 비슷한 목판본 지도를 만들었습니다. 허균의 문집에 지도를 펴 놓고 우리 나라 산천을 감상했다는 기록이 있어, 16세기 중엽 이후에는 민간에서 지도를 많이 이용했음을 짐작할 수 있습니다. 조선 후기에 들면 상품 화폐 경제가 발달하고 사회·경제적 교류가 많아지는 등 시대 변화에 따라 여러 가지 목판본 지도가 만들어집니다. 여기서는 18세기 이전의 사정을 살펴보도록 하지요.

16세기 후반에서 18세기 초에 이르는 시기의 지도 제작에서 빼놓을 수 없는 사람이 몇 있습니다. 먼저 17세기에 활동한 윤영은 만주 일대와 북부 지방을 그린 관방 지도를 제작했습니다. 나중에 이익은 친구

관방 지도(關防地圖)
군사 요충지를 중심으로 주변 모습을 그린 지도.

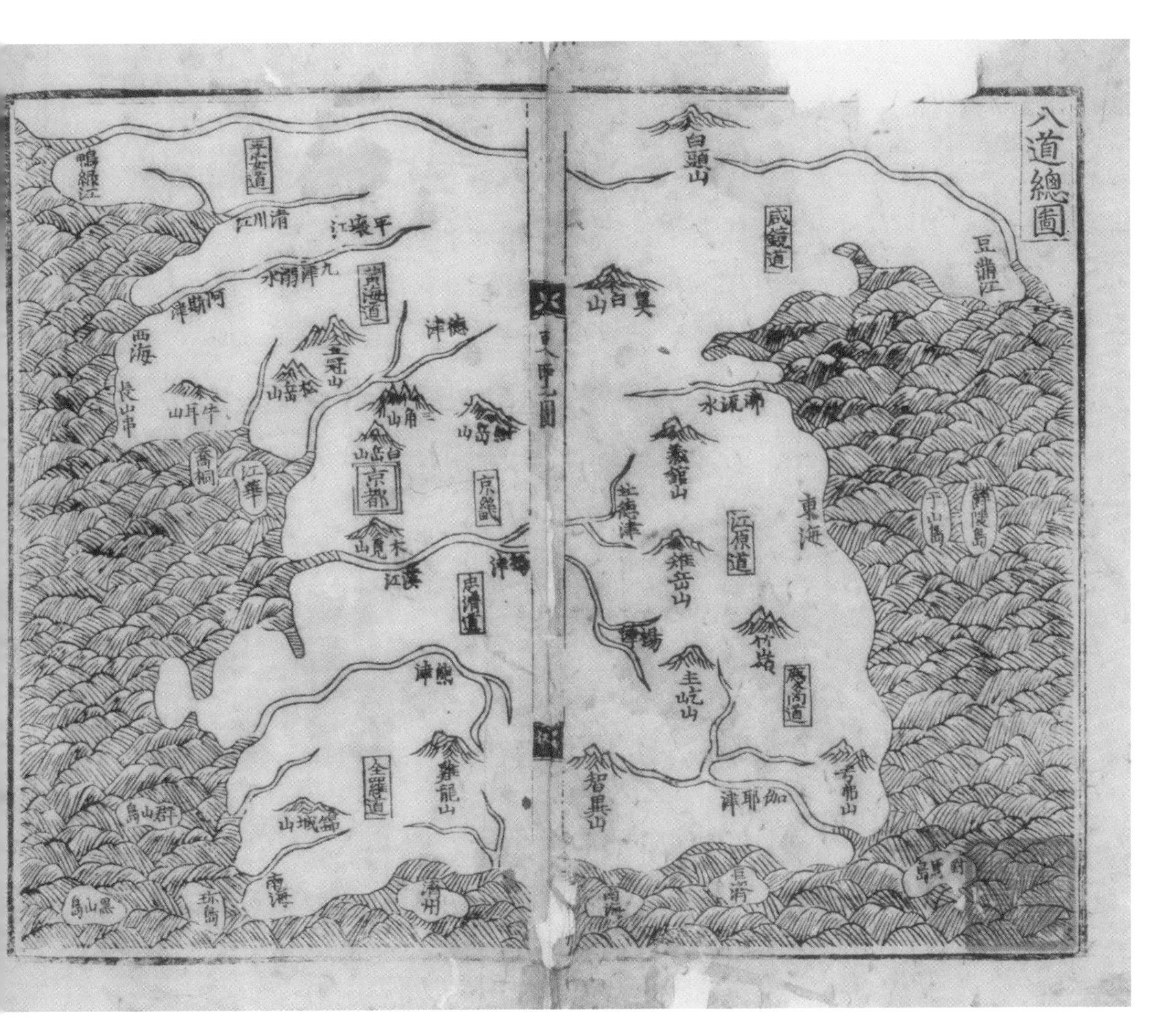

팔도총도

《신증동국여지승람》 권1 첫머리에 있는 우리 나라에서 가장 오래 된 전국 지도이다.

정상기에게 백리척*을 이용하여 제작한 지도와 윤영이 만든 지도가 거의 들어맞는다고 설명하지요. 그리고 계속해서 서북쪽 우리 나라 경계가 상세히 나와 있다고 평가했습니다.

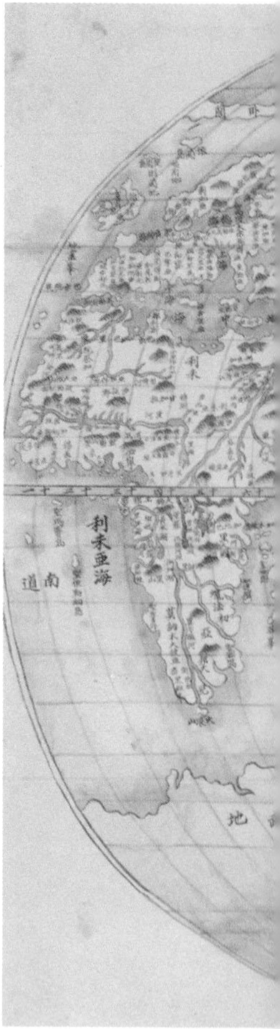

17세기부터 서양식 지도가 조선에 조금씩 전해졌습니다. 서구의 세계 지도가 중국을 통해 우리 나라에 들어왔지요. 1603년 이광정과 권희가 마테오 리치가 제작한 〈곤여만국전도〉를, 1610년 허균이 마테오 리치가 제작한 〈세계지도〉를 각각 베이징에서 들여왔습니다. 또 1631년 정두원과 이영준은 알레니의 〈만국전도〉를 베이징에서 가져왔고, 1642년 소현 세자가 아담 샬의 〈여지구〉를 가지고 중국에서 귀국했습니다. 이러한 서양식 지도는 조선에서 세계 지도를 제작하는 데 많은 도움을 주었습니다.

관방 지도는 왜란이 진행 중이던 선조 말년부터 만들어졌습니다. 1592년(선조 25) 유성룡이 평양을 되찾기 위해 도로 지도를 만들어 비변사에 제출한 사실이 있고, 다음 해에 〈평양지도〉를 만들어 명나라 도독에게 준 일이 있습니다. 1618년(광해군 2) 의주 부윤이 압록강 유역의 이산, 벽동, 창주의 지도를 조정에 올렸고, 개성의 옛 성곽 지도를 백성들이 그려서 바쳤습니다. 인조 때 두 번의 호란을 겪은 다음 북방 지역의 성 쌓기와 남한 산성과 강화도 방비가 강화되면서 〈양서관방도〉(1628년) 등 많은 관방 지도가 제작되었습니다.

백리척(百里尺)
100리를 1척으로 환산하여 지도의 축척을 결정하는 방식을 말한다.

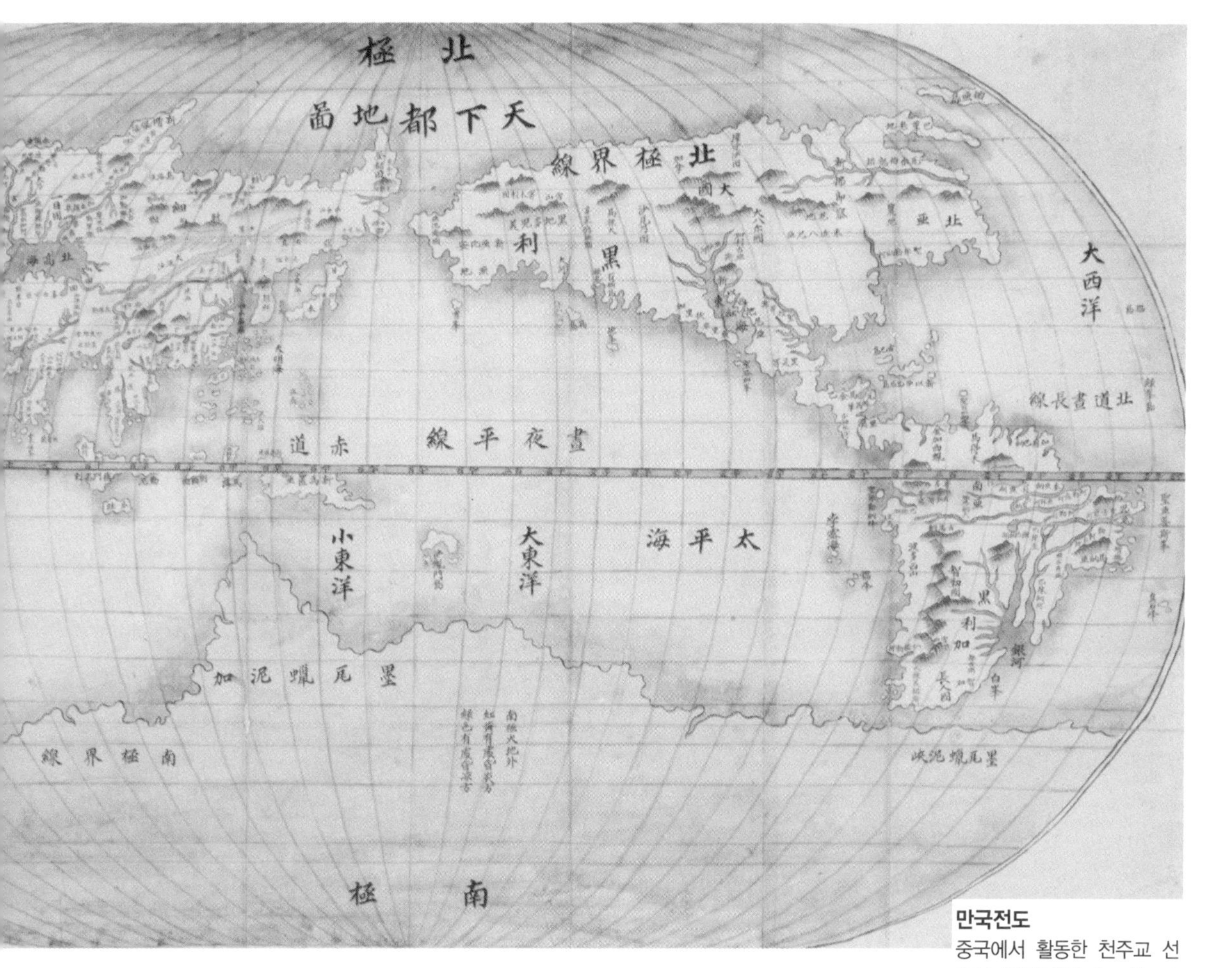

만국전도
중국에서 활동한 천주교 선교사 알레니(Giulio Aleni, 艾儒略, 1582~1649)에 의해서 1623년에 간행된 《직방외기》에 실린 〈만국전도〉를 1770년대에 필사한 지도. 《직방외기》에 실린 지도와 세부적인 차이는 있으나 지도의 윤곽, 도법, 지명 등이 거의 일치한다. 지도 명칭을 〈천하도지도〉라고 붙였으나 이것은 필사자가 붙인 이름이고, 본디 이름은 〈만국전도〉이다. 보물 883호.

효종, 현종에 와서 북벌론이 무성하게 전개되면서 관방 지도 제작이 훨씬 강화되었습니다. 당파에 따라 군대 출동에 중점을 두거나 국가 체제 정비에 무게중심을 두는 등 북벌론의 강도 차이가 있었지만, 국방을 강화해야 한다는 점에서는 의견이 일치했습니다. 군영이 계속 설치되고 전국의 요새지에 성 쌓기 사업이 활발히 이루어지는 한편, 이를 위한 관방 지도를 만들었습니다.

현종 때 남구만은 함경 감사로 있으면서 변경 방어를 강조하고 길주 이북의 6진 여러 곳이 표기된 지도를 제작하여 바쳤습니다. 남구만이 올린 〈함경도지도〉는 도내 각 읍의 도리(道里)의 원근(遠近), 국방상 중요 지점을 꼼꼼하게 담았습니다. 그리고 중국의 방안식* 지도 제작법을 받아들여 지도 위에 10리마다 정(井) 자 모양 모눈을 그리고, 그 위에 거리를 계산하여 지형을 그렸습니다.

왜란과 호란을 거치면서 산성을 다시 쌓거나 버려진 토지를 개간하는 데 필요한 지도도 만들었습니다. 또 해안 지역의 간척 사업을 준비하기 위해서나 그 결과물로 지도를 만들었습니다. 둔전을 확보하고 유력자의 사유지를 만들기 위한 간척 공사는 바다를 막아야 하는 큰 공사였습니다. 그래서 조수간만을 정확히 계산하고 주변 지형을 잘 살펴 적절한 공사처를 파악하려면 지도가 필요했지요. 또한 간척 작업이 완료된 뒤에는 확보된 경계선을 파악하고, 새로운 경작지의 면적을 계산하고, 변화된 경관을 파악하기 위해 지도가 필요했고요.

강화도 간척 사업을 살펴보

방안식(方眼式)
지도 밑바탕에 일정한 규격의 네모를 그려 놓아 지도상의 거리와 위치로 실제의 거리와 위치를 쉽게 유추해 낼 수 있게 만든 방식이다.

면 그러한 사실을 잘 알 수 있습니다. 효종 때 북벌 계획 추진을 위해 굴곶평과 장평에 둔전을 설치했고, 현종 때는 고려 말에 쌓은 승천제(昇天堤)를 보수하고 대청언, 가릉언, 장지언을 축조했습니다. 이 때 간척 공사에 필요한 지도를 만들었을 것으로 보입니다. 이는 강화도 간척 사업이 더욱 활발히 전개된 숙종 때(1676년, 숙종 2) 훈련대장 유혁연이 개성, 강화, 파주 등지의 지도를 만든 것을 통해 짐

요계 관방 지도 1706년 이이명이 주관하여 랴오둥 지방에서 중국의 베이징 근처의 계(薊) 지방에 이르는 성책(城柵) · 장성(長城) 등을 자세히 그린 관방지도이다.

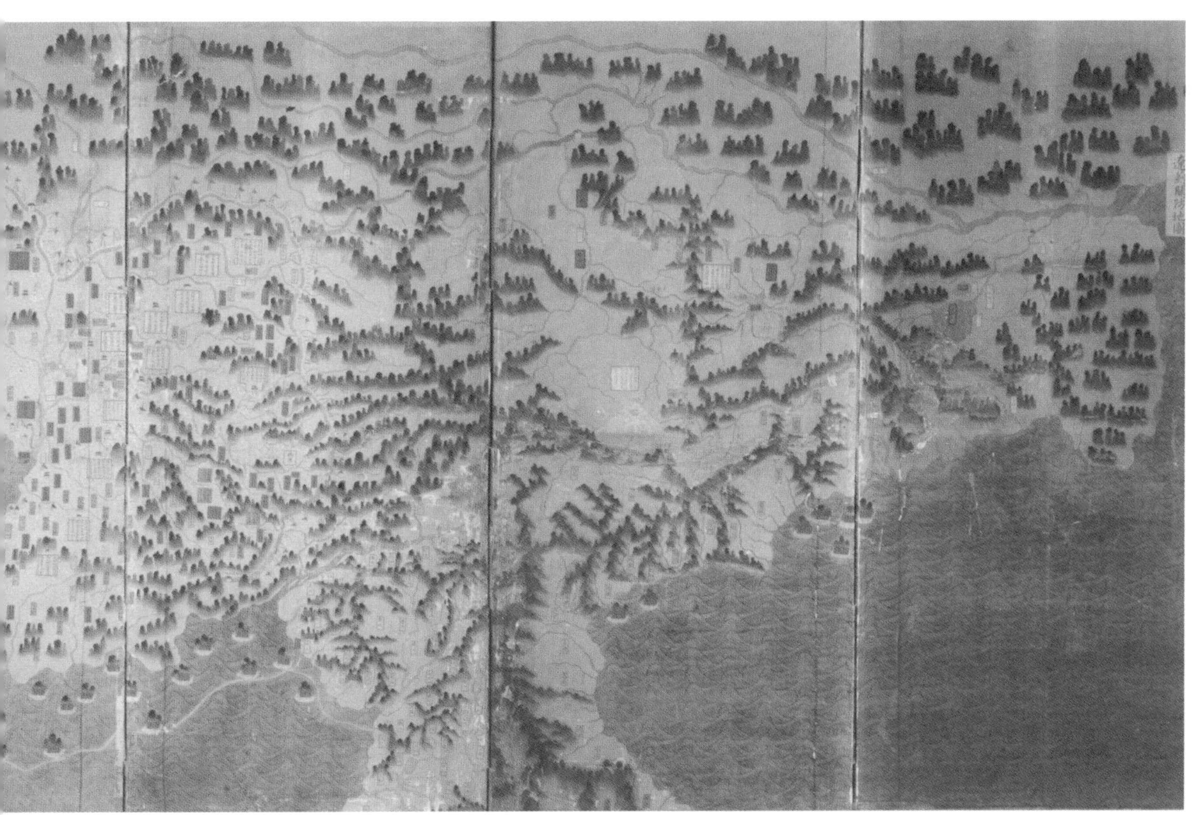

작할 수 있지요. 유혁연은 이전의 간척 사업을 정리하여 지도로 만들고, 나아가 앞으로의 간척 사업에 필요한 현황을 파악하기 위해 강화 등지의 지도를 만들어 조정에 올린 것입니다. 강화도는 간척 사업뿐만 아니라 관방상의 요충지로 고려 때부터 중요시되었지요. 1638년(인조 16)에 조정에서는 김신국을 파견하여 강화도의 읍치를 옮기고 수비를 강화하려고 하면서 이러한 실상을 지도로 만들어 보고했습니다. 숙종 초반부터는 〈강화도지도〉를 작성하는 작업이 본격적으로 시작되었지요.

한편 16세기 이래 꾸준히 만들어진 각 지방 지리지인 읍지(邑誌)는 18세기 이후 군현 지도를 만드는 데 큰 영향을 주었습니다. 경상도 선산의 읍지인 《일선지》 첫머리에 1477년(성종 8) 김종직이 쓴 〈선산지도〉에 관한 기록이 있어, 이전부터 각 지방 군현의 수령들이 지역 지도를 작성하여 통치와 행정에 이용했음을 알 수 있습니다. 이후 읍지를 펴내면서 그 지역 지도를 첨부하여 지지(地誌, 지리지) 내용을 시각적 혹은 공간적으로 보여 주는 경향이 늘어났습니다.

지방 수령은 지도를 통해 관할 지역의 지리 실태를 파악하여 통치의 기초 자료로 활용했습니다. 수령에게 읍성, 산림, 구릉, 천택(川澤), 촌리 등의 형세, 그리고 인근 읍과의 도로망과 읍내 도로망을 나타낸 지도는 군현 통치에 필요한 기본 자료였지요. 게다가 지역민의 가옥 배열까지 자세히 보여 주는 지도라면 집집마다의 특성까지 구체적으로 파악할 수 있었습니다. 특히 낯선 고장에 발령받은 수령에게 지도는 무척 중요한 동반자였을 것입니다.

남한 산성도와 병자호란

한양 남쪽에 자리한 광주의 남한 산성은 임진왜란 당시부터 관방처로 주목되어 지도 제작이 이루어졌다. 1597년(선조 30), 선조는 유성룡에게 남한 산성을 자세히 살피고 남한 산성도를 제작하라고 지시했다. 전쟁이 어느 정도 진정된 1603년(선조 36)에는 비변사에 남한 산성이 남쪽 지방으로 연결되는 요충지이니 형세를 살피고 산성을 축조할 수 있는지 살피기 위해 지도를 그려 바칠 것을 명령했다. 이에 비변사 당상 이기빈이 화공을 데리고 가서 남한 산성도를 제작하여 바쳤다.

인조가 즉위한 뒤 남한 산성에 더 많은 관심을 기울였다. 남한 산성은 도성에서 그다지 멀지 않은 거리에 있기 때문에 만일의 사태에 대비할 만했다. 그리고 이괄이 반란을 일으켰을 때 제대로 피신할 곳을 찾지 못해 우왕좌왕했던 경험이 있기 때문에, 인조는 남한 산성 축성을 강력히 희망했다. 그리하여 1624년 이서가 남한 산성 축성 공사를 시작한 뒤 1626년 1차 공사를 마쳤다. 이후 숙종 때까지 계속해서 남한 산성 수축 공사가 이어졌는데, 그 때마다 남한 산성도를 제작했다.

1636년 겨울, 인조는 청나라가 침입하자 남한 산성으로 피란했다. 지도 제작과 더불어 산성도 마무리되었지만, 이는 적을 방어하기 위한 기본 조건일 뿐이었다. 산성 속에 고립된 인조 일행은 산성 외곽에서 구원군이 오기를 고대했지만 절망스러울 뿐이었다. 결국 인조는 항복하기 위해 산성 문을 나설 수밖에 없었다. 그 순간 인조는 산성 축조, 관방 지도 제작 등이 아닌 군대 육성의 필요성을 절감했을 것이다.

조선 시대에는 지도를 어떻게 만들었을까?

현재까지 전해 오는 조선 시대 지도를 살펴보면 당시의 지도 제작 기법을 알 수 있고, 나아가 지도 제작 방법의 발달 과정을 알 수 있다. 크게 보아 초기에는 회화식, 동양화식 방법으로 그림 그리듯 지도를 제작하다가, 후기로 갈수록 백리척식, 방안도식, 경위도식을 활용하여 더욱 과학적으로 제작했다.

회화식은 과학적 방법을 쓰지 않은 지도로 조선 시대 지도의 대부분을 차지하며, 보통 책 형태를 띤다. 동양화식은 지도라기보다는 한 폭의 훌륭한 그림 같은 지도를 말한다. 일반적으로 축(물체가 길게 아래로 늘어지거나 쳐진 모양)이나 병풍 형태로 만들어졌다.

조선 후기로 가면서 과학적 기법을 활용했는데, 백리척식 지도는 100리를 1척으로 환산하여 땅의 넓고 좁음에 근거하여 제작한 지도이다. 정상기가 제작한 《동국지도》가 대표적인데, 100리를 9.5센티미터로 표시하고 있다. 이를 현재의 축척으로 환산하면 약 42만분의 1에 해당한다.

이보다 발달된 방식이 바로 방안식 지도 제작 방식이다. 방안(方眼), 곧 네모난 가로 선과 세로 선을 긋고 그 위에 지형의 크기에 맞춰 축척을 활용하여 제작한 지도이다. 이 방식은 비교적 일정한 크기의 방안(눈금 2~4센티미터)을 바탕으로 축척을 적용하는 것이므로 실제 지형과 훨씬 흡사한 지도를 만들 수 있었다.

전주 지도
조선 후기에 제작된 지도이지만 회화식 지도의 전형적인 모습을 보여 준다. 전주부를 둘러싼 산을 표현한 방식과 전주부 성 안팎의 집과 나무를 그린 부분에서 산수화의 정취를 뚜렷이 느낄 수 있다.

의료의 대중화 - 허준과 《동의보감》

조선의 의료 실태는 매우 안 좋았습니다. 일반 백성들은 의술, 의학 분야에 접근하기가 무척 어려웠고 의원의 혜택도 받지 못했습니다. 왕실과 지배층만이 전통 의학의 혜택을 받을 수 있었지요. 하지만 세월이 흐르면서 일반 백성들도 의원의 치료를 받고 한약 처방을 받아 복용할 수 있게 되었습니다. 그리하여 19세기에 이르면 읍 단위마다 한약방이 생겨날 정도로 의료 혜택이 널리 퍼졌습니다. 많은 사람들이 오랜 세월 동안 노력한 결과이지요.

이러한 의료 분야의 대중화 과정에서 반드시 살펴보아야 할 것이 1610년 허준이 완성한 《동의보감》입니다. 조선 초기의 의서로 《향약집성방》과 《의방유취》를 꼽을 수 있다면, 중기에 나온 《동의보감》은 오늘날까지 널리 이용되는 의학계의 보물입니다.

허준이 지은 《동의보감》은 우리 나라에서뿐 아니라 중국에도 널리 알려진 의서입니다. 중국에서 이미 1700년대 초에 출판되기 시작하여 지금도 간행되고 있는 베스트셀러 중의 베스트셀러이지요. 의학을 비롯하여 모든 학문의 저수지임을 자부하는 중국에서 《동의보감》이 이토록 널리, 그것도 오랫동안 인기 있는 것은 아주 특별한 경우입니다. 중국에서 만든 의서 중에서도 《동의보감》만큼 대접받는 책을 찾기란 드물 정도이지요.

《동의보감》은 당연히 우리 나라 모든 의원들이 기본으로 알아야 할 의서로 대접받았습니다. 지금도 우리 나라 한의사들은 누구나 이 책을 책꽂이에 꽂아 두고 참고한다고 합니다. 《동의보감》이 얼마나 대단한 책이기에 오늘날까지 우리 입에 계속 오르내릴까요? 《동의보감》의 특색을 몇 가지로 살펴봅시다. 첫째 《동의보감》은 허준이 그 동안의 한의학 이론을 한데 모으고 자신의 의학 이론 체계를 세워서 다시 구성한 의서입니다. 또한 허준은 자신이 어떤 책을 인용했는지를 모두 밝혀 놓았습니다. 당시 풍토에서는 다른 사람의 저서에 있는 내용을 인용해도 이를 밝히지 않는 경우가 많았기 때문에, 《동의보감》을 펴낸 허준의 자세는 아주 특별했습니다. 마지막으로 가장 중요한 점이 《동의보감》은 각 병마다 증상을 자세히 소개하고, 더불어 매우 실용적이고 효과적인 처방을 많이 담았다는 것입니다. 이 점에서 이 책은 당대의 의학 수준에서 최고의 의술을 담은 의서라고 할 수 있습니다.

언해태산집요
노중례가 편찬한 《태산요록》을 1608년(선조 41)에 허준이 개편하여 언문으로 풀이한 부인과 의서이다.

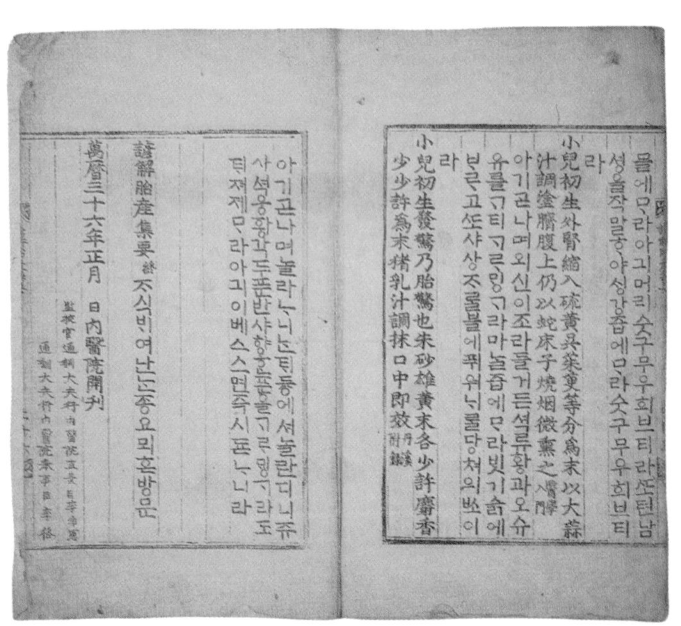

《동의보감》은 선조의 왕명에 따라 만들기 시작했습니다. 조선 왕조는 나라 차원에서 서적 편찬에 많은 공력을 쏟았습니다. 세종, 성종, 영조, 정조 등 여러 국왕의 업적에서 서적 편찬을 빼놓을 수 없는 이유도 나라 차원에서 학자와 전문가를 동원하여 훌륭하고 귀중한 책을 만들었기 때문이지요.

1596년(선조 29), 선조는 허준 등 의원들에게 중국을 포함한 동방에서 가장 완성도 높은 의학 서적을 만들도록 지시했습니다. 허준을 비롯하여 의원 양예수, 김응탁, 이명원, 정예남은 편찬국을 설치하고 의서 편찬에 힘을 모았습니다. 그러나 이듬해인 1597년 정유재란이 일어나자 담당 의원들이 흩어져 버려 작업이 중단되었습니다. 그러다가 임진왜란이 끝난 뒤 선조가 다시 허준에게 편찬을 진행하라고 지시합니다. 이로부터 10여 년 뒤인 1610년, 드디어 《동의보감》 25권이 완성되고 1613년 간행되어 세상에 모습을 드러냈습니다. 그 사이 선조가 세상을 떠났는데, 선조를 제대로 치료하지 못했다는 죄목으로 허준은 파직당하고 귀양살이로 내몰리기도 했지요. 예나 지금이나 하나의 좋은 책이 나오기까지는 갖은 풍파를 겪게 마련인 듯합니다.

《동의보감》을 지은 허준의 생애는 아직 밝혀지지 않은 부분이 많지만, 20대에 내의원에 들어간 뒤의 모습은 대략 살펴볼 수 있습니다. 내의원에서 계속 승진한 허준은 1573년에 정3품직인 내의정에 올랐습니다. 그리고 1575년부터 내의원 의원으로서 왕 진찰에 참여하는 모습도 볼 수 있습니다. 1590년에는 당시 왕자(광해군)의 천연두를 치료하여 의관으로서 두터운 신임을 받습니다. 그리고 임진왜란 당시 임금의 주치의, 곧 어의로서 선조를 의주까지 모시는 임무을 수행한 공로로 1604년 호성 공신* 3등에 올랐습니다. 또 죽은 뒤에는 보국숭록대부*라는 관계와 양평군(陽平君)이라는 군호를 내려받았습니다. 의원 신분으로서는 드물게 국가의 대단한 대접을 받은 것이지요. 일반 관료들이 꿈꾸기조차 힘든 군호를 받았다는 사실만 봐도 허준이 얼마나 대우받았는지 짐작할 수 있습니다.

호성 공신(扈聖功臣)
임진왜란이 끝난 뒤 대대적인 공신 책봉이 있었는데, 서울에서 의주까지 선조를 모신 신하들을 호성 공신으로 삼고, 왜적을 물리치는 데 공을 세운 장수들을 선무 공신(宣武功臣)으로 삼았으며, 임진왜란 와중에 충청도에서 일어난 이몽학의 난을 평정하는 데 공을 세운 사람을 청난 공신(淸難功臣)으로 삼았다.

보국숭록대부
문반 관계로 정1품 관계의 하나. 문반 관계는 모두 31품계로 나뉘는데, 종9품, 정9품 이런 식으로 올라가 정1품으로 끝난다. 구체적으로 보면 종9품에서 정7품까지 각 품에 정·종이 있어 모두 6품계이다. 그리고 종6품부터 종1품까지는 다시 각 품이 두 품계로 나뉘어 모두 22품계이다. 그리고 정1품은 3품계로 나뉘었는데, 대광보국숭록대부(大匡輔國崇祿大夫), 상보국숭록대부(上輔國崇祿大夫), 보국숭록대부(輔國崇祿大夫)가 그것이다.

베일에 싸인 허준의 출생

허준의 본관은 양천(陽川), 자는 청원(淸源)이며, 호는 구암(龜岩)이다. 허준의 출생 연도는 오래 전부터 1546년으로 추정되었다. 그런데 진주 박물관에 전시되어 있는 〈태평회맹도〉라는 그림에 허준이 기해생(己亥生)으로 기록되어 있다. 이 그림은 1604년 허준을 포함해 임진왜란 당시 피란길에 나선 선조를 수행한 공신들의 모임을 담은 병풍 그림이다. '기해'는 1539년(중종 34)을 말하는데, 바로 이 해에 허준이 태어났다고 쓴 셈이다. 그림 속 글씨를 후대에 와서 꾸며 쓴 것이 아닌 이상 허준은 1539년에 태어났음이 분명하다.

허준의 출생지는 세 곳으로 추정될 뿐 확실하지 않다. 첫 번째는 1991년 민통선 북방 민간인 출입 통제 지역(현재 경기도 장단군 대강면 우근리 지역)에서 허준의 묘소가 발견되었는데, 이 곳이 허준의 출생지라는 주장이다. 1930년 국세 조사에서도 양천 허씨가 우근리에 66호, 독정리에 30호 등 파주 지역 일대에 대규모 양천 허씨 집성촌이 있었다는 점도 하나의 근거로 제시하고 있다.

두 번째는 옛 김포군 양천읍 파릉리(현재의 서울시 강서구 가양 2동)가 허준의 출생지라는 주장이다. 허준의 본관인 양천이 김포군 양천읍이라는 점, 허준의 조부와 부모가 양천에서 생활했다는 점, 허준이 《동의보감》을 집필한 장소로 전해지는 곳이 가양 2동에 위치한 허가 바위 동굴이라는 점을 근거로 제시하고 있다.

그리고 세 번째 주장은 허준의 활동 근거지에서 출생지를 역추적하는 방법에 따라 그가 태어난 곳을 살핀다. 사실 허준의 활동 근거지는 훨씬 확실하게 확인할 수 있다. 《미암일기》를 지은 유희춘의 기록에 따르면, 허준은 지금의 전라 남도 일대에서 성장했고, 유희춘과 상당한 교분을 쌓았다. 허준이 내의원에 들어가게 된 것도 유희춘의 천거 때문이라는 점에서, 유희춘의 기록은 믿을 만한 내용이라고 할 수 있다. 그리고 허준이 《동의보감》에서 제시한 양생론*은 호남의 유명한 사림 노수신의 영향을 받은 것이고, 허준의 생모가 영광 김씨 김시흡의 딸일 가능성이 높다는 점도 이 주장의 근거로 제시된다. 허준의 생모가 영광 김씨가 확실하다면, 허준의 출생도 아버지 허론이 전라도 부안에 군수로 재임하던 시절일 가능성이 높다고 해야 할 것이다. 무엇보다도 허준이 활동한 지역에 더 중요한 역사적 의의를 매길 수 있다면, 출생지 자체를 확인하는 것보다 더욱 중요하게 탐색해야 할 곳은 활동 근거지일 것이다.

허준의 생모에 대해서는 이런 저런 이야기가 있지만 누구인지는 아직도 불확실하다. 앞서 허준의 생모가 영광 김씨 김시흡의 딸일 가능성을 지적했는데, 《문화류씨가정보》에 따르면 일직 손씨* 손희조의 딸로 기록되어 있다. 허준의 조부는 산청 군수를 역임한 허곤이고, 부친은 용천 부사 등을 역임한 허론이다.

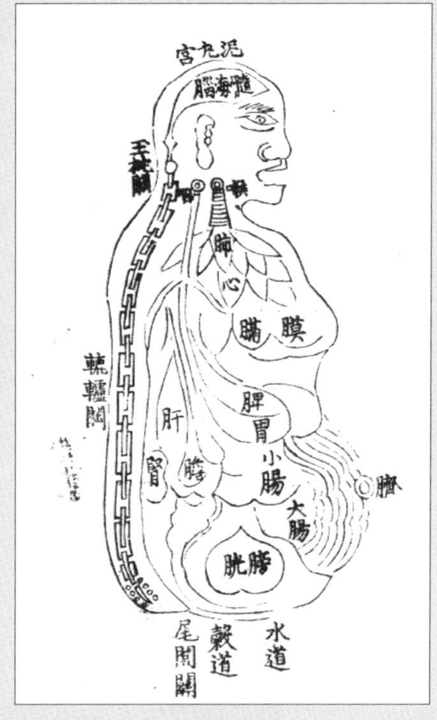

《동의보감》에 실린 〈신형장부도〉

허준이 편찬한 《동의보감》 내경편에 들어 있는 〈신형장부도〉. 인체의 상반신을 옆에서 보고 그 내부를 그렸는데, 몸 형태와 오장(간, 심장, 비장-지라, 폐-허파, 신장-콩팥) 육부(담-쓸개, 위장, 소장-작은 창자, 대장-큰 창자, 방광, 삼초)를 그려 넣었다. 육부 가운데 삼초는 구체적인 형태 없이 작용만 하는 장기여서 그림에 보이지 않는다. 허준은 명나라에서 편찬된 《만병회춘》 등 의서에 실려 있는 인체도를 참고하여, 〈신형장부도〉를 그렸다. 특히 뇌수(두뇌)에서 척추를 거쳐 신장으로 정수(精髓, 인간 생명의 근원)가 흐르는 길을 중시하여 표시했다.

양생론(養生論)
병을 물리치고 수명을 연장할 수 있는 음식 섭취, 신체 단련, 절제와 약물 복용 등의 방법에 대한 주장.

일직 손씨(一直孫氏)
일직은 지금의 안동군 일직면을 가리킨다. 본디 신라의 일직현인데 경덕왕이 일령으로 고쳤고, 고려 초 다시 일직이라 하였다. 일직 손씨는 안동 손씨라고도 칭하며, 고려 때 중국 송나라의 난세를 피하여 귀화한 손응을 시조로 받들고 있다.

《소설 동의보감》의 인물들

이은성이 지은 《소설 동의보감》에는 허준의 스승으로 류의태라는 인물이 등장한다. 오늘날 독자들은 역사 소설에 등장하는 인물과 소설 내용이 모두 사실이라고 여기지 않는다. 하지만 소설에 빠져들다 보면, 역사적 사실과 소설적 허구를 혼동하기도 한다. 《소설 동의보감》에 나오는 인물 가운데 류의태는 만들어 낸 인물이다. 다만 비슷한 이름 유이태가 경상도 진주와 산청 일대에 전설적 일화를 많이 남긴 명의로 이름이 높았다.

그런데 문제는 이 유이태가 허준과 같은 시대 인물이 아니고 훨씬 나중에 태어나 활동한 인물이라는 점이다. 《숙종실록》 1713년 12월 기사에, 내의원에서 영남의 의인(醫人) 유이태에게 올라오라고 재촉하는 내용이 있다. 전주까지 왔다가 병을 핑계로 다시 집으로 돌아간 유이태를 처벌해야 한다는 기사이다. 이 기사에 따르면, 유이태는 숙종 후반에 주로 활동한 것으로 볼 수 있고, 허준과 만나는 것 자체가 불가능하다.

또 이은성의 《소설 동의보감》에는 허준과 인간적으로 부딪치는 인물로 양예수라는 의원이 나온다. 그런데 양예수는 허준의 경쟁 상대가 아니라 허준의 스승일 확률이 높은 사람이다.

1569년에 허준은 유희춘의 천거를 받아 내의원에 들어간다. 당시 내의원 의관들은 의학 수준이 전국에서 가장 뛰어났고, 그 중에서도 최고 의원이 바로 양예수였다. 허준은 내의원에 들어간 뒤 그에게 제대로 된 의학 수업을 받았을 것이다. 양예수가 남긴 《의림촬요》가 나중에 《동의보감》의 기초가 되었다는 사실을 볼 때, 허준은 내의원에 들어간 뒤 양예수에게 많은 지도를 받았을 가능성이 높다. 또한 양예수는 《동의보감》 편찬 작업 초기에 허준과 더불어 관여하기도 했다. 두 사람은 동업자이자 사제 관계일 가능성이 높다는 점에서, 소설 속의 대립 관계는 역사적 사실과 거리가 멀다고 보아야 할 것이다.

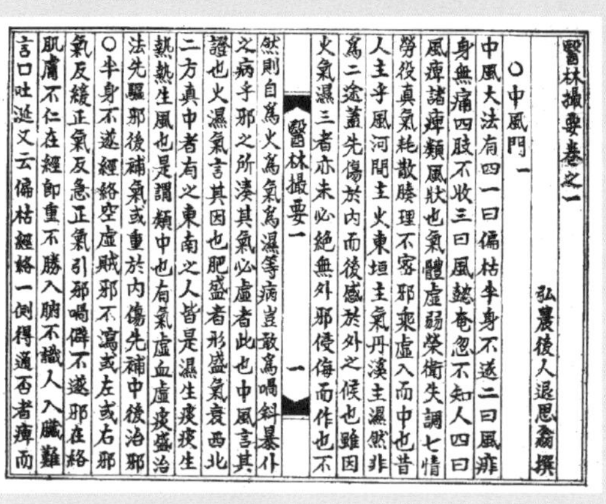

醫林撮要卷之一
弘農後人退思齋撰
○中風門一
中風大法有四一曰偏枯半身不遂二曰風痱
身無痛四肢不收三曰風懿奄忽不知人四曰
風痺諸痺類風狀也氣體虛弱榮衛失調七情
勞役真氣耗散腠理不密邪乘虛入而中也昔
人主乎風河間主火東垣主氣丹溪主濕然非
爲二途蓋先傷於內而後感於外之候也雖因
火氣濕三者亦未必絶無外邪侵侮而作也不
醫林撮要一　一
然則自爲火爲氣爲濕等病豈敢爲喎斜暴仆
之病乎邪之所湊其氣必虛者此也中風言其
證也火濕氣言其因也肥盛者形盛氣衰西北
二方真中者有之東南之人皆是濕生痰痰生
熱熱生風也是謂類中也有氣虛血虛痰盛治
法先驅邪後補氣或重於內傷先補中後治邪
○半身不遂經絡空虛賊邪不瀉或左或右邪
氣反緩正氣反急正氣引邪喎僻不遂邪在絡
肌膚不仁在經卽重不勝入腑不識人入臟難
言口吐涎又云偏枯經絡一側得通否者痺而

의림촬요(왼쪽)
양예수가 편찬한 원본을 나중에 다른 사람들이 증보하여 1635년(인조 13)에 13권으로 간행한 판본.

동의보감 – 잡병
《동의보감》〈잡병〉 편에서 천지의 운행 원리를 설명하는 부분.

조선의 과학 문화재, 혼천 시계

앞서 살펴보았듯이 중국에 들어온 서양 선교사들에 의해 조선에 서학이 소개되었고, 이와 더불어 서양의 과학 기술도 들어왔습니다. 그 가운데 역법은 조선에 서양 문물이 들어오는 과정에서 가장 중요한 자리를 차지합니다.

청나라에서 새롭게 만든 역법인 시헌력은 서양 천문학의 영향으로 만든 것인데, 효종 때 김육은 시헌력법을 들여와 시행할 것을 주장합니다. 이에 따라 1652년(효종 3) 3월, 관상감 천문학관 김상범이 베이징에 가서 시헌력을 배우고 조선으로 돌아와 시헌력을 전합니다. 김상범은 자신이 배운 시헌력법에 따라 계산한 달력이 베이징에서 조선에 보내 온 달력과 정확히 맞는다는 사실을 확인했지요. 다음 해인 1653년 1월부터 마침내 시헌력을 시행키로 결정하고, 5월에는 우선 보루각*의 자격루를 새 역법에 맞도록 고칩니다.

보루각(報漏閣)
조선 시대에 시계 관측을 맡아 보던 관청인 동시에 건물 이름.

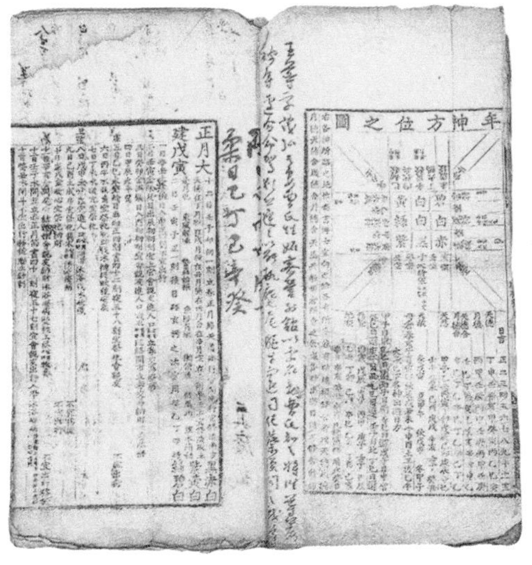
年神方位之圖
正月大
建戊寅

경진년 대통력
이 책력이 만들어진 때는 1580년이나 대개 역서를 편찬하고 인쇄하는 것은 새해가 시작되기 전해의 동지이므로 이 대통력은 1579년(선조12)에 인쇄한 것으로 추정된다.

大淸嘉慶元年歲次丙辰時憲書

시헌력
정조 때 관상감에서 시헌력에 근거하여 제작한 1796년 달력이다. 달력 첫머리에 '대청가경원년세차병진시헌력(大淸嘉慶元年歲次丙辰時憲曆)'이라는 제목이 있는데, 가경(嘉慶)은 청나라 연호이다.

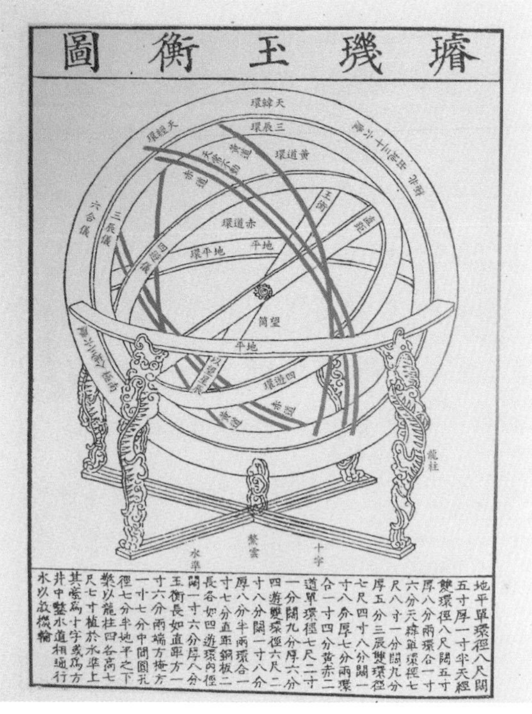

송이영이 만든 혼천 시계
길이 120센티미터, 주요 부분의 높이 98센티미터, 폭이 52.3센티미터 정도의 나무제 속에 들어 있다.

《서전대전집주》에 실린 선기옥형도
송이영이 만든 혼천의의 구조를 살피는 데 도움이 될 만하다.

시헌력을 시행하려면 천문을 관측할 수 있는 여러 기구가 필요했습니다. 이에 따라 실내에서 정확한 시각을 측정하고 천체 운동을 한눈에 알 수 있게 해 주는 혼천 시계가 제작되었지요. 1669년(현종 10) 이민철이 세종 이래의 전통을 계승한 수격식(물의 힘을 이용하는 방식) 혼천의를 만들었고, 송이영은 혼천 시계를 제작했습니다. 크기가 조금 작고 서양식 자명종의 원리를 이용한 새로운 형식의 천문 시계였지요.

송이영의 혼천 시계는 조선 왕조에서 만든 중요한 과학 문화재입니다. 서양과 동양의 기술을 정교하게 혼합한 과학 기술의 산물이지요. 구조를 보면, 오른쪽 절반은 중력식 진자 시계가 장치되어 있고,

왼쪽에는 세 부분으로 이루어진 혼천의가 설치되어 있습니다. 시계 장치는 두 축의 운동에 따라 움직이는데, 시각을 나타내는 시패가 시계 창문에 나타나 있고, 타종 장치를 갖춰 시간을 알려 주게 만들어졌습니다. 서양의 자명종 원리를 이용한 동시에 서양 시계에서는 볼 수 없는 여러 형태의 바퀴와 제어 장치들이 들어 있지요. 또 시계 장치, 그리고 여러 개의 톱니바퀴와 연결된 혼천의는 육합의, 삼신의, 지구의 이렇게 세 부분으로 되어 있습니다. 이 세 부분으로 해와 달의 위치, 별자리 들을 관측하여 24절기의 변화를 알아낼 수 있었지요.

송이영이 만든 혼천 시계는 당대는 물론 오늘날 그 무엇과도 바꿀 수 없는 중요한 문화재로 평가되었고, 현재 국보 230호로 지정되어 있습니다. 그리고 2007년부터 사용할 1만 원짜리 지폐 뒷면에 이 혼천 시계가 들어가 있습니다. 우리 나라 과학 기술의 우수성을 상징하는 세종대왕 초상, 천상열차분야지도 등과 더불어 지폐의 도안으로 활용된 것은, 그만큼 혼천 시계가 자랑할 만한 우리의 훌륭한 과학 기술 유산이기 때문입니다.

홍수와 가뭄을 이겨 내려는 노력

자연에서 살아가는 사람들에게 갑자기 찾아오는 기상 이변과 이에 따른 가뭄과 홍수는 감당하기 어려운 재앙이었습니다. 조선 왕조의 지배층과 백성들은 예측할 수 없는 재해를 이겨 내기 위해 저마다 노력했습니다. 이러한 노력은 합리적이고 과학적 성격을 띤 대응과,

초월적인 존재에게 기원하는 주술의 선택이라는 두 가지 형태로 나타났습니다.

과학적 대응 면에서 기상 이변에 대처하기 위한 노력은 무엇보다도 천문 관측에서 먼저 나타났습니다. 인간의 힘으로는 어찌 할 수 없는 재난을 일으키는 기후 환경을 파악하려면 천문 현상을 알아내는 게 가장 중요했기 때문입니다. 고려 충선왕 때 최성지가 원나라에서 들여온 수시력을 계속 이용하다가 조선에 들어와 세종 14년 7월 정인지, 정교, 정흠지가 왕명에 따라 《칠정산내편》을 편찬했습니다. 이로써 서울의 위도에 맞는 1년의 길이와 계절의 변화를 계산할 수 있게 되었지요. 이듬해에 자격루를 만들어 더 정확히 시간을 관측할 수 있게 되었고요.

둘째로 조선은 가뭄이나 홍수를 예방하고, 이러한 이변을 극복하기 위한 수리 행정 체제를 갖추었습니다. 1419년(세종 원년) 《세종실록》 기사에 전국의 하천이나 골짜기에 쌓은 둑, 곧 제언을 조사하여 제언 대장을 2부 만들어 1부는 호조에, 1부는 궁중에 비치했다는 내용이 있습니다. 이후 독립 관청인 제언사를 설치하여 제언에 관한 일을 전담케 했습니다.

제언사는 설치되고 폐지되기를 반복하다가 1662년 다시 설치되었고, 비변사 당상 가운데 한 명을 제언 당상이라 하여 제언사를 담당케 했습니다. 기본적으로 수리 시설 관련 업무는 지방 수령이 담당했지요. 지방 수령은 지방민을 동원하여 둑을 쌓고 보수하는 일에 관심을 기울였습니다. 물론 중앙 정부는 때때로 지방으로 경차관, 어사, 낭관 등을 파견하여 격려하고 감독했습니다.

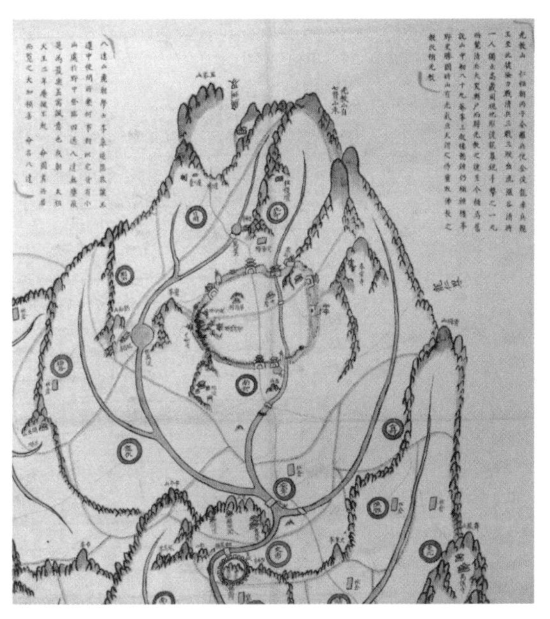

축만제
조선 후기 지방 지도인 〈수원 지도〉(1872년)에 보이는 축만제. 지도 중앙에 둥글게 보이는 곳이 축만제이다.

현재의 축만제, 서호
조선 시대 제언 축조의 실례로 지금의 수원 농촌진흥청에 남아 있는 축만제를 들 수 있다. 정조 때 만들어진 축만제라는 이름이 일제 강점기를 지나면서 서호로 바뀌었다.

그럼 초월적 존재에게 기대어 자연 재해를 이겨 내기 위해서는 어떤 노력을 기울였을까요? 가뭄이나 홍수가 닥치면, 국왕은 제일 먼저 몸가짐을 조심했습니다. 천재지변의 원인을 왕의 부덕함에서 찾는 사고 방식에 따른 것이지요. 그리하여 반찬 수를 줄이고, 잔치를 자제하며, 도살을 금지하는 등의 조처를 취했습니다. 그런 다음 피해를 입은 백성들에게 세금을 면제해 주는 등 갖가지 혜택을 베풀어 민심을 수습, 위로하고 대동단결하여 재난을 극복하려는 사업을 펼쳤습니다. 굶주린 백성들에게 무상과 유상의 진제 활동을 펼친 것이지요.

또 가뭄과 홍수를 이겨 내고자 때마다 기우제와 기청제를 올렸습니다. 천지신명과 명산대천에 제사를 지내는 기우제와 기청제가 늘 열리면서 지역마다 제사 지내는 곳이 정해지곤 했습니다. 대부분 강이나 연못으로, 모두 비를 주관하는 영물로 여긴 용과 관련된 곳이지

하천 범람을 미리 알려 준 수표(水標)

조선 세종 때 강우량을 측정하기 위해 측우기를 만들고, 이 방법으로 하천의 수위(물 높이)를 측정하기 위해 설치한 것이 수표(水標)이다. 한강변과 청계천 두 곳에 설치했는데 한강변의 것은 바윗돌에 직접 눈금을 새겼고, 청계천 것은 낮은 돌기둥 위에 나무기둥을 세운 형태였다.

지금 전해지는 청계천의 수표는 성종(1469~1494) 때 돌기둥으로 개량한 것으로, 높이 3미터, 폭 20센티미터의 화강암 사각기둥으로 만들었다. 위에는 연꽃무늬가 새겨진 삿갓 모양의 머릿돌이 올려져 있고, 밑에는 직육면체의 초석이 땅 속 깊이 박혀 있다. 돌기둥 양면에는 1척에서 10척까지 1척(21센티미터)마다 눈금을 새기고 3·6·9척에는 O표시를 하여 각각 갈수(渴水)·평수(平水)·대수(大水)라고 표시했다. 3척 정도일 때는 가물 때이고, 6척 안팎의 물이 흐를 때가 보통 수위이고, 9척이 넘으면 위험 수위로 하천이 넘칠 것을 미리 알렸다.

청계천에 있던 수표
청계천 복개 공사로 제자리를 잃어버리고 현재 세종대왕 기념관 앞뜰에 있다. 보물 838호.

호랑이에 물려 죽음
홍수와 가뭄과 더불어 무서운 재난이었던 호환, 곧 호랑이에게 물려 가는 모습을 그린 그림. 한성부 주민도 호랑이에 물려 가는 것을 두려워했을 정도로 당시 사람들에게 호랑이는 두려운 동물이었다. 〈남장사 감로탱〉의 부분, 1701년.

요. 한양의 경우 한강, 목멱산을 비롯하여 모두 12곳이 정해져 있었습니다. 이 때 무녀나 승려를 동원하여 기우제를 지내기도 했습니다.

날씨를 예측하는 방법도 오래 된 민간 기상 관측법으로 정리되어 있었습니다. 이를 '점후(占候)'라고 하는데, 자연 현상을 보고 다가올 일기 변화를 예측하는 것이지요. 예를 들어 "해무리가 지면 비가 온다", "태양이 출몰할 때 그 주위가 맑으면 날씨도 맑다"는 식으로 해와 달을 보고 다음 날 날씨를 내다보았습니다. 그리고 별이나 바람, 비로 날씨를 예측하기도 했습니다. 특히 구름을 보고 일기를 알아내는 법이 다양했습니다. "구름이 동남에서 오면 비가 그친다", "검은 구름이 마구 일어나서 하늘에 가득 차면 금세 큰비가 온다"는 등, 일상 경험 속에서 확신할 수 있는 방법들이었지요. 이와 같이 조선의 점후는 음양설에 근거한 이론적인 것도 있지만, 오랜 경험에서 얻은 지식이 차곡차곡 쌓여서 결실을 맺은 것입니다.

조선 시대 연표

조선사	세계사
1391년 과전법 실시.	
1392년 고려 멸망, 조선을 세우다.	
1394년 한양 천도 단행.	
1395년 경복궁 완공하다. 〈천상열차분야지도〉 제작.	1395년 티무르, 서아시아 통일하고 킵차크·동차가타이 한국 정복하다 .
1398년 1차 왕자의 난.	1398년 티무르, 인도 침입, 델리 정복.
1400년 2차 왕자의 난.	
1402년 〈혼일강리역대국도지도〉 완성.	
1403년 금속활자로 계미자 만들다.	
1404년 양녕 대군, 세자로 책봉되다.	
1405년 한양으로 수도를 완전히 옮기다. 육조 직계제 실행.	1405년 정화의 남해 원정.
1406년 유향소 철폐.	1407년 《영락대전》 완성.
1413년 8도에 지방 행정 조직을 완성하고, 전국에 호패법을 실시하다.	1413년 자바, 수마트라의 이슬람화.
1418년 양녕 대군을 세자에서 폐하고 충녕 대군이 책봉되어 왕위에 오르다.	
1419년 쓰시마(대마도) 정벌.	
1420년 집현전 설치. 경자자 완성. 부민고소금지법 제정.	1421년 명, 베이징 천도.
1423년 《고려사》 편찬.	
1429년 《농사직설》 간행.	1429년 잔다르크, 영국군을 무찌르다.
1433년 4군을 설치하다. 《향약집성방》 편찬. 혼천의를 만들다.	
1434년 이후 10여 년 동안 6진을 설치하다. 자격루 제작. 갑인자를 만들다.	
1436년 병진자를 만들다.	
1441년 측우기 완성.	
1442년 역법서 《칠정산내편》 완성.	
1443년 훈민정음을 창제하다. 계해조약.	
1446년 직전법 실시.	
1447년 안견, 〈몽유도원도〉를 그리다.	1449년 명, 토목의 변.
1450년 세종에 이어 문종 즉위.	1450년 구텐베르크, 활판 인쇄 발명.
1451년 《고려사》 반포.	
1452년 문종이 죽고 단종이 왕위에 오르다. 《고려사절요》 완성.	
1453년 계유정난.	1453년 동로마 제국 멸망.

1455년 수양대군(세조), 왕위에 오르다.	1455년 영국, 장미 전쟁(~1485).
1456년 사육신들 죽다.	
1457년 간경도감 설치.	
1463년 〈동국지도〉 완성.	
1467년 이시애 난(함경도 농민 전쟁).	1467년 일본, 전국 시대 시작.
1470년 무렵 나주에 큰 흉년이 들어 장문이 열리다.	
1471년 간경도감 폐지.	1479년 에스파냐 왕국 성립.
1485년 《의방유취》 간행.	
1485년 《경국대전》을 완성하다.	
1485년 《필원잡기》 간행.	1492년 콜럼버스, 아메리카 대륙 발견.
1494년 연산군, 성종에 이어 왕위에 오르다.	1494년 나관중, 《삼국지연의》를 펴내다.
1498년 무오사화.	1498년 바스코 다 가마, 인도 항로 발견.
	1500년 티무르 제국 멸망하다.
1504년 갑자사화.	
1506년 연산군, 왕위에서 쫓겨나다(중종 반정).	
1510년 삼포왜란.	
1512년 임신약조 체결.	1517년 루터, 종교 개혁 일으키다.
1519년 현량과 실시. 기묘사화.	1519년 미켈란젤로, 세계 일주(~1522).
	1526년 인도, 무굴 제국 성립(~1858).
1543년 《주자대전》, 《주자어류》 간행. 백운동 서원을 세우다.	1543년 코페르니쿠스의 지동설.
1545년 인종에 이어 명종이 왕위에 오르다. 을사사화. 이순신 태어나다.	
1554년 《구황촬요》 간행. 비변사 설치.	
1555년 을묘왜변.	
1559년 임꺽정의 난(~1562).	1562년 위그노 전쟁(~1598).
1565년 윤원형 일파, 권력을 잃다.	
1567년 선조 즉위.	1571년 오스만 제국, 레판토 해전에서 패하다.
1575년 이후 사림의 선후배, 당파 조짐 보이다.	1582년 마테오리치 중국에 오다.
1589년 정여립 역모 사건.	
1589~1591년 동인과 서인의 갈등 깊어지고, 동인은 남인과 북인으로 갈리다.	1590년 도요토미 히데요시, 전국 시대 통일.
1591년 정철 일파 유배.	
1592년 임진왜란, 한산도 대첩, 진주 대첩.	
1593년 평양성 전투.	
1594년 훈련도감, 속오군 설치.	
1597년 정유재란, 명량 해전.	
1598년 노량 대첩.	1598년 도요토미 히데요시 사망.

1599년 일본 퇴각, 7년 전쟁 끝나다.	1600년 영국, 동인도 회사를 설치하다.
1602년 선조, 50세의 나이에 김제남의 딸을 왕비로 맞다.	1602년 네덜란드, 동인도 회사를 설치하다. 1603년 일본, 에도 막부 시작.
1608년 경기도에 대동법을 실시하다.	
1609년 일본과 국교를 회복하다.	
1610년 《동의보감》 완성.	
1613년 칠서지옥 사건.	1616년 누르하치, 후금 건국.
1618년 명나라, 조선에 군사 요청.	1618년 독일 30년 전쟁 시작(~1648).
1619년 《농가월령》 간행.	
1623년 인조 반정, 광해군 즉위.	
1624년 이괄의 난.	
1627년 정묘호란.	
1628년 벨테브레, 제주도에 표착하다.	
1636년 병자호란.	1636년 후금, 국호를 청으로 고치다.
1637년 삼전도 치욕. 소현 세자, 봉림 대군이 청에 끌려가다.	1642년 영국, 청교도 혁명(~1649). 1643년 프랑스, 루이 14세 즉위. 1644년 명이 망하고 청이 중국을 지배하다(~1912).
1645년 소현 세자, 봉림 대군 귀국.	1648년 베스티팔렌 조약.
1649년 봉림 대군, 왕위에 오르다.	
1652년 어영청 설치. 천문학관 김상범, 시헌력을 전하다.	
1653년 하멜, 제주도에 표착하다.	
1658년 나선 정벌.	
1659년 효종이 세상을 뜨면서 예송 논쟁 시작되다.	
1678년 상평통보를 만들다.	
1680년 경신환국으로 남인 실각, 서인 집권.	
1682년 금위영을 끝으로 5군영 완성.	
1683년 서인, 노선 싸움이 깊어져 1684년 노론과 소론으로 갈라지다.	1688년 영국, 명예 혁명. 1687년 뉴턴의 만유 인력 법칙 발견.
1689년 기사환국으로 서인이 실각, 남인 다시 집권.	1689년 영국, 권리장전 / 청·러 네르친스크 조약.
1694년 갑술 환국으로 남인 실각, 소론 득세.	
1696년 안용복, 독도에서 왜인을 추방하다.	1699년 청, 영국에 광둥 무역 허용하다. 1701년 에스파냐 왕위 계승 전쟁(~1713).
1703년 서원 금지령. 박세당 《사변록》 편찬.	
1708년 전국에 대동법을 실시하다. 호락논쟁 시작.	
1712년 백두산에 정계비를 세우다.	
1720년 경종 즉위.	
1721년 연잉군(영조)을 세제로 책봉하다.	

1725년 탕평책을 실시하다.	
1727년 정미 환국으로 노론 축출, 소론 득세.	
1729년 영조의 기유 처분.	1740년 오스트리아 왕위 계승 전쟁(~1748).
1750년 균역법 실시.	1757년 영국, 플라시 전투로 인도 지배권 확립.
1760년 영조, 경진 준천 지시.	1760년 무렵 영국, 산업 혁명 시작.
1762년 사도 세자의 죽음(임오 화변). 정약용 출생.	1765년 와트, 증기기관 완성.
1770년 신경준, 〈동국여지도〉 제작.	
1776년 정조 즉위, 규장각 설치.	1776년 미국, 독립 선언.
1777년 서얼의 관직 승진 제한을 완화해 주는 〈정유절목〉을 마련하다.	
1778년 박제가, 《북학의》 간행.	
1784년 이승훈, 천주교를 전도하다.	
1785년 천주교 박해 시작.	1785년 프랑스 대혁명 인권 선언.
1787-1802년 〈도성도〉 제작.	
1791년 육의전을 제외한 금난 전권 철폐(신해 통공).	
1794년 화성 축조, 1796년에 공사 완료.	1796년 청, 백련교도의 난.
1797년 영국 군함 내항.	
1799년 《과농소초》 간행.	
1800년 정조의 죽음.	
1801년 신유 박해, 남인 세력 제거. 내시 노비 해방.	1804년 무굴 제국, 영국의 보호국이 되다.
	1807년 신성 로마 제국 멸망, 대륙 봉쇄령.
1811년 평안도 농민 전쟁(홍경래 난)이 일어나다.	1821년 그리스 독립 전쟁(~1829).
1818년 정약용, 《목민심서》를 완성하다.	1824년 인도네시아, 네덜란드령이 되다.
1834년 헌종 즉위.	
1839년 앙베르 주교, 모방 신부 순교(기해 박해).	1840년 아편 전쟁(~1842).
	1841년 난징 조약.
1844년 중인들의 공동 전기물 《호산외기》 간행.	
1846년 김대건 순교(병오 박해).	
1848년 향리에 관한 역사서 《연조귀감》 간행.	1848년 프랑스, 2월 혁명.
	1850년 태평 천국 운동(~1864).
	1853년 일본 개항.
1859년 서얼에 관한 역사서 《규사》 간행.	1856년 인도, 세포이 항쟁. 애로우 호 사건.
1860년 최제우, 동학을 창시하다.	
1861년 김정호, 〈대동여지도〉를 만들다.	1860년 영·프 연합군, 베이징 점령.
1862년 진주 민란, 삼정이정청 설치.	1861년 미국, 남북 전쟁(~1865).
1863년 조선 26대 왕 고종 즉위.	1863년 링컨, 노예 해방 선언.
1866년~ 7년 동안 베르디 주교 등 8천여 명 순교(병인 박해).	

사진 제공

15 정선이 그린 〈독서 여가〉 – 《한국의 미》 풍속화
16 선조의 무덤 목릉 – 문화재청
18 〈송도용두회도〉 – 《한국의 미》 풍속화
20 소령원 – 문화재청
20 장헌 세자를 모신 융릉 – 문화재청
22 이이가 기록한 《경연일기》 – 개인(권익상) 소장
23 강릉 오죽헌 – 문화재청
27 독서당 계회도 – 서울대학교 박물관
33 유희춘의 《미암일기》 – 개인(유근영) 소장
41 동의보감 – 《한국의 책문화 특별전–출판인쇄 1300년–》
42 덕수궁 함녕전 – 문화재청
46 이중로 정사 공신 교서 – 경기도박물관
49 신선을 꿈꾸며 – 《한국의 미》 단원 김홍도
50 난설헌집 – 강릉시 오죽헌 시립박물관
51 의금부 모습 – 서울학연구소
58 부산진 순절도 – 육군박물관(육군사관학교)
59 동래부순절도 – 육군박물관(육군사관학교)
62 평양관부도 – 개인(허영환) 소장
65 진주성 지도 – 국립진주박물관
76 《이충무공 전서》에 있는 거북선 – 서울대학교 규장각
76 《이충무공 전서》에 있는 거북선의 구조와 특징
– 서울대학교 규장각
76 복원된 거북선 – 전쟁기념관
77 《각선도본》에 있는 판옥선 – 서울대학교 규장각
77 판옥선 – 전쟁기념관
92 쇄미록 표지와 임진 남행록 – 국립진주박물관
92 금계일기 – 개인(노석경) 소장
92 조정이 기록한 임진왜란 – 개인(조용중) 소장
93 남원 만인의총 – 문화재청
93 터만 남은 경복궁 – 《그림으로 보는 옛 서울》
93 영규대사 묘 – 문화재청
94 북관 대첩비 – 문화재청
96 소현 세자 분조 일기 – 서울대학교 규장각
100 강화 산성 성벽 – 문화재청
101 강화 산성 지도 – 서울대학교 규장각
102 김상용이 보낸 편지 – 국사편찬위원회
102 김상용 순절비 – 문화재청
103 남한 산성 지도 – 서울대학교 규장각
105 삼전도비 – 문화재청
106 김상헌이 보낸 편지 – 서울대학교 박물관
106 최명길의 지천집 – 서울대학교 규장각
110 송시열 초상화 – 《한국명인초상대감》
112 대보단 부근 – 고려대학교 박물관
116 오복 규정 – 서울대학교 규장각
120 강희언이 그린 〈사인삼경도〉 – 《한국의 미》 풍속화
121 송시열 초상 – 개인(송철호) 소장
121 윤증 초상 – 개인(윤완식) 소장
124 궤장을 받고 연회를 베푸는 과정
– 《조선시대 기록화의 세계》
132 심사정이 그린 벼 베기 – 《조선시대 풍속화》
136 김홍도가 그린 〈밭갈이〉
– 《단원 김홍도–탄신 250주년 기념 특별전》
137 《농가집성》 표지와 권농 교문 – 서울대학교 규장각
138 《농가집성》 중 농사직설 부분 – 서울대학교 규장각
140 토지 매매 문서 – 서울대학교 규장각
140 토지 환퇴 문서 – 서울대학교 규장각
142 선희궁 – 문화재청
144 김홍도가 그린 〈벼 타작〉
– 《단원 김홍도–탄신 250주년 기념 특별전》
150 호조 관아도 – 서울대학교 규장각
158 속오성책잔간 – 개인(유승우) 소장
164 균역법 논의 과정을 적은 기록 – 서울대학교 규장각
165 양역실총 – 서울대학교 규장각
167 도성도 – 서울대학교 규장각
171 자도성지삼강도 – 서울대학교 규장각
173 1750년대의 도성 – 서울대학교 규장각
176 김홍도가 그린 부부 행상 – 《한국의 미》 풍속화
176 보상 – 《그림으로 보는 옛 서울》
177 부상 – 《한국의 미》 풍속화
178 평안도 운산군 지도 – 국사편찬위원회
180 상평통보 – 국립중앙박물관
186 소를 이용한 외출 – 《겸재정선 잔경산수화》
187 아들에게 재산을 내려주는 문서 〈허여문기〉
– 《박물관도록 –고문서–》
189 향약서 – 국립민속박물관
192~193 진주 연계재 향안 가운데 '기미안 중수' 첫장, 병진년 향안의 표지, 도삭된 부분 – 연계재 소장
196 전라도 태인 고현동 향약 관련 자료 – 고현 향약회 소장
198 소수서원의 경렴정 – 저자 답사 사진
200 도봉서원 – 《그림으로 본 옛 서울》
201 사대부집 여성의 필독서 《여사서언해》
– 《규장각 자료로 보는 조선시대의 교육》
201 《경교명승첩》 중 석실서원 – 《겸재 정선 진경산수화》

203 무첨당 – 저자 답사 사진
204 혼서 – 국립민속박물관
205 정려 – 저자 답사 사진
208 안동 권씨 성화보 – 안동 권씨 종중
208 경주 김씨 족보 – 경주 김씨 종중
209 능성 구씨 보갑 – 능성 구씨 종중
210 홍성 연산 서씨 석보 – 연산 서씨 종중
214 소쇄원의 양공처사지려 – 저자 답사 사진
215 소쇄원 제월당 – 저자 답사 사진
216~217 김홍도가 그린 홍계희의 평생도 – 국립중앙박물관
220 명승지 유람 –《조선시대 풍속화》
222~223 정여창 고택의 사랑채, 안채, 안채 가는 길
– 저자 답사 사진
224~225 노모 회갑연 –《조선시대 기록화의 세계》
226 사랑채 – 저자 답사 사진
227 가랍집 – 저자 답사 사진
229 얼음 채취하는 모습 – 근대 100년 사진전
230 창녕 석빙고와 내부 – 문화재청
238 임리정 – 문화재청
239 논산 돈암서원 – 문화재청
242 박세당이 지은《색경》– 서울대학교 규장각
245 유형원 묘 – 문화재청
248 윤증 선생 고택 – 문화재청
250 정선이 그린 금강산 정양사 –《겸재 정선 진경산수화》
251 사명대사의 장삼 – 표충사 소장
252 해인사 사명대사 부도 – 해인사 소장
253 오대산 사고 터 – 문화재청
255 한성부의 성장 –《서울의 옛지도》
256 숭례문 편액 – 문화재청
257 흥인지문 – 문화재청
258 문숙공 묘도 – 개인(이찬) 소장
259 풍수꾼에게 묏자리를 알아보는 상주
–《프랑스 국립기메동양박물관 소장 한국 문화재》
267 인조 무인 사초 – 국사편찬위원회
267《승정원일기》의 표지 – 서울대학교 규장각
272 전주사고포쇄형지안 – 국사편찬위원회
272 실록 포쇄 – 서울대학교 규장각
273 선조실록과 선조수정실록 – 서울대학교 규장각
277 천주실의 – 가톨릭대학교
278 계곡 장유의 편지글 – 서울대학교 박물관
278 택당 이식의 편지글 – 서울대학교 박물관
279 서포 김만중 영정 – 개인(김선규) 소장
279 상촌 신흠의 신도비 – 문화재청
279 월사 이정구 선생 묘 – 연안 이씨 월사공파 종중
280 이정이 그린 〈묵죽도〉 – 국립중앙박물관
281 어몽룡이 그린 〈월매도〉 – 국립중앙박물관
282 김명국이 그린 〈달마도〉 – 국립중앙박물관
283 신사임당이 그린 〈초충도〉 – 국립중앙박물관
283 조속이 그린 〈노수서작도〉 – 국립중앙박물관
288 청화 백자 송죽인물문 호 – 이화여자대학교 박물관
288 청화 백자 매죽문 호 – 호림박물관
288 백자 병 – 국립중앙박물관
288 청화 백자 매조죽문 호 – 국립중앙박물관
289 백자 철화 매죽문 대호 – 국립중앙박물관
289 백자 철화 승문 병 – 국립중앙박물관
289 청화 백자 홍치명 송죽문 호 – 동국대학교 박물관
291 팔도총도 – 서울대학교 규장각
293 만국전도 – 서울대학교 규장각
295 요계 관방 지도 – 서울대학교 규장각
298 전주 지도 – 서울대학교 규장각
300 언해태산집요
–《한국의 책문화 특별전–출판인쇄 1300년–》
303《동의보감》에 실린 〈신형장부도〉 – 서울대학교 규장각
304 의림촬요 – 서울대학교 규장각
304《동의보감》잡병 – 서울대학교 규장각
305 경진년 대통력 – 국립민속박물관
305 시헌력 – 서울대학교 규장각
306 송이영이 만든 혼천 시계 – 고려대학교 박물관
306《서전대전집주》에 실린 선기옥형도 – 서울대학교 규장각
309 축만제 – 서울대학교 규장각
309 현재의 축만제, 서호 – 농업진흥청
310 청계천에 있던 수표 – 세종대왕 기념관
311 호랑이에 물려 죽음 –《감로탱》

★ 여유당출판사에서는 이 책에 실린 사진에 대해 저작권자의 허락을 받기 위해 최선을 다했습니다. 혹시 내용이 빠졌거나 잘못 기록된 부분이 있으면 연락주시기 바랍니다.

참고 문헌

도감

《한국의 미》 풍속화, 중앙일보사, 1985

《한국의 미》 단원 김홍도, 중앙일보사, 1985

《단원 김홍도 – 탄신 250주년 기념 특별전》, 삼성문화재단, 1995

《한국 전통회화》, 서울대박물관, 1993

《그림으로 보는 옛 서울》, 서울학연구소, 1995

《서울의 옛지도》, 서울학연구소, 1995

《프랑스 국립기메동양박물관 소장 한국문화재》, 국립문화재연구소, 1999

《조선 후기 국보전》, 호암미술관, 1998

《성균관대학교 박물관 도록》, 성균관대학교 박물관, 1998

《사진으로 보는 조선시대 생활과 풍속》, 서문당, 1993

《조선시대 기록화의 세계》, 고려대학교 박물관, 2001

《규장각명품도록》, 서울대학교 규장각, 2000

《규장각 자료로 보는 조선시대의 교육》, 서울대학교 규장각, 1996

《서울의 옛 모습》, 서울특별시립박물관, 1998

《규장각과 18세기문화》, 1990

《조선왕조실록과 기록문화》, 1998

《호암미술관 명품도록》 II, 호암미술관, 1996

《경북 내륙지역의 가옥과 생활》, 국립민속박물관, 1998

《박물관 도록 –고문서–》, 전북대학교 박물관, 1998

《창원 황씨 고문서》, 국립민속박물관, 1998

《고서·고문서 전시회》, 영남대학교 중앙도서관, 1997

《국립민속박물관 50년》, 국립민속박물관, 1996년

《한국의 책문화 특별전–출판인쇄 1300년–》, 대한출판문화협회, 1993

《조선시대 풍속화》, 국립중앙박물관, 2002

교양서

고석규·고영진, 《역사 속의 역사 읽기 1, 2, 3》, 풀빛, 1996

박성래, 《한국과학사》, 한국방송사업단, 1982

방병선, 《백자》, 돌베게, 2002

신동원, 《조선사람의 생로병사》, 한겨레신문사, 1999

신동원, 《호열자 조선을 습격하다》, 역사비평사, 2004

신영훈, 《한옥의 향기》, 대원사, 2000

이배용 외, 《우리나라 여성들은 어떻게 살았을까 1, 2》, 청년사, 1999

이이화, 《역사 속의 한국불교》, 역사비평사, 2002

이이화, 《이이화의 역사풍속 기행》, 역사비평사, 1999

이이화, 《한국사이야기 9~13》, 한길사, 1998

이만열, 《한국사연표》, 역민사, 1996

정연식, 《일상으로 본 조선시대 이야기 1, 2》, 청년사, 2001

정옥자, 《우리가 정말 알아야 할 우리선비》, 현암사

조유식, 《정도전을 위한 변명》, 푸른역사, 1997

한국고문서학회 엮음, 《조선시대 생활사》, 역사비평사, 1996

한국고문서학회 지음, 《조선시대 생활사 2》, 역사비평사, 2000

한국역사연구회 중세2분과, 《조선시대사람들은 어떻게 살았을까 1, 2》, 청년사, 1996

한영우, 안휘준, 배우성, 《우리 옛지도와 그 아름다움》, 효형출판, 1999

홍순민, 《서울궁궐》, 서울학연구소, 1994

홍순민, 《우리 궁궐 이야기》, 청년사, 1999

《한국생활사박물관》 9편, 사계절출판사, 2003

개설서

한영우, 《다시찾는 우리역사》, 경세원, 2004

국사편찬위원회, 《한국사(신편) 22~31》, 1996~2003

서울대 출판부, 《한국사특강》 1990

한국역사연구회, 《한국역사》, 역사비평사, 1992

연구서

고동환, 《조선 후기 서울 상업발달사 연구》, 지식산업사, 1998

고영진, 《조선 중기 예학 사상사》, 한길사, 1995

고유섭, 《한국건축미술사 초고》, 대원사, 1999

김강식, 《임진왜란과 경상 우도의 의병운동》, 혜안, 2001

김건태, 《조선시대 양반가의 농업경영》, 역사비평사, 2004

김경숙, 《조선 후기 산송과 사회갈등 연구》, 서울대 국사학과 박사논문, 2002

김광언, 《한국 농기구고》, 한국농촌경제연구원, 1986

김두종, 《한국고인쇄기술사》, 탐구당, 1974

김성윤, 《조선 후기 탕평정치 연구》, 지식산업사, 1997

김영진·이은웅, 《조선시대 농업 과학 기술사》, 서울대학교 출판부, 2000

김용섭, 《조선 후기 농업사 연구 I》, 일조각, 1970

김용섭, 《조선 후기 농학사 연구》, 일조각, 1988

김용섭, 《증보판 조선 후기 농업사 연구 II》, 일조각, 1990

김원룡, 안휘준, 《한국미술의 역사 -선사시대에서 조선시대까지》, 시공사, 2003
김인걸, 이해준 외, 《조선시기 사회사 연구법》, 한국정신문화연구원, 1993
김인걸, 《조선 후기 향촌사회 변동에 관한 연구》, 서울대 국사학과 박사논문, 1991
김재근, 《거북선》, 정우사, 1992
김종수, 《조선 후기 중앙군제연구》, 혜안, 2003
김호, 《허준의 동의보감 연구》, 일지사, 2000
문중양, 《조선 후기 수리학과 수리담론》, 집문당, 2000
민성기, 《조선 농업사 연구》 일조각, 1990
박광용, 《영조와 정조의 나라》, 푸른역사, 1998
박병호, 《한국의 전통사회와 법》, 서울대 출판부, 1985
배우성, 《조선 후기 국토관과 천하관의 변화》, 일지사, 1998
변태섭, 《고려사》의 연구》, 삼영사, 1982
손정목, 《조선시대 도시사회 연구》, 일지사, 1977
송찬식, 《이조 후기 수공업에 관한 연구》, 한국문화원, 1973
신병주, 《남명학파와 화담학파 연구》, 일지사, 2000
오영교, 《조선 후기 향촌 지배 정책 연구》, 혜안, 2001
원유한, 《조선 후기 화폐사 연구》, 한국연구총서 29, 한국연구원, 1975
염정섭, 《조선시대 농법 발달 연구》, 태학사, 2002
육군본부, 《한국군제사(근세 조선 전기편, 근세 조선 후기편)》, 1968·1976
윤용출, 《조선후기의 요역제와 고용노동》, 서울대학교 출판부, 1998
이광린, 《이조 수리사 연구》, 한국연구원, 1961
이민웅, 《임진왜란 해전사》, 청어람미디어, 2004
이성무, 《한국의 과거제도》, 집문당, 1994
이수건, 《영남 사림파의 형성》, 영남대학교 출판부, 1979
이수건, 《영남학파의 형성과 전개》 일조각, 1995
이이화, 《허균의 생각》, 여강출판사, 1991
이재수, 《조선 중기 전답 매매 연구》, 집문당, 2003
이영훈, 《조선 후기 사회 경제사》, 한길사, 1988
이찬, 《한국의 고지도》, 범우사, 1991
이태진, 《조선 유교 사회사론》, 지식산업사, 1989
이태진, 《한국 사회사 연구》, 지식산업사, 1986
이태진 편저, 《조선시대 정치사의 재조명;사화 · 당쟁편》, 범조사, 1985
이해준, 《조선시기 촌락 사회사》, 민족문화사, 1996
이해준 편, 《초려 이유태의 향약과 정훈》, 신서원, 1999
장덕순 외, 《구비문학 개설》, 일조각, 1999
전상운, 《한국 과학사》, 사이언스북스, 2000
정만조, 《조선시대 서원연구》, 집문당, 1997
정승모, 《시장의 사회사》, 웅진출판, 1992
정옥자, 《조선 후기 문화운동사》, 일조각, 1988
정옥자, 《조선 후기 지성사》, 일지사, 1991
조동일 외, 《한국문학 연구 입문》, 지식산업사, 1998
조동일 외, 《한국문학 강의》, 길벗, 1994
최이돈, 《조선 중기 사림 정치구조 연구》, 일조각, 1994
최승희, 《한국 고문서 연구》, 지식산업사, 1989
최완기, 《조선 후기 선운업사 연구》, 일조각, 1989
최재석, 《한국 가족 제도사 연구》, 일지사, 1983
한국경제사학회, 《한국사 시대 구분론》, 1970
한국역사연구회, 《조선 정치사 상하》, 청년사, 1990
한국역사연구회, 《한국 역사 입문 2-중세편》, 풀빛, 1995
한명기, 《임진왜란과 한중관계》, 역사비평사, 1999

연구 논문

강문식, 〈집현전 출신 관인의 학문관과 정치관〉, 《한국사론》 39, 1998
고동환, 〈포구상업의 발달〉, 《한국사시민강좌》 9, 일조각, 1991
고석규, 〈16 · 17세기 공납제 개혁의 방향〉, 《한국사론》 12, 1985
고석규, 〈정인홍의 의병활동과 산림기반〉, 《한국학보》 51, 일지사, 1988
고석규, 〈16·17세기 공납제 개혁의 방향〉, 《한국사론》 12, 1985
김건태, 〈16세기 양반 지주층의 경제활동〉, 《역사와 현실》 16, 1995
김낙필, 〈해동전도록에 나타난 도교사상〉, 《한국종교》 9, 1984
김성우, 〈16세기 국가재정의 위기와 신분제의 변화〉, 《역사와 현실》16, 1995
김종수, 〈16세기 갑사의 소멸과 정병입역의 변화〉, 국사관논총 32, 1992
김항수, 〈16세기 사림의 성리학 이해-서적의 간행·편찬을 중심으로〉, 《한국사론》 7, 1981
남문현, 〈혼천의 자격루 측우기〉, 《한국사시민강좌》 23, 일조각, 1998
노대환, 〈조선 후기의 서학유입과 서기수용론〉, 《진단학보》 83, 1997

노영구, 〈임진왜란 초기 양상에 대한 기존 인식의 재검토〉, 《한국문화》 31, 2003
박경안, 〈강희맹(1424~1483)의 가학과 농업경영론〉, 《실학사상연구》 10·11, 1999
박종수, 〈16~17세기 전세의 정액화 과정〉, 《한국사론》 30, 1993
박현순, 〈16~17세기 공납제 운영의 변화〉, 《한국사론》 38, 1997
백승철, 〈16세기 부상대고의 성장과 상업활동〉, 《역사와 현실》 13, 1994
송재선, 〈16세기 면포의 화폐기능〉, 서울대 국사학과 석사논문, 1985
송찬식, 〈이조시대 환상취모보용고〉, 《역사학보》 27, 1965
신병주, 〈토정 이지함의 학풍과 사회경제사상〉, 《규장각》 19, 1996
양보경, 〈조선 중기 사찬읍지에 관한 연구〉, 《국사관논총》 81, 1998
염정섭, 〈세종대 농정책의 전개와 의의〉 《애산학보》 29, 2003
오수창, 〈인조대 정치세력의 동향〉, 《한국사론》 13, 1985
우인수, 〈조선 후기 한 사족가의 생활 양식〉, 《조선시대사학보》 12, 2000
원재연, 〈17~19세기 실학자의 서양인식 검토〉, 《한국사론》 38, 1997
이기백 외, 〈특집-한국의 풍수지리설〉, 《한국사 시민강좌》 14, 일조각, 1994
이민수, 〈조선 세종조의 복지정책 연구〉, 단국대학교 박사학위논문, 1988
이영춘, 〈예송의 당쟁적 성격에 대한 재검토〉, 《조선 후기 당쟁의 종합적 검토》, 1991
이재희, 〈조선 명종대 '척신정치'의 전개와 그 성격〉, 《한국사론》 29, 1993
이태진, 〈고려후기의 인구증가 요인 생성과 향약의술 발달〉, 《한국사론》 19, 1988
이태진, 〈예천개심사 석탑기의 분석-고려전기 향도의 일례〉, 《역사학보》 53·54, 1972
이태진, 〈사림파의 향약 보급운동-16세기의 경제변동과 관련하여〉, 《한국문화》 4, 1983
이태진, 〈서얼차대고〉, 《역사학보》 27, 1965
임민혁, 〈조선시대의 묘호와 사대의식〉, 《조선시대사학보》 19, 2001
전상운, 〈조선초기 과학기술 서적에 관한 기초 연구〉, 《국사관논총》 72, 1996
정경희, 〈숙종 후반기 탕평 정국의 변화〉, 《한국학보》 79, 일지사, 1995
정만조, 〈조선 후기의 양역 변통 논의에 대한 검토〉, 《동대논총》 7, 1977
정연식, 〈17 · 18세기 양역 균일화 정책의 추이〉, 《한국사론》 13, 1985
정옥자, 〈조선 후기의 문풍과 위항문학〉, 《한국사론》 4, 1978
정옥자, 〈17세기 사상계의 재편과 예론〉, 《한국문화》 10, 1989
조규환, 〈16세기 진제정책의 변화〉, 《한성사학》 10, 1998
조규환, 〈16세기 환곡 운영과 진자조달방식의 변화〉, 《한국사론》 37, 1997
조성산, 〈18세기 호락논쟁과 노론 사상계의 분화〉, 《한국사상사학》 8, 1997
천관우, 〈반계 유형원 연구 상하〉, 《역사학보》 2 · 3, 1952
최윤오, 〈반계 유형원의 정전법과 공전제〉, 《역사와 현실》 42, 2001
최윤오, 〈조선 후기 양안과 행심책〉, 《역사와 현실》 36, 2000
한명기, 〈광해군대의 대북세력과 정국의 동향〉, 《한국사론》 20, 1988
한상권, 〈16세기 대중국 사무역의 전개〉, 《김철준박사 화갑기념사학논총》, 지식산업사, 1983
한상권, 〈16세기 대중국 사무역의 전개〉, 《김철준박사 화갑기념논총》, 1983
한상권, 〈18세기 말~19세기 초의 장시 발달에 대한 기초연구〉, 《한국사론》 7, 1981
한영국, 〈대동법의 실시〉, 《한국사》 13, 국사편찬위원회, 1976
한우근, 〈조선왕조 초기에 있어서의 유교이념의 실천과 신앙·종교〉, 《한국사론》 3, 1976
한희숙, 〈16세기 임꺽정 난의 성격〉, 《한국사연구》 89, 1995
홍순민, 〈숙종 초기의 정치구조와 '환국'〉, 《한국사론》 15, 1986